VERLAG TORSTEN LOW

Das Buch:
Bibliotheken sind Orte voller Geheimnisse. Sie enthalten Wissen, Schätze, Reichtümer ... und manchmal ist das alles ein und dasselbe. Bibliotheken beherbergen wandelnde Träume, verschlossene Märchen, geheimnisvolle Kreaturen, die sich zwischen den Regalen verstecken und verborgene Welten hinter jedem Bücherdeckel. Der Geruch von altem Papier und Staub weht wie ein ruheloser Geist durch die dunklen Räume und in der Luft liegt das leise Wispern von tausenden Gedanken und Ideen. Wie ein Labyrinth breiten sich kilometerlange Gänge vor einem aus und in jeder Ecke wartet ein Geheimnis, dass einem den Atem rauben kann.

Aus unserem Verlagsprogramm:

Romane
   Im Zentrum der Spirale (Horror)
   Das Gesetz der Vampire (Okkult-Krimi)
   Göttin der Finsternis (Okkult-Krimi)
   Gefangen in der Ewigkeit (Paranormal Romance)
   Aufstieg einer Heldin (Humorige Fantasy)

Anthologien
   Lichtbringer (Fantasy)
   Metamorphosen (Horror)
   Geschichten unter dem Weltenbaum (Fantasy)
   Geisterhafte Grotesken (Dark Fantasy)
   Das zerbrochene Mädchen (Fantasy)
   Die Klabauterkatze (Horror)
   Der Fluch des Colorado River (Horror)
   Die Einhörner (Dark Fantasy)

Geheimnisvolle Bibliotheken

Carolin Gmyrek (Hrsg.)

Besuchen Sie uns im Internet
www.verlag-torsten-low.de

1.Auflage
Deutsche Erstveröffentlichung August 2012
© 2012 by Verlag Torsten Low,
Rössle-Ring 22, 86405 Meitingen/Erlingen

Alle Rechte vorbehalten.
Jede Art von Vervielfältigung, Kopie und Abdruck ist ausschließlich mit schriftlicher Genehmigung des Verlages gestattet. Kein Teil des Werkes darf ohne schriftliche Genehmigung verändert, reproduziert, bearbeitet oder aufgeführt werden.

Umschlaggestaltung und Illustrationen:
Angelika Barth

Lektorat und Korrektorat:
Maria Blömeke

Satz: Torsten Low

Druck und Verarbeitung: Winterwork, Borsdorf
Printed in Germany

ISBN 978-3-940036-15-5

Inhalt

Vorwort *Carolin Gmyrek*	7
Ohne Worte *Stefanie Hammes*	9
Im Anfang war das Wort *Christian Damerow*	19
Wissen ist Macht *Gregor Eder*	31
Der Bibliothekar *Karsten Klein-Ihrler*	47
Das besondere Buch *Thomas Lohwasser und Vanessa Kaiser*	59
Ein Schatz von unermesslichem Wert *Susanne Haberland*	77
Schöne Aussicht *Ju Honisch*	95
Das Herz des Theaters *Fabienne Siegmund*	113
Der 31. September *Bettina Ferbus*	135
Staub der Ewigkeit *Rainer Baumgärtel*	149
Maledictus *Isa Theobald*	165
Bücher des Lebens *Karin Jacob*	181
Von Staubquasten und Engerlingsschnüfflern *Serena Hirano*	195
Schreiend *Irene Bressel*	211

Allein zwischen Regalen *Andrea Spille*	219
Elly *Jan-Christoph Prüfer*	237
Die Bibliothek des Drachen *Christian Endres*	253
Der Bibliothekar *Charlotte Erpenbeck*	263
Die älteste Schrift *Daniel Schenkel*	275
Zwei Kisten Weisheit *Christian von Aster*	293
Das letzte Pergament *Paul Sanker*	315
Frater Anselm *Benjamin Nemeth*	327
Die Bibliothek von Bärbel *Olaf Lahayne*	341
Die siebte Bibliothek *Cornelia Röser*	357
Bestandserhaltung *Carolin Gmyrek*	375
Schweigend *Gabriel deVue*	393

Vorwort

Der Dichter Jorge Luis Borges stellte sich sein Paradies immer als eine Art Bibliothek vor. Wie töricht. Hätte er die Geschichten des nun in Ihren Händen befindlichen Buches gelesen, so hätte er seine Meinung sicherlich revidiert und in den Gemäuern dieser Stätten die Hölle vermutet. Der Teufel selbst kehrt in ihnen ein und lässt seine Finger über die ledrigen Bücherrücken fahren. Geister und Gespenster nehmen Platz in ihren Sesseln und lesen sich durch uralte Folianten verrückter Magier. Hier werden Tore in andere Welten geöffnet und entweder tritt man selbst hinein, oder man wartet, bis etwas herauskommt und einen verschlingt. Hört ihr nicht das Donnern der Druckerpressen? Hört ihr nicht das Kratzen von Federn über dem Papier? Hört ihr nicht das leise Atmen im Schatten von Wesen, die uns beobachten? Nein? Sehr gut, denn an diesem Ort soll es ja auch still sein.

Stein um Stein, Seite um Seite erbauten meine Autoren Hunderte von Bibliotheken mit ihren eigenen Worten und füllten sie mit Leben, Büchern, Geschichten. Nun dürfen die Leser durch die ewiglangen, labyrinthartigen Gänge schweifen und genussvoll den Geruch von alten Staub und Wissen einsaugen. Und hat man gefunden, was man suchte, dann verlässt man diese heiligen Hallen wieder.

Doch jedes Mal – und das spürt ein jeder – habt ihr ein Stück von euch dort gelassen. Einen Traum, eine Hoffnung, etwas Wissen, etwas Freude. Und die Bibliothek wird wieder nach euch rufen. Tag für Tag und Nacht für Nacht. Und irgendwann, ja irgendwann … da werdet ihr wieder zu ihr gehen und in ihrem Inneren verschwinden.

Ich sitze dann als Bibliothekar an meinem Thresen und schiele über die Gläser meiner Brille zu euch Seelen, die ich gefangen habe, wohl wissend, dass dies nicht allein mein Werk ist. Und dann sage ich:

Danke.

Danke an die Deutsche Nationalbibliothek, dass du die Bibliothek warst, die meine Seele fing.

Danke an die Gutenbergschule, die mir den Anlass gab meine Idee umzusetzen.

Danke an alle Teilnehmer, die mir halfen, alle Steine zu einem Ganzen zu setzen, die die Seiten füllten und Leser lockten.

Danke an alle Autoren, die mit mir die Falle aufgestellt haben.

Danke an alle Freunde und die Familie, die freudestrahlend hineingetappt sind.

Und vielen Dank an den Verlag Torsten Low, der sich meine Idee anhörte und trotz meines Absinthzustandes nicht gleich »Nein – was für eine blöde Idee« sagte, sondern an das Projekt von Anfang an geglaubt hat.

Und danke an alle, die ich hier nicht nennen kann, da sonst jegliche Überraschungen in diesem Buch dahin wären.

Danke!

Am Ende bleibt mir eigentlich nicht mehr viel zu sagen und nicht mehr viel zu schreiben. Ich kann nur hoffen, dass der werte Leser sich in den dunklen Gängen dieser Bibliothek wohl fühlt und sich nicht zu sehr darin verirrt. Lassen Sie sich nicht von Bücherwürmern annagen und kosten Sie den herrlichen Duft uralter Bücher.

Mit freundlichen Grüßen,
die Herausgeberin

OHNEWORTE

10

DN... GE...F...

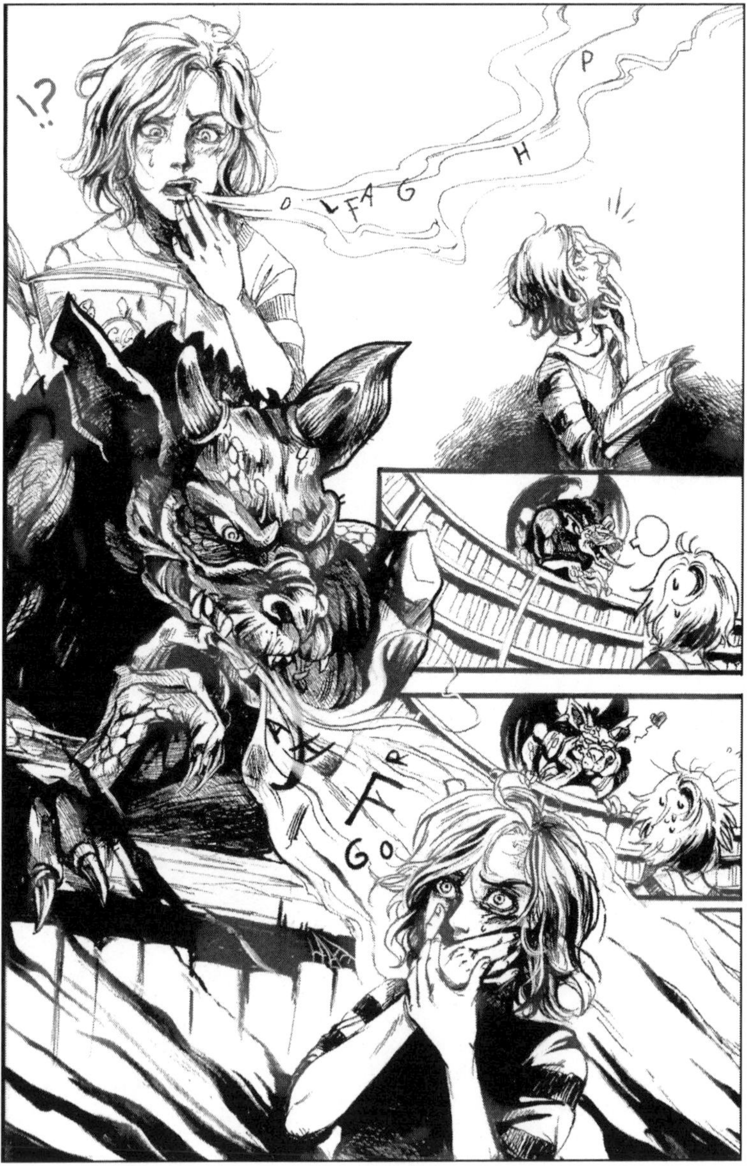

13

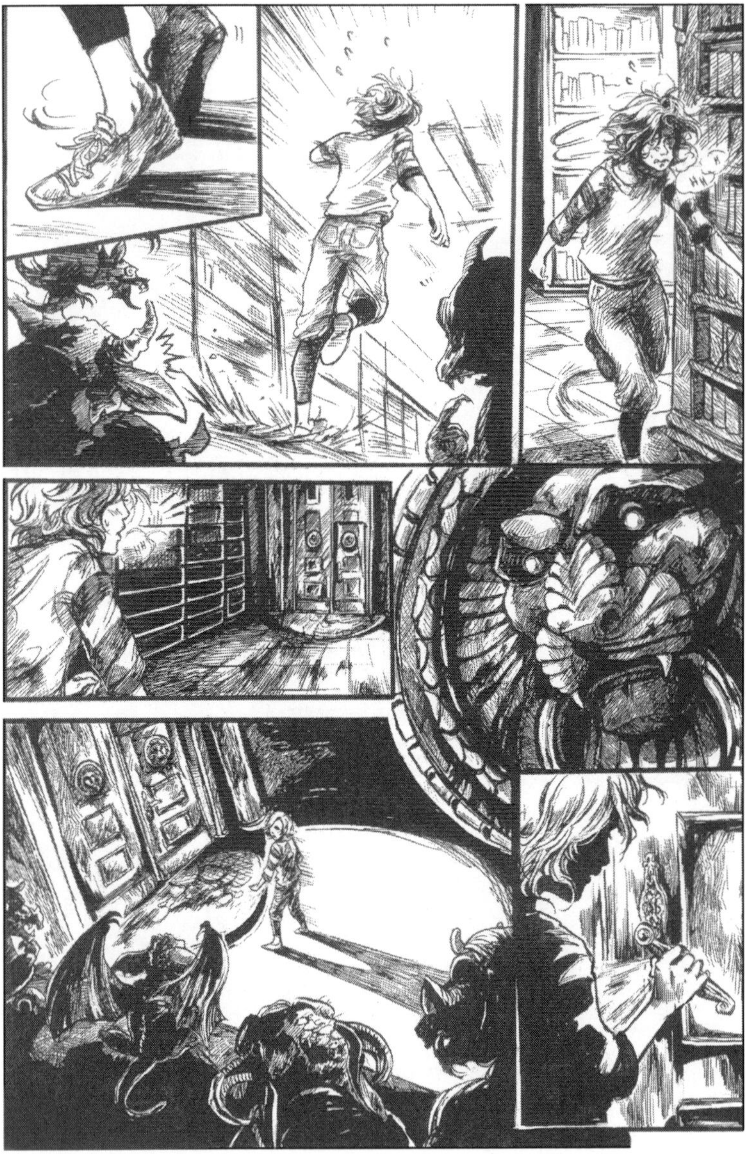

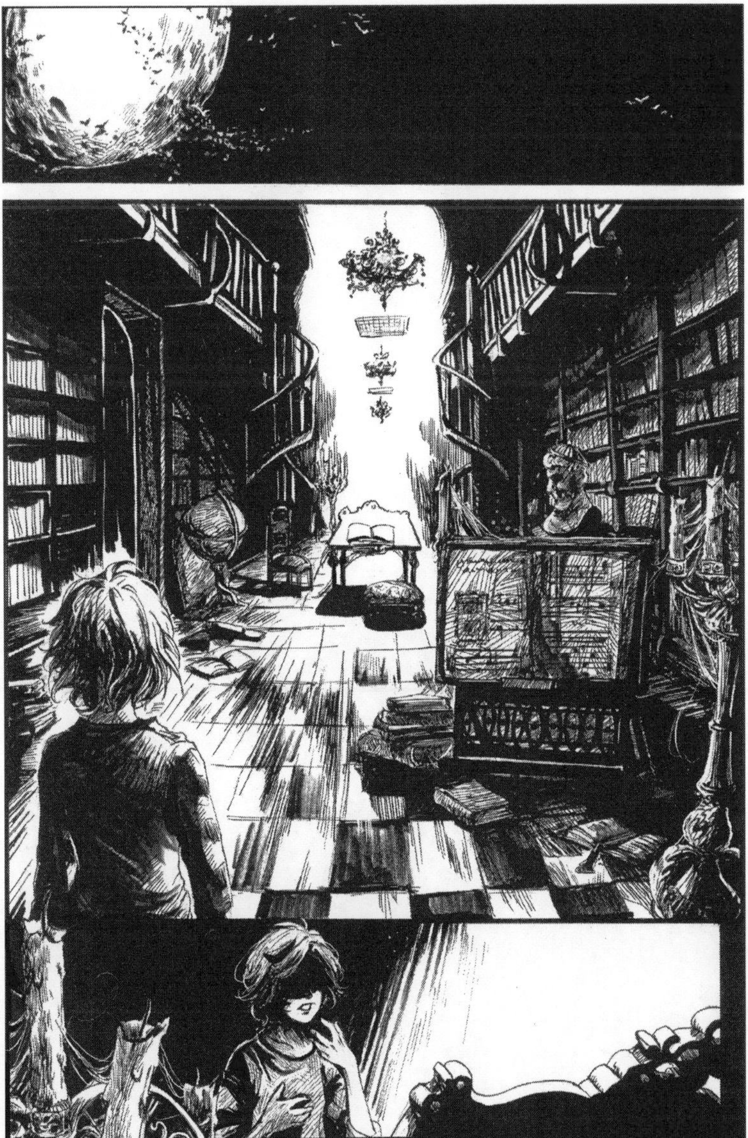

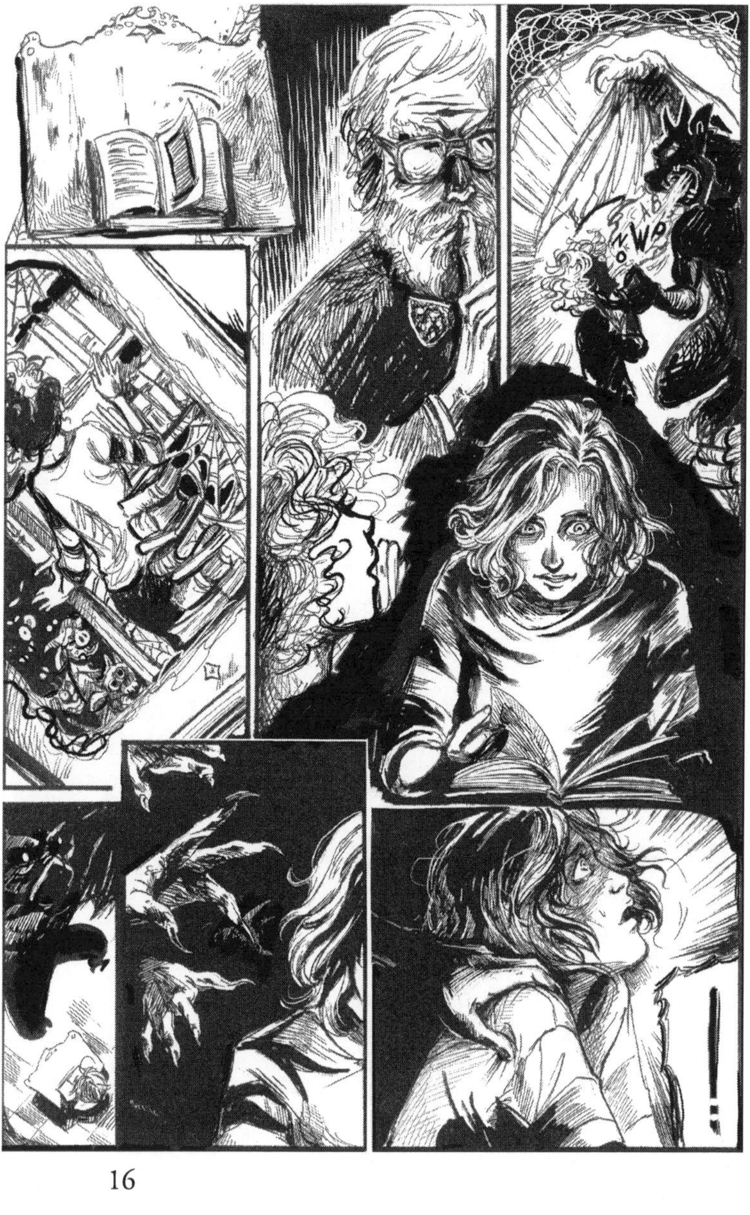

PSST

ENDE
by Stefanie Hammes

Im Anfang war das Wort

Christian Damerow

Wir zündeten Kerzen an. Kleine, gekräuselte Rauchfäden stiegen von den Streichhölzern auf, die Dochte fingen mit leisem Knistern Feuer. Ich stellte einen Leuchter auf meinen Tisch, Ajax tat es mir gleich. Er blickte mir aus seinem Winkel der Bibliothek entgegen und beugte sich über sein Blatt. Wie auch auf meinem Tisch war zu seiner Linken ein Tintenfass aus Kristall und zu seiner Rechten ein Stapel weißer Blätter platziert. Wir begannen zeitgleich zu schreiben und folgten dem Kratzen des Federkiels wie Hunde an einer Leine, hörig und willenlos.

Ich konnte ihn minutenlang beim Schreiben beobachten, während meine Hand sich von selbst über das Papier bewegte. Ajax erging es nicht anders. Unsere Blicke konnten sich eifersüchtig ineinander verhaken, unsere Hände verrichteten dennoch stur ihre Arbeit.

Ich nahm das Blatt Papier, das vor mir lag in Augenschein und las die geschriebenen Zeilen, doch sie ergaben keinen Sinn. Um die Wahrheit zu sagen, war ich mir nicht sicher, ob ich die Sprache, in der ich schrieb, überhaupt sprach. Ich konnte sie lesen, hätte jedes Wort zu erklären gewusst, doch ich ließ nicht genug Zeit verstreichen, bis die Worte ein Ganzes wurden. Meine Hand verlangsamte ihre Arbeit, als ich sie beim Schreiben beobachtete. Sie hielt kurz inne, als fühle sie sich beobachtet, da spürte ich schon einen Schlag gegen den Hinterkopf.

»Schreib weiter!«, dröhnte die Stimme des Buchbinders hinter mir. Ich sah Ajax' halb erschrockenen, halb vorwurfsvollen Blick von der anderen Seite des Raumes. *Narr*, schien er zu sagen. Ohne mich umzudrehen, nahm ich mein Schreiben wieder auf. Ich hörte nicht einmal die Schritte des Buchbinders, als er sich entfernte. Man hörte ihn nie, doch es bestand kein Zweifel daran, dass man ihn fühlte, wenn es schon zu spät war.

»Schreib schneller!«, »Schreib mehr!«, »Schreib länger!«, seine Befehle und Schläge waren das einzige Mittel der Kommunikation in unserem Leben, seine Stimme und die in Gold gerahmte Uhr über dem Eingang des Schreibsaals.

Ich wartete bis Ajax im Schreiben fortfuhr, um mich auf seine Hand zu konzentrieren. Sein Zittern hatte vor drei Tagen begonnen und es zog meinen Blick magnetisch an. Sie vibrierte wie ein überlastetes Maschinenteil kurz vor dem Zusammenbruch.

Zwölf Stunden vergingen wie verrinnende Berge aus Sand. Der Stapel Papier neben mir war bis auf ein Blatt geschrumpft. Ich schrieb das letzte Wort auf dem letzten Blatt, als die Uhr Zwölf schlug und legte den Federkiel nieder. Ajax war um den Bruchteil einer Sekunde langsamer und ich bedachte ihn mit einem zufriedenen Blick. Es machte natürlich keinen Unterschied, denn am Ende des Tages schafften wir beide das vorgegebene Pensum, wie die Räder eines Uhrwerks, doch der Triumph erleichterte die eintönige Arbeit und verlieh ihr Wert.

Wir standen auf, warteten bis der Buchbinder die Tür zum Schreibsaal öffnete und uns zurück in unsere getrennten Bereiche der Bibliothek schickte.

Ich benutzte die Bücher der Bibliothek als Kopfkissen und Matratze. Sie waren nicht bequem, doch man gewöhnte sich daran auf ihnen zu liegen. Ich träumte nie. Ich hatte die seltsame Vorstellung, die Träume würden aus meinen Ohren heraus laufen und auf die

Bücher unter mir tropfen, von ihnen aufgesaugt werden, bis sie auf dem Papier trockneten. Die Bibliothek trank sie wie eine Kostbarkeit.

Ich hatte feste Wege, Spaziergänge, die ich regelmäßig wiederholte. Ich nahm dieselben Abzweigungen und kehrte stets auf demselben Weg wieder um. Die Bücherwände erschienen mir nie wie eine Zusammenstellung aus Regalen und in sie hineingeschobenen Büchern, sondern als eine Einheit. Gäbe es die Bücher nicht, gäbe es keine Regale und umgekehrt. Das Eine würde ohne das Andere keinen Sinn ergeben. Daher machte ich mir nie die Mühe einen Blick zwischen die Buchdeckel zu werfen. Ich ließ die Regale und die Bücher ihren eigenen Geschäften nachgehen, solange sie mich in Ruhe ließen. Zur festgesetzten Zeit war ich wieder an dem mir zugewiesenen Platz, bis der Buchbinder erschien und das Signal zur Arbeit gab.

Manchmal stellte ich mir vor, was Ajax in seinem Bereich der Bibliothek tat. Ich fragte mich nie, ob wir uns über den Weg laufen könnten. Dieser Gedanke war mir aus unerklärlichen Gründen nie gekommen. Es kam schlicht nicht in Frage. Die Bibliothek musste so beschaffen sein, dass wir uns nicht über den Weg laufen konnten. Vielleicht wanderte er wie ich durch die Gänge, vielleicht saß er auch die gesamte Zeit über Bücher gebeugt und versuchte sie zu verstehen. Ich lachte bei der Vorstellung, denn er konnte nicht anders aussehen als ein Affe, der mit dem Finger die Zeilen entlang wandert und sich an der Stirn kratzt. Ich konnte die Zeichen nicht lesen, wieso sollte er es können? Am Anfang und Ende des Tages spielte es jedoch keine Rolle, was wir taten, wenn wir allein waren. Wir zündeten gemeinsam die Kerzen an und löschten sie gemeinsam, ohne jeden Unterschied.

Ajax' Zittern verstärkte sich. Ich realisierte es nur langsam, doch mit jeder Schicht wurde das Schaudern in seinem Handgelenk stärker und ließ seine Hand wie eine Fahne hin und her schwanken. Im Licht der Kerze sah ich bald einen feinen Schweißfilm auf seiner Stirn. Er schaffte noch immer das gemeinsame Pensum, doch es kostete ihn doppelt so viel Kraft wie mich, wenn nicht mehr.

Sein Blick suchte mich nun öfter, fixierte mich nicht mehr nur misstrauisch oder in einem Ausdruck offensichtlicher Konkurrenz, sondern inhaltsvoll. Er wollte mir etwas sagen, seine Augen signalisierten eine Botschaft, die ich nicht empfangen konnte.

Eines Tages hörte ich ein Rascheln von seiner Seite des Saals und im nächsten Moment unerwartete Stille. Seine Feder bewegte sich nicht mehr.

Er schrieb nicht.

Als ich zu ihm hinüber sah, war er im Begriff die Seite, die er gerade beschrieben hatte, zu einem Ball zu formen, mit dem Arm auszuholen und das zerknüllte Papierstück zu mir zu werfen. Es landete direkt auf meinem Tisch, machte noch ein, zwei Sätze und blieb vor meiner schreibenden Feder liegen.

Im selben Moment öffnete sich die Tür mit einem lauten Krachen und der Buchbinder stürmte herein. Er stieß Ajax von seinem Platz, warf ihn zu Boden und begann auf ihn einzutreten und nach seinem Gesicht zu schlagen. Tintenschwarzes Blut lief aus seiner Nase, als der Binder ihn am Kragen hochriss und wieder auf den Stuhl pflanzte.

Ajax schrieb weiter, mit schmerzverzerrtem Gesicht, während ich es nicht wagte im Schreiben innezuhalten, um den Papierball vom Tisch zu fegen. Der Ball entfaltete sich ohne mein Zutun, so weit, bis ich einen Blick auf die beschriebene Seite werfen konnte. Ajax hatte die Zeilen durchgestrichen und unter den Text ein Auge gezeichnet und unter das Auge die Worte: »... und unter das Auge die Worte«.

Als ich zu ihm hinüber sah, war sein blutunterlaufener Blick starr auf mich gerichtet und sein aufgeplatzter Mund zu einem Lächeln verzerrt.

Die nächste Schicht verzögerte sich. Ich vergaß meine Spaziergänge. Tatsächlich fiel es mir schwer zu sagen, womit ich meine Zeit verbrachte. Ich saß auf der Stelle und starrte die Bücherwände empor, die mich einschlossen. Gewaltige Wände, Schluchten aus Leder und Papier. Zehn Minuten später als üblich öffnete sich die Tür und der Buchbinder erschien. Altes und frisches Blut klebte an seinen Knöcheln und sein kalter Blick verriet, dass ich besser keine Fragen stellte.

Im Saal angekommen sah ich Ajax bereits auf seinem Platz sitzen, mit geschwollenem Gesicht über das Blatt gebeugt. Er beachtete mich nicht. Als ich diesmal jedoch zu schreiben begann, fiel es mir schwer den Blick nicht auf die Worte und Zeichen zu heften, die meine Hand produzierte. Ich versuchte ihnen zu folgen, sie zu beobachten und ihren Plan zu verstehen.

Ajax hatte Worte geschrieben, die mich, im Gegensatz zu den Zeichenschlangen, die ich produzierte und in der Unendlichkeit verschwanden, erreichten. Ich sah das Auge, das er gezeichnet hatte, vor mir und die Worte darunter, an die ich mich nicht mehr erinnern konnte. Vielleicht wären sie mir eingefallen, hätte ich sie aufschreiben können, doch dazu hätte ich meine Arbeit unterbrechen müssen.

»Brechen«, hallte Ajax' Stimme herüber. Er saß unverändert über das Blatt gebeugt, doch er murmelte leise vor sich hin: »Äste brechen Äste.«

Er hob den Blick und deutete mit seiner freien Hand zur Decke.

Er sagte: »Er sagte: ›Sie beobachtet uns‹, sprang von seinem Platz auf und rannte quer durch den Raum auf mich zu.«

Seine Worte hallten laut wieder und tatsächlich, wie er gesagt hatte, sprang er von seinem Platz auf, umrundete seinen Tisch und näherte sich mir. Mein Herz schlug kräftig in meiner Brust.

»Doch ich konnte mich nicht von der Stelle rühren«, fuhr Ajax fort zu rufen. »Und für einen Moment füllte ein Schwindelgefühl meinen Kopf wie ein Spiegelkabinett. Ich hörte seine Stimme wie das Echo meiner eigenen Stimme.«

Bevor er mich erreichte, eilte ihm der Buchbinder entgegen. Ein Faustschlag ließ ihn verstummen und warf ihn zu Boden. Am Kragen wurde sein bewusstloser Körper aus dem Saal gezerrt. Meine Hand schrieb weiter, doch mein Blick ruhte auf dem leeren Platz mir gegenüber. Das Ticken der Uhr schwebte wie eine Sonne über mir, das Licht der Kerze flackerte.

Das erste Mal seit jeher wartete ich vergeblich auf die nächste Schicht. Ich lag unruhig auf meinem Platz, mit Blick auf die Tür, doch es tat sich nichts. Mein Rücken schmerzte vom langen Liegen, die Bücher bohrten sich in meinen Körper.

Ich wanderte umher und gestattete mir erstmals die Buchrücken zu mustern, die unleserlichen, verblassten Inschriften. Ich zog mit einem ängstlichen Blick über die Schulter eines der Bücher hervor und starrte auf die schwarze Schrift, die vom Buchbinder gesetzt und gedruckt worden war, in perfektem Textkörper.

Ich verengte meine Augen zu Schlitzen, als könnte ich die Worte schärfer oder sinnvoller sehen und tatsächlich schälte sich etwas Undeutliches hervor, die Worte griffen ineinander, begannen zu sprechen, doch bevor ich sie gänzlich erfassen konnte, hörte ich einen lauten Ruf, rannte rasch an meinen anbefohlenen Platz und sah den Buchbinder bereits in der Tür. Sein Blick war von Zorn erfüllt.

»Wo warst du?«, fragte er. Er erwartete keine Antwort, sondern zog mich an der Schulter zurück in den Schreibsaal, zwang mich auf den Platz vor dem Stapel Papier und dem filigranen Tintenfass aus Kristall. Die Zartheit meiner Arbeitsutensilien, die feinen Linien der Feder, der ölige Glanz der Tinte, das Cremeweiß des Papiers, all das wirkte schmerzhaft unschuldig und eindeutig auf meine Augen.

Ich tauchte langsam den Kiel in die Tinte, als die Tür mir gegenüber sich öffnete und Ajax hereingeführt wurde. Er hinkte, sein linker Arm hing schlaff herab. Sein rechtes Auge war dunkelblau zugeschwollen, sein rechtes Auge blitzte mir entgegen. Er setzte sich, die rechte Hand flach auf der Schreibfläche. Er musterte die Utensilien vor sich, erkannte möglicherweise die gleiche Unschuld und Einfachheit in ihnen wie ich es getan hatte und begann zu lachen. Es war ein tiefes, kehliges Lachen, das sich wie Gewitter im Raum fortpflanzte, bis zu den Logen und Balustraden von Bü-

chern hinauf, die sich über unseren Köpfen empor türmten und mit jeder Schicht, die wir arbeiteten, höher wurden. Tatsächlich wurde es mir erst jetzt bewusst, wie sehr die Bibliothek um uns herum gewachsen war. Der Raum musste doppelt so groß sein, wie zuvor, die Wände waren geschwollen von Büchern.
Ich
»Erinnerte mich«, schrie Ajax und vollendete zugleich
»Meinen Satz.«
Er streckte die Hand aus und schob das Tintenfass über den Rand des Tisches. Es segelte wie ein stürzender Komet zu Boden und zerschellte in funkelnde Kristallsplitter. Die Tinte verspritzte quer über den Boden und bildete eine abstrakte, chaotische Form. Er bohrte seinen Blick in meine Augen, als wollte
»er mir etwas sagen. Eine Botschaft übermitteln«, sagte er dröhnend, doch bevor ich es begriff, stürzte er mit rollenden Augen zu Boden, Blut schoss aus seiner Nase und mit heiserer Stimme murmelte er: »und starb.«
Und starb.
Der Buchbinder trat ein und zog die Leiche an den Füßen aus dem Saal. Danach baute er sich vor meinem Tisch auf und sagte: »Schreib weiter!« und langsam, wie ein stotternder Motor, begann meine Hand zu schreiben.

Ich brauchte Licht. Wie immer entzündete ich ein Streichholz und setzte den schwarzen Docht in Brand, beobachtete die sich kräuselnden Rauchfäden. Ich setzte mich und tauchte die Feder in die Tinte, als die Tür sich öffnete und der Buchbinder zwei Stühle an den Tisch stellte, an dem Ajax zu schreiben pflegte. Er war nun seit langem tot. Es erschien mir wie eine Ewigkeit.

Der Buchbinder verließ den Raum und kehrte mit zwei Fremden, einem Mann und einer Frau, zurück, denen er bedeutete am Tisch Platz zu nehmen. Vor beiden stand ein kleines Tintenfass, daneben lagen ein Stapel Papier und eine Feder.

»Schreibt!«, befahl der Buchbinder und mit ausdruckslosem Gesicht begannen die beiden zu schreiben. Während ihre Hände die Arbeit verrichteten, wanderten ihre Blicke desorientiert durch die Bibliothek. Als sie mich entdeckten, starrten sie mich fragend an, doch ich sagte kein Wort.

Ich blickte auf das Papier und spürte wie sich meine Hand verkrampfte. Sie zitterte leicht und das Zittern breitete sich aus. Es war eine Anstrengung meines gesamten Körpers, als ich die Feder aufsetzte und, gegen einen Widerstand, der sich so gewaltig anfühlte wie eine Meereswoge, das letzte Wort, das meine Hand geschrieben hatte, das die Bibliothek ihr diktiert hatte, durchstrich und Millimeter für Millimeter in Schleifen schrieb: »Ich hob die Feder.«

Ich hob die Feder und betrachtete die Worte, las sie vorwärts und rückwärts.

Ich schrieb: »Ich schrieb: ›Ich schrieb: »*Ich schrieb: ›Ich hob die Feder und betrachtete das Wort, las es vorwärts und rückwärts.*‹«‹«

Meine Hand begann immer stärker zu zittern. Ich hörte, wie sich dir Tür hinter mir öffnete. Der Buchbinder war bereits auf dem Weg.

Ich begann zu schreiben: »Der Buchbinder stürzte zu Boden.«

Ich hörte ein lautes Poltern hinter mir.

»Er griff sich an den Hals, rang nach Luft –«
Ich hörte ein lautes Keuchen und Krächzen.
»– und starb.«
Stille kehrte ein. Ich warf einen Blick über die Schulter und sah den Buchbinder ausgestreckt am Boden liegen, die Arme und Beine im Krampf verbogen und erstarrt. Ein Seufzen ging durch die Bibliothek. Ihre Augen schienen ängstlich auf mir und meiner nächsten Handlung zu liegen. Ich legte die Feder nieder, schraubte den Deckel vom Tintenfass und setzte es an meine Lippen. Ich kippte das kleine Fass und trank es bis auf den letzten Tropfen leer.

Am Tisch gegenüber starrten mich der Mann und die Frau ängstlich an. Ich ließ meinen Blick durch die Bibliothek wandern, betrachtete das Wachsen und das hölzerne Schweigen der Bücher und plötzlich hörte ich die Worte jedes einzelnen Buches in meinem Kopf, doch nicht wie etwas, das von außen kam, sondern wie ein Spiegelbild, das von den Büchern auf mich reflektierte.

Ich erhob mich von meinem Platz und stellte mir vor, wie es wäre, zu lesen, was ich schrieb und ich sagte: »Im Anfang.«

Ich las, was ich gesprochen hatte, fühlte eine Veränderung ringsherum. Die Bücherwände wölbten sich, als feucht glänzende Sprösslinge und Äste aus dem Holz der Regale und zwischen den Seiten der Bücher hervor drängten. Aus den Worten selbst, die ich auf das weiße Papier vor mir geschrieben hatte, aus ihren tintenschwarzen Windungen schlängelten sich Ranken und Blätter empor und wuchsen zu lebendigen Gestalten.

Der Mann und die Frau sprangen erschrocken auf, als der Tisch, an dem sie saßen, ebenfalls aufging und wuchs. Sie versteckten sich im Schatten eines zwischen den Buchregalen emporragenden Stammes und sahen erwartungsvoll zu mir herüber. Meine Hand hatte aufgehört zu zittern und zum ersten Mal wusste ich genau, was ich zu sagen hatte, was ich sagen wollte.

Ich sagte: »Im Anfang war das Wort.«

Wissen ist Macht

Gregor Eder

Kapitel 1

Wissen bedeutet Macht. Diese simple Wahrheit existiert seit Anbeginn der Zeit und hat in jedem Land, auf jeder Welt und in jedem Moment ihre Bestätigung gefunden.

Sei es in der richtigen Entscheidung eines Generals, die er auf neu erlangte Informationen gründete und dadurch einer verloren geglaubten Schlacht eine neue Wendung verleiht. Oder im Thronsaal eines Königs, der seine Weisheit aus seinem eigenen oder dem Wissen seiner Berater speist.

Wissen zu besitzen verleiht einem neue Möglichkeiten und offenbart bislang verborgene Pfade im dicht gewebten Gefüge des Universums. Doch Wissen kann auch gefährlich sein und mehr als einem wurde dies schlagartig und mit tödlicher Konsequenz bewusst. Jeder verfügt daher oft nur über einen sehr begrenzten Vorrat davon. Manchmal ausreichend für seine Verhältnisse und genug um zufrieden zu sein. Oftmals zu wenig, könnten manche meinen. Aber immer ist es nur ein kleiner Teil des Wissens, der einer einzelnen Person zur Verfügung steht. Fast immer.

Wissen zu sammeln ist oftmals nicht weniger gefährlich, als es zu besitzen. Zumal die Menge das eigene Verständnis übersteigt oder vielleicht nur soweit ankratzt, dass man misstrauisch werden könnte. Dennoch haben sich im Laufe der Jahrhunderte immer wieder Wesen aller Art darauf verschrieben, dieser oftmals unterschätzten Tätigkeit nachzugehen. Aus allen Ecken und Enden der Welt tragen sie das Wissen zusammen. Gesammelt in schweren Büchern, schlanken Schriftrollen oder ein Dutzend andere Arten. Sie sammeln es, verwahren es an einem Ort und erhalten es. Nicht nur zum eigenen Nutzen, denn was hätte es für einen Sinn gesammeltes Wissen nicht zur Verfügung zu stellen.

Diese Ansammlungen von Wissen sind ein Treffpunkt für Gelehrte und Interessierte. Für Suchende und für Lernende. Und leider oftmals auch für die Machthungrigen. Für jene, die Wissen nicht um seiner selbst willen erlangen wollen oder um die Welt besser zu machen. Ihnen geht es um den eigenen Vorteil und die absolute Macht.

Um das Wissen den einen zugänglich zu machen und vor den anderen zu schützen waren die Vorfahren auf eine simple wie gleichermaßen faszinierende Idee gekommen. Eine Bibliothek an einem festen Ort zu platzieren, zog unweigerlich Aufmerksamkeit auf sich. Natürlich verbesserte sich das Ansehen der Stadt, in der sich ein solches Gebäude befand. Doch gleichzeitig war sie auch immer ein verlockendes Ziel. Ein Ziel, dass sich trotz aller Kenntnisse der Wissensbewahrer nicht immer ausreichend zu schützen vermochte.

Die Lösung war einfach. Die Bibliothek blieb nicht an einem Ort. Sie löste sich von den Zwängen an einem einzelnen Punkt zu verweilen. So wurde die Gefahr für und durch das Wissen reduziert und gleichzeitig gab es auch den kleineren Orten die Möglichkeit, für kurze Zeit die Vorteile einer solchen Errungenschaft zu nutzen.

Kapitel 2

Die Stadt hatte sich von der flachen Bucht bis hinauf zur Kante der steilen Klippe ausgebreitet. Gebäude aus weißem Stein mit flachen Dächern säumten die Straßen und Gassen vom Hafen bis hinauf zu den großen Plätzen der Altstadt. Vereinzelt reckten sich gewaltige Türme über ihre – ansonsten nur wenige Stockwerke hohen – Nachbarn hinaus. Einige waren mit Bannern dekoriert, die das Wappen der Stadt oder der örtlichen Adelshäuser trugen. Andere dienten als Plattform für die Garde und verschafften ihren Soldaten erhöhte Aussichtsplätze oder Verteidigungspunkte. Das Grün der Wälder war der Farbenpracht des beginnenden Herbstes gewichen und die Tage waren kühler und deutlich kürzer geworden.

Doch noch standen beide Sonnen hoch am Himmel und ihre Strahlen brachen sich in dem schimmernden Metall eines gewaltigen Körpers. So gewaltig, dass er seinen Schatten über ganze Gruppen der unter ihm ruhenden Häuser warf. Und sollte jemanden das fehlende Licht nicht schon alarmiert haben, durchdrang das rhythmische Summen der Propeller den nachmittäglichen Himmel über der Stadt.

Der wuchtige Bug in Form eines Adlerschnabels zeugte von einer antiken Konstruktion, wie sie seit langer Zeit von keiner Werft mehr produziert wurde. Hinter ihm zeigte sich der Rumpf den neugierigen Bewohnern in rostroter Farbe, von dem sich die goldenen Verzierungen in klassischer Eleganz abhoben. Drachen zierten die Flanke des Luftschiffes und während ihre schlanken Leiber vor der Aktivität der in ihnen integrierten Elektromotoren vibrierten, sahen die Beobachter auf ihrem Rücken keine gewaltigen Flügel, sondern nicht minder eindrucksvolle Rotoren. Baumpilzen gleich wuchsen Balkone aus der gewaltigen Form und dienten als Aussichtsplattformen und Abgrenzungen gleichermaßen. Hinter ihnen erhoben sich

Fenster, die das Licht in das Innere des gewaltigen Konstrukts hineinließen. Und der eine oder andere Bewohner der Stadt erhoffte sich beim Anblick des Luftschiffs eine ähnliche Gelegenheit. Schließlich geschah es nicht jeden Tag, dass eine der berühmten Bibliothecarum Volandum vorbei kam. Auch wenn manche Städte öfter mit einem solchen Besuch begünstigt wurden.

Meisterbibliothekar Aaron Hell wandte den Blick seiner grauen Augen von den Bugfenstern ab. Es war nicht die erste Stadt, die er so gesehen hatte und bei weitem weder die Größte noch die Schönste. Auch wenn man niemals vorhersehen konnte, welches Wissen einem an einem solchen Ort erwarten würde.

Das Kommandodeck der *Knizka* erstreckte sich vor dem grauhaarigen Veteranen und erfüllte seinen hoch gewachsenen Leib nicht zum ersten Mal mit Stolz über und Ehrfurcht vor der ihm anvertrauten Macht. Verkleidungen aus den dunklen Hölzern der Nordländer umschmeichelten Skalen und Schalttafeln aus Bronze. Karten, Lexika und Übersetzungsalben ruhten in Bücherkästen mit gläsernen Türen. Und wäre nicht das geschäftige Treiben der Besatzung, hätte man nur zu leicht vergessen können, dass man sich nicht auf einem der Lesedecks befand.

Besatzungsmitglieder in perfekt geschnittenen Uniformröcken aus rostrotem Stoff gingen ihrer Arbeit nach. Bedienten und kontrollierten die unzähligen Funktionen des gewaltigen Luftschiffs und sorgten so dafür, dass der Landeanflug ohne Probleme vonstattenging. Auch wenn dabei dem eigenen Überleben ein wesentlich geringerer Wert beigemessen wurde, als die Sammlung an Wissen vor Schaden zu bewahren.

Doch der Meisterbibliothekar machte sich nicht wirklich Sorgen, dass jemand nachlässig werden würde. Mochte die *Knizka* auch nicht zu den großen fünf Primum Bibliothecarum Volandum zählen, so wurde man doch nicht leichtfertig in die an Bord beheimatete Familie aufgenommen. Die meisten waren Söhne und Töchter früherer Besatzungsmitglieder und kannten die Gänge und Winkel des Luftschiffes von Kindesbeinen an. Und so würden sie ihre Heimat auch bei diesem Zwischenstopp auf ihrer ewigen Reise sicher zu Boden bringen.

Und dann konnte ihre eigentliche Aufgabe beginnen. Die Offenbarung des an Bord eingelagerten Wissens an die Bevölkerung auf der einen Seite. Und die Vergrößerung desselben auf der anderen Seite. Mit gewisser Neugier wartete Aaron Hall darauf, welche Gelegenheiten sich wohl für letzteres ergeben würden. Und was er dafür investieren musste.

Kapitel 3

Die *Knizka* ruhte auf dem gewaltigen Plateau, an der Seite der Stadt, die den Klippen genau gegenüber lag. Das Summen ihrer Elektromotoren war inzwischen zu einem kaum hörbaren Geräusch verloschen, das den Bewohnern der Stadt eine sichere Annäherung signalisierte. Ein breites Tor hatte sich geöffnet und eine Rampe führte hinab von der Öffnung in der gewaltigen Konstruktion. Wachsame Bibliothekswächter hatten am Fuß der Rampe Aufstellung genommen. In ihren langen Ledermänteln und den darunter hervorblitzenden, goldenen Harnischen waren sie gleichermaßen symbolische Ehrengarde wie ernst zu nehmende

Beschützer. Letzteres wurde vor allem durch die schlichten, schwarzen Stäbe in ihren Händen hervorgehoben. Dienten diese doch nicht nur dazu, den Ansturm an Besuchern mit sanften Hieben zu regeln, sondern sie konnten dank der integrierten Mechanik auch Stromstöße abgeben oder elektromagnetisch beschleunigte Kugeln abfeuern.

Im Normalfall waren solche Maßnahmen gegenüber den Besuchern jedoch nicht notwendig. Diejenigen, die an Bord kamen, taten dies in dem Verlangen nach Wissen. Und sie wussten sich in den meisten Fällen zu benehmen. Hin und wieder kam es vielleicht einmal zu einer heftigeren Diskussion über dieses oder jenes Werk oder diesen oder jenen Autor. Aber normalerweise genügte der strenge Blick der Bibliothekare auf den Lesedecks, um solch unnötige Störungen verstummen zu lassen. Und wer dann immer noch störte, wurde von zwei überaus höflichen, aber unnachgiebigen Bibliothekswächtern von Bord eskortiert.

Doch diese Stadt war nicht berühmt für ihre Störenfriede und so ging der erste Besucheransturm ohne Probleme vonstatten. Scharen von Menschen strömten auf die Lesedecks und vertieften sich alsbald in die vielfältigen Welten, die sich ihnen hier offenbarten.

Lehrer suchten nach neuem Material für ihre Studenten. Selbige vergrößerten ihr Wissen oder betrieben Recherche für dieses oder jenes Thema. Eltern führten ihre Kinder in die wundervolle Welt aus bekannten Geschichten und geschriebenen Abenteuern ein. Der eine oder andere Adelige war auch dabei, pikiert darüber gegenüber den einfachen Leuten keine vorteilhaftere Behandlung erhalten zu haben. Doch die Regeln waren eindeutig und die Besucher alle gleich. Aber jeder Ärger über solche Banalitäten war vergessen, wenn der Sohn oder die Tochter aus hohem Hause ihre ganz eigene Ecke gefunden hatten.

Kein unmögliches Unterfangen, führten die Lesedecks doch beinahe durch die gesamte Länge des Luftschiffes. Unzählige, mit Schnitzereien verzierte Bücherregale säumten diese Hallen des Wissens und verbargen hinter sich gekonnt die metallene Konstruktion. Der simple Decksboden wurde von einem geräuschmindernden Teppich bedeckt, der gleichermaßen Zierde wie Orientierung war. Spiegelte seine Farbe doch die jeweilige Abteilung wieder, deren Boden er bedeckte und ermöglichte so selbst Neulingen unter den Besuchern ihre Ziele zu erreichen.

Hinter den verspiegelten Fenstern der Verhandlungsräume beobachtete Meisterbibliothekar Aaron Hell den Strom an Besuchern. In gleichem Maße besorgt um die Schätze unter seiner Verantwortung und dankbar für das Interesse der Menschen. Nicht, dass er um seine oder die Existenz des Schiffes fürchtete. Egal ob sich Leute an Bord einfanden oder nicht, die Bibliothecarum Volandum würden weiterhin die Himmel durchstreifen, nach neuem oder altem Wissen suchen und den ständigen Bestand ihrer gewaltigen Sammlungen vergrößern. Der Schaden wäre allein bei den Bewohnern der Städte und Länder zu suchen. Denn sollte eine Zeit kommen, in denen ihr Verlangen nach dem Wissen abnahm, so würde Dunkelheit über die Welt herein brechen. Nach Macht gierende Leute hätten es dann umso leichter, ihren Einfluss zu vergrößern und ihre Ziele zu erreichen.

Mit einer deutlichen, wenn auch durch keine Regung ersichtlichen, Willensanstrengung schob Aaron dieses düstere Bild in die dafür vorgesehenen Winkel seines Verstandes zurück und konzentrierte sich wieder auf seine augenblickliche Aufgabe. Die Verhandlungen um den Ankauf einiger seltener Bücher, die ein heimischer Händler gefunden hatte. Gefunden bedeutete nach Aussehen und Alter der Bücher in diesem Fall wohl aus einem zufällig entdeckten Grabmal geraubt.

»Ich bin sehr an Ihren Büchern interessiert«, fuhr Aaron nun mit seiner sanften Stimme fort, während er den Händler aus wachen Augen musterte.

Dieser schien unter der eingehenden Musterung noch weiter zu schrumpfen. Was das ohnehin schlechte Verhältnis zwischen Körpergröße und Umfang noch mehr zu Gunsten letzterem veränderte. Er hatte schütteres, braunes Haar und seine schlecht rasierten Wangen und die verdreckte Kleidung war ein deutlicher Kontrast zu den Uniformen der Besatzung. Vor allem die der Bibliothekswächter, die wachsam hinter diesem speziellen Gast Aufstellung genommen hatten.

»Aber ich habe eine Frage zur Herkunft dieser Werke.« In einer fast zärtlichen Geste strichen die Finger des Meisterbibliothekars über die gebundenen Bücher die vor ihm auf dem ansonsten leeren Tisch lagen.

»Nun ja, mein Herr.« Die Stimme des Händlers war schon zu Beginn ihres Gespräches alles andere als wohlklingend gewesen, doch nun vibrierte sie in einer Mischung aus Furcht und Gier. »Diese Frage is doch nich unbedingt von Bedeutung, nich?«

Aaron ließ seinen Gast ein paar Herzschläge lang im Unklaren, ob diese halblegale Transaktion negative Folgen für ihn hätte. Wenn der Händler gewusst hätte, welche Methoden sein Verhandlungspartner auf der Suche nach Wissen schon angewandt hatte, wäre seine Angst vermutlich nicht verringert worden. Allerdings würde er sich weit weniger vor einer Auslieferung an die örtliche Garde fürchten.

»Nicht für das Geschäft an sich«, bestätigte der Herr des Luftschiffes schließlich und zeigte die perfekte Imitation eines freundlichen Lächelns. »Doch diese Information wäre mir mitunter einen Bonus wert.«

Die Stimmung des Händlers hellte sich so deutlich auf, dass man keine besondere Mühe brauchte, die Erleichterung auf seinen Zügen zu erkennen. Rasch nickte er mit einem falschen, aber wesentlich durchschaubareren Lächeln. Diese Verhandlungen entwickelten sich äußerst positiv, wenn auch nicht unbedingt für denjenigen, der sich in diesem Moment auf der Gewinnerseite wähnte.

Kapitel 4

Die Nacht war herein gebrochen, die meisten Bewohner der Stadt waren von den Straßen verschwunden und in ihre Häuser zurückgekehrt. Elektrische Lampen erhellten die Straßen für jene, die sich noch um diese späte Stunde in die Dunkelheit hinaus verirrten. Sei es, weil sie noch etwas Dringendes zu erledigen hatten, oder weil ihre ›dringenden Erledigungen‹ der Verkostung von Genüssen der verschiedensten Art entsprachen. Zumeist fanden diese jedoch an bestimmten Orten statt. Solchen, die noch bis spät in die Nacht geöffnet hatten oder mitunter nur in den Stunden zwischen der Abenddämmerung und dem Morgengrauen.

Auch die *Knizka* hatte ihre Tore für die meisten Besucher geschlossen. Vereinzelte Personen befanden sich jedoch noch an Bord um ihren jeweiligen Recherchen nachzugehen. Entweder, weil sie keine Zeit mit Schlafen verschwenden wollten, solange das Luftschiff in der Stadt verweilte. Mitunter gehörten sie auch zu jenen Berufsgruppen, deren Arbeit nur in der Dunkelheit verrichtet werden konnte oder durfte.

Das goldene Licht der Lampen spiegelte sich im Kristall der Gläser und dem Wein darin wieder. Aus dem richtigen Blickwinkel schien es, als ob es Blut wäre, das hier in einem künstlichen Herzen zusammenfloss.

Die dunkelhaarige Frau lehnte sich entspannt in der bronzenen Wanne zurück und betrachtete träge, wie vereinzelte Tropfen von den Spitzen ihrer Finger fielen und sich mit dem Rest der Flüssigkeit vereinten, die ihren Körper umspülte. Ein leises Räuspern zog den Blick ihrer grasgrünen Augen auf sich und ein gefährliches Lächeln umspielte ihre sinnlich geformten Lippen, als sie nach dem dargebotenen Glas griff.

Aaron Hell erwiderte das Lächeln, während er sich auf den Rand der Wanne setzte. Im Gegensatz zu seinem Besuch war der Meisterbibliothekar fast vollständig bekleidet. Lediglich den Uniformrock hatte er auf dem breiten Bett seines Quartieres zurück gelassen.

»Ein Duvall aus den Ländern am Südmeer«, erklärte der erfahrene Veteran seiner Besucherin. »Äußerst selten und sehr wertvoll hat man mir gesagt. Genau wie deine Dienste.«

»Ich glaube, das weißt du nicht nur vom Hörensagen.«

Ihre Stimme neckte ihn und für einen Moment entlockte sie dem Verstand des Meisterbibliothekars Erinnerungen an vergangene Begegnungen mit der dunkelhaarigen Schönheit.

»In der Tat«, stimmte er nach einem Räuspern zu. »Und wie es der Zufall so will, verlangt es mich erneut nach deinen Diensten.«

»Und ich dachte schon, du hättest mich nur an Bord gebeten, weil du willst, dass ich hier bleibe.« Schmollend schob sie ihre Unterlippe nach vorne und beinahe wäre er darauf hereingefallen. »Aber ich glaube, darauf hoffe ich vergebens.«

Aaron benötigte einen Augenblick um den Zauber abzuschütteln, den ihre Verführungskünste um ihn webten. Es war nicht leicht, ihn zu beeinflussen und es gab nur wenige, denen es gelang. Die Frau vor ihm gehörte zu dieser kleinen Gruppe von Menschen, was ihre Anwesenheit an Bord gleichermaßen interessant wie gefährlich machte. Doch wie schon zuvor gelang es ihm dann doch, seine Gedanken wieder unter Kontrolle zu bringen. Und nach einem erneuten Räuspern konnte er auch seiner Stimme wieder vollstes Vertrauen schenken.

»Ich würde mir wirklich wünschen, dass du diese Spiele bei mir sein lässt«, erwiderte Aaron und wiederholte dann ihre Worte: »Aber ich glaube, darauf hoffe ich vergebens. Doch will ich dich nicht davon abbringen, mich erneut durch eine Kostprobe deiner Fähigkeiten zu überzeugen. Vor allem nicht eingedenk des horrenden Preises, den du dafür verlangst.«

»Qualität hat nun einmal ihren Preis«, stellte die Frau fest, bevor sie sich in einer fließenden Bewegung erhob und das Wasser ihren Körper entlang zu Boden rann. »Nenn mir deine Wünsche und ich werde sie dir erfüllen.«

Kapitel 5

Die Sonne hatte sich langsam über dem Horizont erhoben und ihre Strahlen tauchten die unter ihr liegende Welt in die Helligkeit des neuen Tages. Die ersten Bewohner der Stadt waren inzwischen schon wach, zumeist weil ihr jeweiliger Beruf dies von ihnen verlangte. Andere erhoben sich jedoch gerade erst aus ihren Betten und begannen das Tagwerk. Während Fensterläden und Geschäfte geöffnet wurden, erlosch auch die nächtliche Beleuchtung.

Lediglich die Positionslampen der *Knizka*, die mit stoischer Gleichmütigkeit den elektrischen Lampen in den Straßen Gesellschaft geleistet hatten, erfüllten ihre schon Jahrzehnte andauernde Aufgabe. Sie boten einen Orientierungspunkt für all jene, die sich bereits zu dieser frühen Stunde auf den Weg machten, um dem Luftschiff einen Besuch abzustatten. Doch nicht alle mussten dabei warten, bis ihnen die Bibliothekswächter den Zugang gestatteten.

Das Quartier des Meisterbibliothekars lag hoch oben, zwischen zwei wuchtigen Buckeln aus Maschinen und nur einen Steinwurf von der Observationsbucht, in der die Sternenkarten gelagert wurden. Schlafzimmer und Bad waren zwar nicht schmuck- doch fensterlos und wurden daher dauerhaft in das sanfte Glühen der künstlichen Beleuchtung gehüllt. Der Hauptraum entschädigte dafür mit einer kreisrunden, durch verzierte Metallstreben unterteilten, Fensterkuppel. Die ersten Sonnenstrahlen fanden ihren Weg hindurch und beleuchteten den massiven Schreibtisch aus dunklem Holz sowie den nicht minder gewaltigen Sessel dahinter.

In diesem beugte sich Aaron Hell gerade vor, um die beiden Gläser vor sich mit dem blutroten Wein vom Vorabend zu füllen. Er hatte gewartet, bis die Geräusche aus dem Bad verstummt waren und wurde damit belohnt, dass die schwarzhaarige Schönheit den Hauptraum betrat. Sie hatte ihr Bad beendet und ihren nun gereinigten Körper in einen langen Morgenmantel aus weicher Seide gehüllt. Lediglich der unordentliche Haufen aus verdreckter Kleidung neben der Tür zum Schlafzimmer zeugte von ihrer nächtlichen Aktivität. Und natürlich die lederne Tasche, die neben den Gläsern auf dem Tisch lag.

»Ich schulde dir wie immer großen Dank für deine Dienste«, stellte Aaron fest, während er eines der Gläser hob und ihr reichte. »Du bist deinen Preis wert.«

»Du weißt wirklich, was eine Frau hören will«, erwiderte die Angesprochene amüsiert, als sie das Glas nahm und mit ihm anstieß.

Mit der Gewandtheit einer Katze glitt sie danach auf den Tisch und streckte sich elegant aus, ohne dabei das Möbelstück mit einem einzigen Tropfen der wertvollen Flüssigkeit aus ihrem Glas zu verunreinigen.

»Die Wahrheit ist oftmals wertvoller als selbst deine Dienste«, erklärte der Meisterbibliothekar fest, bevor er sein Glas abstellte und zu der Tasche griff.

Aus ihr holte er kurz darauf ein Buch heraus, dessen metallbeschlagener Einband von hohem Alter kündete. Das Werk trug dieselben Zeichen wie die Bücher, die er am Vortag für die Sammlung der *Knizka* gewinnen konnte.

»Die Beschreibung dieses Feilschers war nicht gerade informativ, aber ich konnte es dennoch finden«, untermalte die sanfte Stimme der Frau seine Untersuchung des Werkes.

»Das meiste war bereits geplündert oder zerstört. Aber ich konnte dennoch diesen Schatz entdecken.«

»In der Tat, ein Schatz«, stimmte Aaron ihr zu und blätterte lächelnd durch die Seiten.

Wahrlich ein Schatz, Wert das gesammelte Wissen an Bord der *Knizka* zu ergänzen. Und obwohl auch diese Aktion ihren Weg in die Logbücher fand, war klar, dass keiner der Bibliothekare sie missbilligen würde. Denn Wissen stellte einen schwer zu erlangenden und umso sorgfältiger zu behütenden Schatz dar. Und es war die Aufgabe der Bibliothecarum Volandum dieses Wissen zu suchen, zu finden und unter allen Umständen zu bewahren.

Denn Wissen ist wertvoll.

Wissen ist Macht.

Der Bibliothekar

Karsten Klein-Ihrler

Sein Kopf schmerzte und wenn er ruckartige Bewegungen ausführte, drehte sich die Welt um ihn. Da war sein Stuhl, der Schreibtisch, die Vitrine mit den kostbaren Erst- und Faksimileausgaben alter Handschriften. Er befand sich in der Bibliothek, lag hinter seinem Schreibtisch auf dem kratzigen Teppich und sah weitere Regalreihen voller Bücher. Schon immer hatten diese Gänge mit den Wänden aus Buchrücken eine beruhigende Wirkung auf ihn ausgeübt. Er fühlte sich geborgen und sicher zwischen dem gesammelten Genie der großen Schreiber.

Was war das denn? Ach ja, die leeren Weinflaschen, daher auch der widerliche Geschmack im Mund. Mit dieser Erkenntnis kam auch die Erinnerung zurück, erfüllte seinen gequälten Körper mit frischem Leben.

»Walther, du Mistbock!«

Seine Stimme war mehr ein Krächzen, wahrscheinlich hatte er auch wieder geraucht. Hoffentlich roch Dr. Winfried das nicht, denn der Leiter der Bibliothek war nicht gut auf ihn zu sprechen. Bei dem Gedanken wurde ihm noch schlechter und fast glaubte er, sich übergeben zu müssen. Lag er wirklich am Boden, hinter seinem Schreibtisch, fast noch die Flaschen im Arm? Das schien eine wahre Orgie gewesen zu sein letzte Nacht.

Er sollte damit aufhören!

Jemand ging an dem Schreibtisch vorüber: doch wohl noch nicht Dr. Winfried? Ein Blick auf seine Armbanduhr verriet ihm, dass die Bibliothek noch über zwei Stunden geschlossen bleiben würde und der Leiter erschien meistens noch später. Jetzt konnte er auch den roten Samtmantel erkennen und war endgültig beruhigt. Das war Goethes Mantel. Oh ja, Johann liebte diesen Mantel.

Hatte Goethe ihn gesehen?

Hoffentlich nicht, denn der Dichterfürst vermochte ätzende Kommentare abzulassen, dabei war er selbst dem Alkohol nicht gerade abgeneigt. Nein, er ging weiter. Halt, jetzt blieb er stehen, oh nein.

»Friedrich! Er hat wieder getrunken«, rief Goethe in die Regalreihe, in der sich die Werke Schillers befanden.

»Reiz er mich nicht schon bei der Morgentoilette, Hannes«, konterte Schiller brüsk.

»Hannes? Pah! Na Herr Bibliothekar, wie ist das Befinden?«

Der Kopf Goethes mit den aristokratischen Gesichtszügen tauchte über ihm auf wie das Gesicht eines bösartigen Katers. Seine Blicke waren niederschmetternd, fast verachtend. Mühevoll erhob sich der Bibliothekar und stand dem Schriftsteller gegenüber.

»Oh pfui, Sie stinken ja geradezu«, rümpfte Goethe die spitze Nase.

Der Bibliothekar schämte sich, wäre zu gerne in ein Loch gekrochen, ohne jemals wieder herauszukommen.

»Holldrijoh!« Walthers Stimme erklang viel zu laut.

Davon brummte sein Kopf. Von dieser Stimme und vom Alkohol.

Walther kam aus der Abteilung, in der die mittelalterlichen Minnesänger ihren Platz gefunden hatten. Er sah frisch und rosig aus, keine Spur einer durchzechten Nacht. Er trug seinen Pelzrock, die grüne Kappe und die unselige Fidel. Der Minnesänger hatte die ganze Nacht getrunken und musiziert - Melodien schienen nur so aus ihm herauszufließen.

»Walther, sieh an. War er an dem Radau letzte Nacht etwa beteiligt?«, fragte Goethe, für den dieser mittelalterliche Sänger eine Art Steinzeitikone war.

»Du bist wie Reinmar, dieser Stümper, erkennst hohe Kunst nicht einmal, wenn sie dir ans Gesäß springt. Halt dich heraus, Schreiberling!«

Goethe lief rot an, bewahrte aber Haltung und zog sich zu seinem Regal zurück.

»Wie machst du das nur?«, fragte der Bibliothekar und ließ sich erschöpft in den Stuhl fallen.

»Was denn?«

»Diese Nächte.«

»Was denkst du denn, was früher so los war?«, erwiderte Walther und zog sich lachend in seine Regalreihe zurück.

Jetzt war der Bibliothekar wieder allein, saß hinter seinem Schreibtisch und kämpfte gegen das Unwohlsein. Die Geister waren verschwunden, Stille tröpfelte durch den Raum mit seinen unzähligen Bücherregalen. In solchen Augenblicken, wo ihn die Schatten seines Geistes allein ließen, wurde ihm das ganze Elend bewusst. Der Filter war dann verschwunden, übrig blieb nur die Realität. Natürlich hatte er Angst gehabt, als er diese Erscheinungen zum ersten Mal gesehen hatte. Er hatte sie für Einbildung gehalten, doch wenn Walther aus der Weinflasche trank, dann verringerte sich der Inhalt. Nein, es waren Geister der Schriftsteller, obwohl der Bibliothekar die Bezeichnung Seelen bevorzugte. Warum nur er sie sehen und hören konnte, wusste er nicht, hinterfragte es aber auch nicht mehr. Die Angst war längst verschwunden, er fühlte sich wohl zwischen den Büchern und Schriftstellern. Einmal war er mit einer der Aushilfen ins Gespräch gekommen. Er hatte Fräulein Senta gegenüber Andeutungen gemacht und nur einen besorgten Blick geerntet, als wäre er krank. Seitdem schwieg er und verbrachte immer mehr Zeit an seinem Arbeitsplatz.

Es war nicht das erste Mal, dass er in der Bibliothek erwacht war, es war einfach zu verlockend, hier seine Feste zu feiern. Es zog ihn immer weniger zurück in seine Wohnung, wo nur der Fernseher auf ihn wartete. Hier war man ungestört, Bücher strahlten Sicherheit und Wärme aus, in ihnen konnte er versinken, in fremde Leben eintauchen. Wie oft hatte er Jeanne d'Arc vor dem Scheiterhaufen, Gretchen vor Mephisto bewahrt – Goethe hätte getobt! – oder Luise Maske den Rücken gestärkt.

Es gab keine Grenzen in den Träumen.

Seit dreißig Jahren arbeitete er in der Bibliothek, hatte sich mit den neuen Computersignaturen arrangiert, auch wenn es ihm sehr schwergefallen war. Vor einem Jahr hatte Dr. Winfried die Leitung übernommen, seitdem war es nicht mehr so wie früher. Weniger Personal, womit er leben konnte, mehr Kontrolle, als wäre man ein Kind. Heftige Streitereien, eine Abmahnung wegen Missachtung einer Dienstanweisung. Er hatte sich geweigert die Abteilung *Deutsche Klassiker* zu Gunsten der *Unterhaltungsliteratur* zu verkleinern. Goethe war ausnahmsweise einmal seiner Meinung gewesen, aber das interessierte Dr. Winfried nicht.

»Auch eine Bibliothek muss sich den neuen Gegebenheiten anpassen, dazu passt Ihr absonderliches Verhalten in keinster Weise. Ihre Art gefällt auch den Kunden nicht, das können Sie mir glauben. Und hören Sie mit diesen Selbstgesprächen auf!«

Punkt, Komma, Abmahnung.

Jetzt verbrachte der Bibliothekar immer öfter die Nächte hier, feierte Feste und berauschte sich an Walthers Liedern. Er hatte die passenden Schlüssel, kannte das Alarmsystem, es galt also nur, am nächsten Morgen die Spuren zu beseitigen. Das war besser als seine Wohnung, wo ihm die neugierigen Nachbarn hinterherspionierten. Familie gab es nicht mehr, er hatte seine Bücher, seinen Freund Walther.

Jetzt hatte er Kopfschmerzen und das Gefühl, sich gleich übergeben zu müssen. Es fiel dem Bibliothekar nicht schwer, sich vorzustellen, wie Dr. Winfried reagieren würde, wenn er ihn so sah.

»Selbstmord ist immer eine Alternative«, sagte Heinrich von Kleist.

Der zu früh gestorbene Dichter saß auf der Schreibtischkante, hatte die Hände um das linke Knie geschlungen. Der Bibliothekar hatte Mühe diesen Mann anzuschauen: die klaffende Schusswunde passte in die äußere Welt, nicht in den Frieden der Bücher.

»Erst noch eine Suppe, denn mit leerem Magen stirbt sich nicht gut. Erst danach erkennt man das Genie an. Ruhm ist etwas für das Jenseits«, sagte der Dichter und wandte nun das entstellte Gesicht direkt dem Bibliothekar zu.

Heinrich musste man einfach reden lassen, dann verschwand er schnell wieder.

Lieber dachte er da wieder an Walther und die Frauen, von denen der Minnesänger so viel wusste und zu deren Ehren er Lieder sang. Auch konnte er stundenlang erzählen, richtige erotische Zoten aus längst vergangener Zeit, die den Bibliothekar in Verzücken versetzten. Danach schämte er sich immer schrecklich, wie damals, als Mutter noch gelebt hatte. Mutter hätte ihm bestimmt geglaubt, wenn er von den Schriftstellern erzählt hätte. Ja, Mutter hätte es verstanden.

Jetzt stand er endlich auf, kämpfte gegen die Übelkeit an. Er sollte wirklich weniger trinken, sonst würde

Dr. Winfried es nicht bei einer Abmahnung belassen. Die leeren Flaschen steckte er in seine Aktentasche und verstaute sie so unter dem Schreibtisch, dass man sie von vorn nicht sehen konnte. Dann suchte er die Toilette im Erdgeschoss auf und reinigte sich gründlich. Das Wasser tat gut, verdrängte die Auswirkungen der letzten Nacht etwas.

Nietzsche, ein »Gott ist tot« auf den Lippen, rannte an ihm vorbei, als er von der Toilette zurückkam. Der Bibliothekar ließ ihn einfach reden, denn mit den Philosophen hatte er nichts zu schaffen. Sie verwirrten ihn nur, verkehrten die Welt und setzten sie chaotisch wieder zusammen. Er hielt sie für verrückt, aber das hätte er nie laut ausgesprochen. Die Scham war zu groß, denn Goethe, und nicht nur der, hatte Hochachtung vor diesen Denkern.

Der Bibliothekar ließ sich hinter seinem Schreibtisch nieder, fühlte sich etwas besser. Zwei Kopfschmerztabletten würden das Hirn endgültig klären, so wie immer. Schließlich zog er ein Buch aus einem Stapel, der links von ihm lag, und schlug es auf. Es war noch früh, er konnte sich noch eine Weile ungestörter Lektüre widmen.

Die Familie Buddenbrook war ihm bereits wohlbekannt, aber das machte nichts. Er sah sich als Freund der Familie, redete mit dem jungen Hanno, seinem Liebling. Ja, wenn man Schicksale doch ändern könnte! Aber wie konnte er sich nur anmaßen, Thomas Manns Klassiker ändern zu wollen, Unverschämtheit! Gut, dass der strenge Hanseat, der sich nur selten sehen ließ, das nicht erfahren würde.

Walther fiedelte aus seiner Regalreihe, während Goethe und Schiller ihrer Lieblingsbeschäftigung nachgingen: Streiten. Nietzsche lief vorüber, seine hagere Gestalt warf einen überdimensionalen Schatten an die Wand. Reinmar verfluchte Walther, Brecht und Böll stritten über den Sinn von Sozialismus und Leistungsverweigerung, Tieck und Wackenroder standen mit verträumten Gesichtern am Fenster, Heine lachte, lachte weiße Tränenflocken zum Wintermärchen.

Der Bibliothekar genoss seine Lektüre, das bunte Treiben um ihn herum. Seine Kopfschmerzen verflüchtigten sich, das Wohlbefinden besserte sich gehörig.

Es war fast schon Zeit, bald würden Dr. Winfried und die anderen Mitarbeiter erscheinen. Dann wäre es so gut wie still und nur das leise Flüstern der Bibliotheksbenutzer würde bleiben.

»Das ist Hildegard, von der ich dir vorsang«, riss Walthers Stimme ihn aus seinen Gedanken.

Der Bibliothekar traute seinen Augen nicht, als er die jugendliche Schönheit erblickte. Walther und sie standen vor seinem Schreibtisch, Hand in Hand. Sie trug ein weißes Kleid, ganz schlicht, das lange, dunkle Haar schimmerte wie ein Sternenhimmel, die Füße waren entblößt, der Mund schickte ein verzauberndes Lächeln in seine Richtung.

»Gefällt sie dir?«, fragte der Minnesänger nicht ohne Stolz.

»Ist das die Frau aus den Liedern?«

»Du sagst es. Ich stelle sie dir vor.«

Jetzt stiegen dem Bibliothekar aber fast die Tränen in die Augen. Was für ein Tag! Walther stellte ihm die Besungene, die Angebetete vor. Wo war Goethe, dieses Lästermaul? Nicht zu sehen, gut so.

»Das ist eine große Ehre für mich, Walther. Sie ist, ja, man kann es ruhig sagen, wunderschön. Ich bin ganz verlegen.«

Er konnte sich aber auch dümmlich anstellen! Da musste man sich ja schämen. Er schlich um den Schreibtisch herum und verneigte sich vor der Dame. Sie erwiderte den Gruß, immer noch dieses betörende Lächeln auf den rosigen Lippen. Seine Mutter war früher auch eine schöne Frau gewesen, das hatte er auf Bildern gesehen.

»Spiel ein Lied«, forderte sie ihren Minnesänger auf und Walther schritt sofort zur Tat, den Wunsch seiner Herzdame zu erfüllen.

Die Frau ergriff die Hand des Bibliothekars und zog ihn zum Tanz. Seine unbeholfenen Bewegungen waren ihm sehr peinlich, aber Hildegard lächelte silberhell und drehte sich zum Klang der Fidel. Walther war in Höchstform, seine Kunst unübertroffen. Selbst Heinrich von Kleist, der sich mit Kant über den Sinn der Schöpfung stritt, verstummte mitten im Satz und hörte zu. Der Bibliothekar holte eine Flasche Wein – die Notzeitration – aus einer verschlossenen Schreibtischschublade und entkorkte sie. Bald war das Fest zu Ehren der jungen Frau in vollem Gange, strahlte höfische Kultur aus. Viele Schriftsteller gesellten sich dazu, Goethe brütete abseits über einer Fortsetzung seines Faust.

»Das nimmt kein gutes Ende«, rief der Dichterfürst mit lauter Stimme.

Die Philosophen machten ernste Gesichter, tuschelten hinter vorgehaltener Hand dazu.

Irgendwo fiel ein Buch aus einem Regal.

Auf dem Höhepunkt der Ausgelassenheit, zog Hildegard den Bibliothekar in eine abgelegene Regalreihe, wo leblose Bücher über Mathematik und Physik standen. Sie lächelte und ihre Finger huschten über sein erhitztes Gesicht.

»Hildegard, Sie sind so hübsch«, flüsterte er und küsste ihren sanften Mund.

In der Ferne glaubte er das Geräusch einer sich öffnenden Tür zu hören, doch das war viel zu weit fort, irgendwo in einer anderen Welt. Vielleicht auch nur ein Streich des Weingeistes. Hier gab es nur noch Hildegard und ihn, den Bibliothekar. Er war noch nie einer Frau so nahe gewesen, hatte nur Erinnerungen an ein Mädchen aus der Schulzeit.

Rief dort jemand seinen Namen?

Nein, nur diese wundervolle Frau war dort.

»Das werde ich Vater erzählen«, flüsterte Franz Kafka und zog sich unauffällig zurück.

Goethe lächelte, denn er sah es kommen.

Und nun doch Dr. Winfried, der plötzlich vor ihm stand, wo gerade noch die schöne Hildegard gewesen war. Der Bibliothekar torkelte durch die Regalreihe, sein Hemd hing aus der Hose, die leere Weinflasche in der einen Hand, eine wertvolle Textsammlung von Walther von der Vogelweide in der anderen.

»Das ist unglaublich. Das wird Konsequenzen haben«, stammelte der fassungslose Leiter der Bibliothek.

Der Bibliothekar sah Goethe, machte einen Schritt zurück und stolperte über seine eigenen Füße. Und nun lächelte Dr. Winfried, doch es war kein gutes Lächeln.

Und später, als Dr. Winfried in seinem Büro die zweite Abmahnung und die Kündigung an seinem

Computer schrieb, blickte der Leiter der Bibliothek kurz zu dem Mann, der ihm gegenüber saß. In dieser Angelegenheit waren sie bestimmt einer Meinung, was nicht immer der Fall war. Immerhin hatte er Goethe den Hinweis auf das Verhalten seines Angestellten zu verdanken.

»Sie müssen ihn entlassen«, sagte Goethe zu Dr. Winfried in dessen Büro.

»Allerdings, Herr Goethe, das muss ich wohl«, erwiderte der Leiter der Bibliothek und nickte dem Mann vor seinem Schreibtisch zu.

Das besondere Buch

Thomas Lohwasser
& Vanessa Kaiser

»Sind Sie mit dem Lauf der Dinge unzufrieden? Quält Sie die Langeweile des grauen Alltags? Ein gutes Buch bringt Abwechslung und lässt Sie in ein anderes Leben eintauchen. Wir führen Bücher für jeden Geschmack – auch besondere Bücher. Die etwas andere Bibliothek lädt Sie zum Stöbern ein. Täglich von 8.00 bis 20.00 Uhr geöffnet, außer sonntags.«

Die Worte prangten in schwarzen Lettern auf der Karte, die Robert missmutig an diesem verregneten Novembermorgen aus seinem Briefkasten fischte. Ja, das hörte sich gut an, dachte er, warum eigentlich nicht? Mal wieder etwas Spannendes lesen, etwas, das ihn von seinem Leben ablenkte. Denn Robert hasste sein Leben – der immer gleiche Trott, ein unterbezahlter Job und keine Aussicht auf Besserung. Und eine Freundin hatte er auch nicht. Schon lange hatte er nicht mehr gelesen, das war einfach untergegangen. Nun jedoch erschien ihm die Vorstellung, in diesem dunklen und nassen Spätherbst im warmen Wohnzimmer auf der Couch zu sitzen und ein packendes Buch zu lesen, wie bunte Farbe in einem Bild aus Grautönen.

Er beschloss, die Bibliothek noch am Abend aufzusuchen.

Die Wegbeschreibung auf der Rückseite der Karte führte Robert in einen Teil der Stadt, in dem er noch nie gewesen war. Er fand den Hellewartweg erst nach einigem Suchen, dieser war nicht mehr als eine winzige Gasse, die in einen Hinterhof führte. Robert parkte den Wagen an der Einmündung und ging in den Hof. Über einer unscheinbaren Tür hing ein Schriftzug aus Kupfer: »Bibliothek«, im Schaufenster lagen ein paar abgegriffene Bücher. Zögerlich drückte Robert die Klinke herunter.

Die Tür öffnete sich mit einem Klingeln. Muffige Luft schlug ihm entgegen. Er betrat einen kleinen Vorraum mit kahlen, zartgrün gestrichenen Wänden, auf dessen gegenüberliegender Seite ein Durchgang den Blick auf Regale voller Bücher freigab. Schummriges Licht drang daraus hervor, Qualmwolken hingen träge unter der Decke. Hinter einem Tresen saß eine ältere Frau und rauchte. Ihr weißes Haar war zu einem strengen Knoten gebunden und ihre Fingernägel orange lackiert. Das sollte eine Bibliothek sein? Muffige Bücher in einem verrauchten, düsteren Lesesaal – Robert fragte sich, ob er hier wirklich fündig werden würde, nein mehr noch: ob er hier fündig werden *wollte*. Doch zu seiner eigenen Überraschung begab er sich an den Tresen.

»Ich hatte heute diese Karte in meinem Briefkasten.«

Die Frau drückte ihre Zigarette aus, nahm die Karte und betrachtete sie über den dicken Rand ihrer Brille hinweg.

»Sie suchen ein Buch?«, krächzte sie.

Roberts Blick fiel auf ihre vergilbten Zähne, die von knallrot geschminkten Lippen umrahmt wurden. Das ist richtig, wollte er sagen, doch sie fuhr bereits fort.

»Wir haben viele Bücher ... aber mir scheint, Sie suchen das besondere Buch?«

Als Robert zögerte, wiederholte sie ihre Frage: »Sie *suchen* doch das besondere Buch, oder?«

Robert nickte langsam: »Ja natürlich, das wäre gut.«

Die Frau war ihm unangenehm. Sie winkte Robert, ihr in den Büchertrakt zu folgen. Das Klacken ihrer schiefen Absätze auf dem gemusterten Steinboden hallte in seinen Ohren, während sie ihn durch die düsteren Regalreihen bis zu einer Tür führte. Robert schaute sie fragend an.

»Hier bewahren wir unsere besonderen Bücher auf«, beantwortete sie seinen Blick. »Diese Bücher können Sie nicht ausleihen. Sie müssen Ihr Buch hier, in diesem Raum, lesen. Außerdem ist die Lesezeit begrenzt, sie dürfen nur drei Minuten am Tag darin lesen.«

Robert stutzte. Was sollte das? Man konnte diese Bücher nicht mit nach Hause nehmen und durfte nicht einmal eine angemessene Zeit in ihnen lesen?

»Wenn die Klingel ertönt, schlagen Sie das Buch zu und verlassen den Raum. Sofort, verstanden? Sollten sie die Regeln brechen, dürfen Sie nicht wiederkommen.«

Robert wusste nicht, ob er loslachen oder protestieren sollte. Aber er war neugierig geworden, neugierig auf diese sogenannten *besonderen* Bücher, um die diese Frau so ein Aufhebens machte.

Sie öffnete ihm die Tür. Ein Kribbeln breitete sich in Roberts Magengrube aus.

Als die Tür hinter ihm ins Schloss fiel, sah er sich um. Der Raum war klein und fensterlos. Eine Neonröhre summte unter der Decke, es gab nur wenige Bücher in den drei Wandregalen. Gespannt las Robert den Titel auf dem Buchrücken des ersten Buches: »Ruth Wohlfahrt«. Der Name sagte ihm nichts. Das nächste Buch hieß »Frank Wohmann«, das daneben »Andreas Wolke«. Robert schaute genauer in die Regale. Alle Buchtitel waren bloße Namen, die alphabetisch von links nach rechts angeordnet waren. Er nahm sich ein Buch mit dem Namen »Jens Pohl« heraus und blätterte darin. Was dort stand, war langweiliges Geschwafel, jedenfalls entsprach es nicht seiner Vorstellung von einem besonderen Buch. Verächtlich stellte er es zurück und wandte sich zum Gehen, da fiel sein Blick auf ein Buch im mittleren Regal.

Es trug seinen Namen, Robert König. Er nahm es zur Hand und schlug es auf: »Robert König wurde am fünften Mai 1972 geboren und wuchs ohne Geschwister auf.« Der fünfte Mai 1972 war sein Geburtstag, und ja, er hatte keine Geschwister. Schnell überflog er die Seite, las die nächste und noch eine weitere. Dort stand sein ganzes Leben, zusammengefasst auf drei Seiten, alles, was er bisher erlebt hatte, und das war zugegebenermaßen nicht viel. Die knappe Beschreibung endete mit dem Satz: »Robert war höchst unzufrieden mit seinem Leben und beschloss, die Bibliothek aufzusuchen.«

Kälte kroch an Roberts Beinen empor. Wer hatte dieses Buch über ihn geschrieben? Sollte das ein Scherz sein? Er blätterte auf die vierte Seite: »Auf dem Rückweg von der Bibliothek kaufte er ein Lotterielos. Er lehnte das Los mit der Endziffer fünf ab und wählte stattdessen eines mit der Endziffer sieben. Damit gewann er bei der Ziehung am Abend zwei Millionen Euro. Nun hatte er die Möglichkeit, seinen Traum von einer eigenen Firma zu verwirklichen. Mit seinem Freund Albert ...«

In diesem Moment schrillte die Klingel, die drei Minuten Lesezeit waren um. Robert schreckte zusammen, klappte das Buch zu und verließ den Raum. Er wollte schließlich nicht mit dieser unheimlichen Bibliothekarin aneinandergeraten. Doch es war niemand da, weder in der düsteren Bibliothek, noch am Tresen an der Ausgabe.

Auf der Fahrt nach Hause kreisten Roberts Gedanken um das Buch und die eigenartige Bibliothek. Das alles *konnte* nur ein schlechter Scherz sein. Bloß – wer hatte sich das für ihn ausgedacht? Niemand kannte ihn gut genug, um ein Buch mit derartigen Details über ihn zu füllen.

Als ein Tabakladen in Sicht kam, begann die Mauer von Roberts Skepsis zu bröckeln. Unvermittelt trat er auf die Bremse.

»Was hab ich denn schon zu verlieren?«, murmelte er und stieg aus.

»Ein Los, bitte«, sagte er zu dem Verkäufer, und kam sich wirklich dumm dabei vor. »Heute ist doch die Ziehung, oder?«

Der Mann nickte gelangweilt. Robert schaute auf sein Los. Die Endziffer war tatsächlich eine Fünf.

»Nein, dieses Los möchte ich nicht!«, sagte er aufgeregt zum Verkäufer. Als der ihn fragend anstarrte, sagte Robert: »Ich brauche eins mit der Endziffer sieben.«

Der Verkäufer brummte: »Wohl abergläubisch, was?«, suchte in dem Stapel Lose und reichte ihm ein neues. Die letzte der zehn Zahlen war eine Sieben.

Am Abend schaltete Robert pünktlich den Fernseher an, denn er wollte die Bekanntgabe der Lotteriezahlen auf keinen Fall verpassen. Aufgeregt folgte er mit dem Zeigefinger der Reihe von Ziffern auf seinem Los. Fünf, drei, acht, zwei, drei ... Bis hierher stimmten die Zahlen überein. Neun, sechs, zwei, eins - und die Endziffer sieben! Robert sprang von der Couch und jubelte. Er konnte es nicht fassen. Er hatte zwei Millionen Euro gewonnen.

Der nächste Tag begann mit Sonnenschein. Gleich als erstes knallte Robert seinem Chef die Kündigung auf den Tisch und machte sich auf die Suche nach einer schönen, großen Eigentumswohnung. Zu Mittag traf er sich mit seinem Freund Albert Trostmann und überzeugte ihn von der Idee einer eigenen Softwarefirma. Anschließend fuhr er in die Stadt und stöberte nach Plasmafernsehern und Blu-ray-Playern und kehrte am Abend mit unzähligen Paketen und Tüten nach Hause zurück. Sein Leben hatte sich verändert, von einem Tag auf den anderen. Plötzlich hatte er Luft zum Atmen, hatte eine Zukunft, eine Perspektive – es war wie eine Befreiung von schmerzenden Fesseln.

Zum ersten Mal kehrten Roberts Gedanken zu dem Buch in der Bibliothek zurück. War das alles reiner Zufall gewesen oder hatte das Buch wahrhaftig etwas mit seinem Gewinn zu tun?

Robert sprang auf, um den Sekt zu holen. Heute wollte er nicht mehr nachdenken, heute wollte er feiern!

Die folgende Zeit war angefüllt mit Arbeit. Von früh bis spät war Robert damit beschäftigt, seine Firma aufzubauen, hastete von einem Termin zum anderen. Er fühlte sich so lebendig wie nie zuvor. Dennoch war er nicht wirklich glücklich. Und je stärker ihm dieses Gefühl zu Bewusstsein kam, desto häufiger dachte er an das eigenartige Buch. Bis er sich schließlich die Zeit nahm, erneut den Hellewartweg aufzusuchen.

Als er die Bibliothek betrat, saß die alte Frau wieder hinter dem Tresen. Unschlüssig blieb Robert stehen. Vor ihr kam er sich vor wie ein Schuljunge. Ob er einfach wieder gehen sollte? Die Idee mit dem Buch war ohnehin reiner Quatsch, da war er sicher. Dennoch gab er sich einen Ruck und trat an den Tresen.

»Ihre besonderen Bücher haben es in sich«, sagte er zur Begrüßung.

Statt zu antworten, bekam die Frau einen Hustenanfall. Gleich darauf zündete sie sich eine Zigarette an.

»Ich interessiere mich eigentlich nicht fürs Lesen«, krächzte sie. »Die meisten Bücher haben zu wenig Seele.«

Robert wartete, doch sie beachtete ihn nicht weiter. Vorsichtig fragte er:

»Kann ich wieder in meinem besonderen Buch lesen?«

Die Frau sah ihn aus rot geäderten Augen an.

»Es steht Ihnen frei. Sie kennen ja den Weg.«

Kaum war Robert wieder in dem kleinen Raum, schnappte er sich das Buch und las an der Stelle weiter, an der er das letzte Mal unterbrochen worden war:

»Mit seinem Freund Albert im Boot war Roberts Firma sehr erfolgreich. Eines Tages, er war zum zweiten Mal in der Bibliothek gewesen, besuchte er die Bar des Starlight-Hotels in der Stadt. Dort fiel ihm eine Frau mit feuerrotem Haar und grünem Kleid auf. Sofort lud er sie zu einem Drink ein. Einen Monat später heiratete er Eva. Sie wurde die Liebe seines Lebens.«

Wärme breitete sich in Roberts Magengrube aus. Er sollte sich verlieben? Die Liebe seines Lebens finden? Das war ja noch besser als sein Lotteriegewinn!

Obwohl er noch Lesezeit hatte, schlug Robert das Buch zu und verließ die Bibliothek.

Die erste Person, die ihm im Hotel ins Auge sprang, war die Frau an der Bar. Sie hatte seidige, rote Haare. Ein grünes Samtkleid schmiegte sich an verführerische

Kurven. Roberts Herz begann zu klopfen. Es war unheimlich, aber das Buch hatte Recht gehabt.

»Möchten Sie etwas trinken?«, fragte er und setzte sich auf den Barhocker neben ihr. Die Frau strahlte ihn an. Normalerweise hätte er sich nicht an eine solche Schönheit herangewagt, doch gab ihm das Buch, das seine Zukunft bereitzuhalten schien, eine nie gekannte Selbstsicherheit.

»Ich nehme einen Long Island«, sagte die Frau. Mit sanfter Geste schob sie ihre Haare über die Schulter. »Mein Name ist Eva.«

Die Hochzeit war ein rauschendes Fest. Robert fühlte sich wie im siebten Himmel. Er hatte viel Geld, eine schöne Frau, eine tolle Wohnung und beruflichen Erfolg. Es fiel ihm schwer zu glauben, und unheimlich war es noch dazu, aber das Buch schien ihn zum Herrn über sein Schicksal gemacht zu haben. Robert spürte die Verheißung grenzenloser Macht. Welche Gelegenheit würde sich ihm noch bieten, wenn er wieder darin las? Robert nahm sich vor, noch einmal in die Bibliothek zu fahren, um einen weiteren Blick in seine Zukunft zu werfen.

Die Bibliothekarin schenkte ihm ein gelbes Grinsen, als er die Tür öffnete.

»Ich fragte mich schon, wann Sie wiederkommen würden.«

Robert grinste zurück. Ihm kam in den Sinn, dass sie womöglich wusste, was es mit diesen besonderen Büchern auf sich hatte. Er war sich nicht sicher, aber er wollte die Alte auch nicht ausfragen.

»Ich hatte viel zu tun«, sagte er. Sollte doch alles so bleiben, wie es war.

Im Hinterraum zog er sein Buch aus dem Regal und blätterte bis zur Seite fünf. Es stand alles darin, die Hochzeit, der große Auftrag, den Albert für die Firma an Land gezogen hatte, und sogar der Jagdausflug, den sie beide am Sonntag machen wollten.

Die Neonröhre summte. Und tickte. Robert sah auf. Eine dicke Fliege hatte sich in den Raum verirrt und flog beharrlich gegen die Röhre. Daher das Ticken.

Er widmete sich wieder den Zeilen in seinem Buch: »Auf dem Nachhauseweg vom Jagdausflug fuhr Robert einen kleinen Jungen an, der an der Straße spielte. Dieser wurde so schwer verletzt, dass er noch an der Unfallstelle starb. Gegen Robert wurde Anklage erhoben.«

Robert las diesen Abschnitt immer wieder. Das durfte nicht sein, dieser Unfall würde alles zerstören!

Die Klingel ertönte. Er war wie benommen, als er aus der Bibliothek trat. Mit zittrigen Fingern holte er sein Handy aus der Jacke und rief Albert an.

»Albert, ja, hallo. Hör zu, mir ist etwas dazwischen gekommen. Ich kann morgen nicht mit dir jagen gehen ... Ja, Albert, ja, das kann ja sein, aber wenn es so wichtig ist, können wir es auch am Montag in der Firma besprechen ... Nein, hör mir zu, ich komme nicht. Ich kann nicht, Albert, hörst du, ich kann einfach nicht.«

Robert legte auf. Er atmete tief durch. Er hatte das Unheil abgewendet. Er würde nicht wegfahren, also würde er den Jungen auch nicht überfahren. Das Buch hatte ihm wieder geholfen.

Der Anruf erreichte Robert am Montagmorgen. Es war Alberts Frau, sie schluchzte.

»Albert hat sich umgebracht, Robert! Gestern schon, in eurer Jagdhütte ... ihr wolltet euch doch da treffen, warum warst du nicht bei ihm?«

Robert ließ das Telefon sinken. Sein bester Freund war tot. Albert war schon immer etwas labil gewesen ... aber Selbstmord? Nein. Robert dachte an das Telefonat von Samstag, daran, wie Albert ihn gedrängt hatte, und dass er unbedingt mit ihm hatte sprechen wollen. Regine hatte recht: warum war er nicht bei ihm gewesen? Sein Freund wäre noch am Leben, dessen war sich Robert sicher. Er hatte ihn im Stich gelassen, er war schuld an seinem Tod. Verzweifelt fuhr er sich durch die Haare. Er hatte ja bloß den kleinen Jungen nicht anfahren wollen, das Buch hatte ihn schließlich gewarnt!

Am Dienstagmorgen fand Robert einen Brief von Albert in seiner Post. Sofort riss er den Umschlag auf. »Es tut mir leid, Robert, aber ich kann nicht mehr, ich weiß einfach nicht weiter. Weißt du, ich hab mich verschätzt. Ich hab alles verloren, beim Pokern. Ja, du hast mich immer davor gewarnt. Aber ich hatte so ein verdammt gutes Gefühl an dem Abend, ich wusste einfach, dass ich gewinne! Ich war ganz nah dran, mir fehlten nur noch ein, zwei Runden! Darum hab ich auch alles verpfändet. Mein Haus. Auch meine Anteile an der Firma. Ich weiß, was das jetzt für dich bedeutet. Wie gesagt, es tut mir leid. Wenn ich könnte, würde ich es rückgängig machen. Ich hoffe, du kannst mir verzeihen. Mach's gut, Robert.«

Robert starrte ins Leere. Albert hatte alles verspielt. Es ging um Millionen, so viel war klar. Sicher würden die Forderungen nun an ihn herangetragen werden. Aber um das Geld auszahlen zu können, würde er die

Firma verkaufen müssen. Er war ruiniert. Fieberhaft dachte er nach.

Der Tresen war nicht besetzt. Einzig der stinkende Rauch zeugte davon, dass die Bibliothekarin in der Nähe war.
 Der Text hatte sich verändert, als Robert die Seite aufschlug, auf der er zuletzt gelesen hatte. Nichts stand dort mehr über den kleinen Jungen, dafür erzählte die Geschichte den Selbstmord von Albert. Auch der Abschiedsbrief war abgedruckt und … Robert stockte der Atem.
 »Da Albert tot war, wandte sich der Spielmacher Antonio Stark an Robert und forderte Alberts Schulden ein. Um die Ernsthaftigkeit der Situation zu unterstreichen, brach er Robert die Nase und den linken Arm.« Robert wurde übel vor Angst. Das Summen der Neonlampe schien ihm unnatürlich laut, auch die Fliege war noch im Raum. Sie hatte sogar Gesellschaft bekommen, es waren jetzt zwei, die unablässig gegen die Röhre tickten. Hastig las er weiter. »Robert wusste durch den Besuch in der Bibliothek von dem geplanten Überfall, konnte aber nicht zur Polizei gehen. Es war schließlich noch nichts passiert. Ihm war klar, dass sie ihm nicht helfen, ihn nicht beschützen würden. Also musste er sich selbst helfen. Sofort holte er seine Handfeuerwaffe, die er gemeinsam mit dem Jagdgewehr gekauft hatte und … «
 Die Klingel schrillte in Roberts Ohren.
 »Nein, nicht jetzt!«
 Draußen hörte Robert das Klackern der Absätze der Bibliothekarin.

»Ich brauche noch etwas Zeit!«, rief er durch die Tür, doch sie wurde mit einem Ruck geöffnet.

»Haben Sie das Klingeln nicht gehört? Gehen Sie, sofort!«

Robert fuhr unter dem Blick der Frau zusammen. Er legte das Buch zur Seite und verließ die Bibliothek ohne ein Wort.

»Diese Hexe!«, fluchte er draußen im Auto. Seine Gedanken überschlugen sich. Dank des Buches wusste er, dass dieser Antonio Stark ihn wirklich verletzen wollte. Er musste sich schützen! Und das Buch hatte ihm auch verraten, wie.

Eine halbe Stunde später hatte er seine 38er aus dem Tresor im Büro geholt. Das schwere Metall in der Jackentasche gab ihm ein Gefühl von Sicherheit. Auf dem kürzesten Weg fuhr er nach Hause.

Als er aus dem Auto ausstieg, vertrat ihm ein Fremder den Weg. Er war bullig, mit geschorenem Kopf, seine Nase saß schief im Gesicht. Sie schien schon einmal gebrochen und nicht wieder gerichtet worden zu sein. Er trug einen billigen, weißen Anzug und roch nach Unmengen von Aftershave.

»Dein Partner schuldet mir Geld!«, sagte er rau. Erst jetzt erkannte Robert den Schlagring an der rechten Hand. Antonio Stark. »Der Scheißer hat sich verpisst, also wirst du die Rechnung begleichen.«

Robert riss die Waffe aus der Jacke.

»Lass mich in Ruhe, verstanden!«, schrie er. Beschwichtigend hob der Mann die Hände.

»Hey, immer langsam«, sagte er. »Kein Grund, so auszuflippen.«

»Du kriegst gar nichts von mir, hörst du? Lass mich in Ruhe und verschwinde!«

Der Mann zögerte, dann ging er rückwärts zu seinem Auto und fuhr mit quietschenden Reifen davon. Robert steckte die Waffe weg. Er zitterte. Was er jetzt wirklich brauchte, war ein Whiskey, und zwar sofort.

Die Wohnung lag im Dunkeln, Eva war nicht da. Robert schaltete das Licht ein und ging zu seiner Privatbar. Mit dem Whiskey in der Hand ließ er sich auf die Couch sinken. Der Alkohol beruhigte seine Nerven, endlich konnte er durchatmen und nachdenken. Stark würde wiederkommen, da war er sicher. Doch wie er es auch drehte und wendete – er hatte keine Ahnung, was er gegen diesen Kriminellen unternehmen konnte. Robert fuhr sich mit der Hand über den Mund. Er musste noch einmal in die Bibliothek fahren, jetzt gleich, egal, was die alte Hexe sagte. Es war zu wichtig.

Mittlerweile hatte er fast die ganze Flasche Whiskey geleert und fühlte sich stark. Er schrieb Eva eine Nachricht, dass er noch einmal in die Firma gefahren war, wankte aus der Wohnung und fuhr mit dem Auto zum Hellewartweg. Dort stieß er die Tür auf und stapfte zum Tresen.

»Wieder da?«, fragte die Alte. Sie blies ihren Zigarettenrauch direkt in Roberts Gesicht. Unwirsch wedelte er mit der Hand vor seiner Nase.

»Ich muss noch einmal zu dem Buch!«

»Sie haben doch heute schon gelesen«, keifte die Frau. Forschend kniff sie die Augen zusammen.

»Das ist mir egal«, entgegnete Robert. Seine Zunge war schwer, doch er wollte sich nicht einschüchtern lassen. »Es ist wichtig, verstehen Sie? Lebenswichtig, ich brauche Antworten!«

Der Blick der Frau wurde kalt.

»Mir scheint, Sie stellen zu viele Fragen. Alle Antworten haben einen Preis. Aber wollen Sie den Preis auch *bezahlen*?«

Robert starrte die Frau an. Wie redete sie eigentlich mit ihm? Und was war dieses Gefasel von einem Preis?

»Ich will dieses Buch lesen, verstehen Sie? Um *jeden* Preis!«

Sie grinste hämisch.

»Das reicht mir«, sagte sie knapp. »Gehen Sie durch.«

Robert torkelte in den kleinen Raum und schlug sein Buch auf. Er hatte Mühe, das Geschriebene zu entziffern, der viele Whiskey trübte ihm den Blick, und das Ticken der vielen Fliegen an der Neonröhre lenkte ihn ab. Wo kommen die nur alle her?, dachte Robert und bemühte sich, nur auf das Buch zu achten. Nach einer Weile begriff er, dass der Text sich wieder verändert hatte. Kein Wort mehr über die Verletzungen, die Antonio Stark ihm beinahe zugefügt hatte. »Stark machte einen Rückzieher und ließ Robert unbehelligt – scheinbar. Nachdem sich Robert betrunken und erneut die Bibliothek aufgesucht hatte, fiel ihm ein, dass er seine Brieftasche mit all seinen Papieren in der Firma vergessen hatte und fuhr hin. Dort aber erwartete ihn Antonio mit seinen Männern. Sie überwältigten ihn und nahmen ihm die Waffe ab. Stark zwang Robert, ihm die Firma zu überschreiben, erdrosselte ihn mit einem Kabel und legte Feuer, um alle Beweise zu vernichten und die Versicherungssumme zu kassieren.« Voller Entsetzen stierte Robert auf die Zeilen. Das Adrenalin ließ ihn klarer werden. Dieser Stark würde ihn töten, das stand hier Schwarz auf Weiß.

»Ich muss weg«, flüsterte er.

Aber nicht ohne Eva. Er musste sie holen. Sie mussten die Stadt verlassen und irgendwo anders ein neues Leben beginnen. Um sein Geld konnte er sich später kümmern, erst einmal war es wichtig zu verschwinden.

In diesem Moment schrillte die Klingel. Robert ließ das Buch fallen.

»Teufel, ist das laut!«

Er stürzte aus dem Raum, vorbei an den Regalen und am Tresen, an dem die Alte hockte, scheinbar schwelend in ihrem eigenen Zigarettenrauch.

»Bis bald!«, rief sie, als Robert an ihr vorbeistürmte.

Mit Vollgas raste Robert durch die Dämmerung. Jede Minute zählte. Wahrscheinlich würden sie zu Hause nach ihm suchen, wenn er nicht in der Firma erschien. Immer wieder versuchte er, Eva zu erreichen, aber sie ging nicht ans Telefon.

Als er die Tür seiner Wohnung aufschloss, rief er nach ihr. Niemand antwortete. Die Lichter brannten, aber von Eva war keine Spur. Panisch lief er von Raum zu Raum. Als er zum Schlafzimmer kam, hörte er ihr glasklares Lachen.

Erleichtert öffnete Robert die Tür. Im nächsten Augenblick brach der Rest seiner Welt zusammen.

Eva lag im Bett, aber sie war nicht allein. Ein Mann war bei ihr – beide waren nackt. Evas Lachen verstummte.

»Robert …«, begann sie, doch er hörte sie kaum. Gebannt starrte er auf die nackten Körper. Seine Eva, die Liebe seines Lebens, betrog ihn, wer weiß wie lange schon.

Eva sprang auf und zog sich an, während der Mann nach seiner Hose angelte.

»Robert, bitte ...«

In Roberts Ohren rauschte das Blut. Er verstand nicht, was Eva sagte, in seinem Kopf schien sich alles zu drehen. Schließlich kam sie auf ihn zu, doch Robert zog die Waffe. Und zielte. Auf Eva. Auf seine Frau. Die Frau, die niemals seine gewesen war ...

Ihre Augen weiteten sich.

»Was soll das, wieso hast du deine Waffe?«

... und drückte ab.

Eine purpurne Explosion. Evas Blut spritzte auf die weißen Laken. Ein Schrei aus der Ecke des Raumes. Der Fremde – das Schwein, das ihm seine Frau genommen hatte, das ihn verhöhnt hatte, genau wie sie.

Robert richtete die Waffe auf ihn. Der Mann schlotterte am ganzen Leib. Urin floss an seinem Bein herab und bildete einen dunklen Fleck zu seinen Füßen.

Mein schöner Teppich, dachte Robert.

Der zweite Schuss hallte durch die schwarze Nacht.

»Hellewartweg acht, hier ist es.«

Ein Mann mit schwarzem Vollbart hievte sich aus dem Auto und zog den Reißverschluss seiner Jacke zu. Sein Begleiter, weißhaarig und in feinem Wintermantel, war bereits ausgestiegen und ein paar Schritte in die Gasse vorgegangen.

»Ich seh nichts, Martin«, rief er über die Schulter. »Wo genau, meinte er denn?«

Der Bärtige folgte ihm.

»Sagtest du nicht, er hätte dir den Hinterhof genau beschrieben?«, fragte der Weißhaarige, als der andere zu ihm aufschloss.

»Er meinte, die Bibliothek sei genau hier, der Schriftzug aus Kupfer wäre nicht zu übersehen.«

Der Weißhaarige deutete auf die rostigen Schrauben, die über einem schmutzigen, kleinen Schaufenster aus der Wand des Hauses ragten.

»Ich sehe hier nur alte Schrauben. Lass uns zurückfahren, ich muss wieder in die Klinik.« Er warf einen Blick durch das Schaufenster. »Da ist schon seit zehn Jahren niemand mehr drin gewesen, Martin, sieh dir mal die Staubschicht an.«

Der Bärtige rüttelte an der Tür. Sie war verschlossen.

»Na gut, gehen wir«, sagte er und vergrub die Hände in den Jackentaschen. »Aber er scheint so überzeugt von seiner Geschichte.«

»Du bist doch jetzt schon sechsundzwanzig Jahre bei der Polizei. In aller Freundschaft, Martin, du bist noch immer zu gutgläubig. Ich weiß, wovon ich rede, ich mache meine Arbeit schließlich auch schon lange genug. Psychotiker sind immer überzeugt von ihren Wahnideen. Robert König ist ein Psychotiker. Und ein Mörder ist er auch.«

Der Bärtige brummte etwas Unverständliches und stieg ein. Mit dumpfem Knall schlugen die Autotüren zu, der Wagen fuhr davon.

Ein Wind kam auf im Hellewartweg, blies kalt durch den Hinterhof und wirbelte Blätter und Unrat auf. Darunter kam ein Stück Papier zum Vorschein, schmutzig, zerrissen, vergilbt von Zigarettenrauch. Die Buchstaben darauf waren kaum zu entziffern. Einzig die letzte Zeile war lesbar geblieben: »… erhängte sich Robert in seiner Zelle.«

Ein Schatz von unermesslichem Wert

Drei Glücksritter suchen Gefährten zum Heben eines Schatzes von unermesslichem Wert.

Treffpunkt: Sonntag, 7. August. Die Corner London. Im Hinterzimmer gegen Abend.

Susanne Haberland

»Bist du sicher, dass sie kommen werden?« Unruhig rutschte ich auf meinem Stuhl hin und her.

»Aber natürlich!«, erwiderte Dibbles. »Die Anzeige ist doch eindeutig.«

Mit seiner schwarzen Kralle wies er auf die vorgestrige Ausgabe der Times.

»Drei Glücksritter suchen Gefährten zum Heben eines Schatzes von unermesslichem Wert«, stand dort, »Treffpunkt Sword & Angel, Pie Corner, London, am Mittwoch gegen Abend.«

»Und wenn nun niemand kommt?«, wandte ich ein.

»Ach, Unsinn!« Er wischte meine Zweifel durch eine Handbewegung weg. »Einen Schatz von unermesslichem Wert will doch jeder haben!«

»Möglicherweise schreckt der da die Interessenten ab.« Mit dem Daumen wies ich auf die finstere Gestalt, die bei uns am Tisch saß. »Ich verstehe nicht, warum du ihn mitschleppst. Es ist ein Redcap. Er bringt Leute um, damit er mit ihrem Blut seine Kappe rot färben kann.«

»Nun ...« Dibbles zögerte. »Das scheint mir ein vernünftiger Grund zu sein.«

»Nach zwei Tagen ist die Kappe braun, und dann muss er wieder jemanden umbringen. Das kostet zu viel Zeit!«

»Entschuldigung«, erklang in diesem Moment eine sanfte Stimme neben meiner Schulter. »Seid ihr die Glücksritter?«

»Aber ja!«, rief Dibbles.

»Ein Gnom, ein Redcap und ...« – die gertenschlanke Blondine drehte sich zu mir und nahm mich mit ihren ungeheuer blauen Augen ins Visier – »Was bist du?«

»Ein Hoi-Hoi-Mann«, entgegnete ich verlegen.

»Was tut ein Hoi-Hoi-Mann?«

»Also ... im Wesentlichen stapfe ich im Gebirge hinter unvorsichtigen Wanderern her und rufe laut: ›Hoi! Hoi!‹«

»Rechnet sich das?«

»Nicht immer«, räumte ich ein. »Wer bist du?«

»Gestan Le Fay. Dies hier« – damit deutete sie auf einen schmuddeligen kleinen Haufen an ihrer Seite – »ist mein Begleiter Owen.« Flüsternd setzte sie hinzu: »Sagt nichts über seine Füße!«

»Warum nicht?«, fragte ich begriffsstutzig.

»Weil es Entenfüße sind«, warf Dibbles ein und erntete dafür einen bitterbösen Blick von dem kleinen Wesen. Ungerührt fuhr er fort: »Er ist einer vom Stillen Volk. Nun gut!« Er verschränkte die Arme vor der Brust. »Ihr wollt also mit uns den Schatz heben. Was habt ihr für Qualifikationen?«

»Dibbles!«, mahnte ich. »Wir haben doch selbst auch keine besonderen Qualifikationen.«

»Aber natürlich!« Jetzt war der Gnom nicht mehr zu bremsen. »Meine Qualifikation zum Beispiel besteht darin, dass ich die Schatzkarte besitze. Ohne Karte kein Schatz, deswegen bin ich dabei. Und du kannst Schätze aufspüren.«

»Ja. Aber nur im Gebirge«, schränkte ich ein. »Sofern es sich um Edelsteine handelt und sie nicht allzu tief vergraben sind.«

»Ach was, Schätze sind Schätze. Das kriegst du schon hin. Und unser Freund Redcap – na ja, der ist dabei, weil es nicht einfach wäre, ihn wegzuschicken.«

»Owen kann Brotbacken und Bierbrauen«, sagte Gestan. »Proviant ist doch immer gut, oder? Und ich habe ein Talent fürs Rätselraten. Kniffelige Geheimnisse ergründen und so etwas. Sind wir dabei?«

Dibbles tat so, als müsse er überlegen. »Wie kniffelig dürfen die Rätsel denn sein?«, fragte er. »Rein zufällig habe ich hier eins.«

»Stell mich auf die Probe!«, bot Gestan an, und der Gnom, der nur auf diese Antwort gewartet hatte, zog die Schatzkarte aus dem Bündel und überreichte sie ihr.

Gestan überflog die Zeilen, schüttelte den Kopf und begann von vorn. »Bist du sicher, dass man es lösen kann?«, erkundigte sie sich stirnrunzelnd.

Ich lauerte schon seit Tagen auf die Gelegenheit, die Schatzkarte, die Dibbles eifersüchtig bewachte, einmal in Händen zu halten, deswegen sagte ich möglichst beiläufig: »Vielleicht sollten wir es alle gemeinsam versuchen.«

»Ich denke auch, dass das eine gute Idee ist«, murmelte Gestan und breitete das vergilbte Pergament auf dem Tisch aus. Wie auf Kommando beugten wir alle die Köpfe darüber.

In schnörkeliger, altertümlicher Schrift stand darauf:

> »Dort, wo die heilige Sünderin kniet,
> Singt auch der irische Barde sein Lied.
> Öffne das raschelnde Tor, sieh hinein,
> So findest den Weg du unter dem Stein.
> Dort liegt etwas, das jedem gefällt,
> Weil es Leib und Seele zusammenhält.«

»Was gefällt denn jedem?«, quäkte Owen und kratzte sich nachdenklich die Nase.

»Na, ein Schatz«, schnappte Dibbles. »Darum geht es ja. Als ich das Blatt gefunden habe, war mir sofort klar, dass von einem Schatz die Rede ist. Einem Schatz von unermesslichem Wert. Aber wo sollen wir danach suchen?«

»Die heilige Sünderin«, überlegte ich. »Das könnte ein Hinweis auf die heilige Magdalena sein.«

Dibbles bekam kugelrunde Augen. »Auf wen?«

»Anscheinend hat sie ihren Lebensunterhalt eine Zeitlang mit Sündigen verdient, bis dann der Herr kam und sie die Branche gewechselt hat. Sie wird oft kniend dargestellt, mit offenem Haar«, erläuterte ich. »Du solltest in der Kirche besser aufpassen.«

»Ich fresse da Kerzen«, stellte Dibbles klar. »Aber das macht mich noch lange nicht zu einem verdammten Kirchengrim!«

»Ich wünschte, du würdest nicht so fluchen«, seufzte Gestan.

»Du hast mir gar nichts vorzuschreiben, verd...!« Dibbles versuchte es noch einmal. »Was ist hier nur los, zum H...!«

»Sie ist eine Fay«, sagte Owen. »Was sie wünscht, geht in Erfüllung.«

»Und wie lange hält das vor?«

Der Redcap hob den Kopf und schaute uns aus blutunterlaufenen Augen an. Als er ausatmete, ging eine überwältigende Wolke von Tod und Verwesung von ihm aus. Gestan versuchte ein Husten zu unterdrücken und wurde dabei dunkelrot, Dibbles und ich drehten rasch die Köpfe weg und atmeten so flach wie möglich. Nur Owen schien es nichts auszumachen, er lächelte ermutigend.

»Ja? Was hast du herausgefunden?«

»Die nächste Zeile«, knarzte der Redcap, »ist meines Erachtens eine Anspielung auf Oscar Wilde.«

»Und wie kommst du darauf?«, forschte der Entenfuß weiter, immer noch mit einem freundlichen Lächeln, auch wenn es langsam ein wenig gefroren wirkte.

»Der irische Barde ist natürlich Fingal.«

»Natürlich!«, spöttelte Dibbles.

»Aber wo der sich aufgehalten hat und ob er überhaupt existierte, weiß niemand. Dagegen kennen wir den Lebensweg eines anderen Iren sehr gut – und Oscar Wildes zweiter Vorname ist Fingal.«

Ich starrte ihn fassungslos an. »Woher weißt du so etwas?«

»Hab mal auf Schloss Canterville gespukt.«

Der Redcap senkte den Kopf wieder und fiel in sich zusammen. Nach diesem langen Beitrag würden wir für den Rest des Abends nichts mehr von ihm hören. Einerseits war das schade. Andererseits verbesserte es die Atemluft.

»Oxford!«, sagte Gestan unvermittelt. »Da würde ich anfangen zu suchen. Die heilige Magdalena und Oscar Wilde weisen beide auf das Magdalen College in Oxford hin, weil er dort studiert hat. Aber was für ein Tor ist gemeint?«

»Das werden wir sehen, wenn wir dort sind!« Dibbles hüpfte von seinem Stuhl und rieb sich die Hände. »Also los, lasst uns keine Zeit verlieren!«

Da wir allesamt Spukgestalten waren, hätten wir uns dematerialisieren und direkt vor den Toren des Magdalen College wieder auftauchen können. Aber so eilig hatten wir es nun auch nicht. Wir nahmen den Greyhound.

Er setzte uns direkt auf der High Street ab, und vor unseren Augen lag die langgestreckte, massiv steinerne Front des Magdalen, riesig und abweisend, von der Farbe gebleichter Knochen.

»Erinnert dich das an deine Heimat?«, erkundigte sich Dibbles. »Ein Haufen sinnlos aufgetürmter Steine, die in den Himmel ragen?«

Ich gab ihm keine Antwort. Der Geruch dieser Steine beruhigte mich, aber ich hätte mir eher die Zunge abgebissen, als es vor dem Gnom zuzugeben.

Stattdessen meldete sich Gestan zu Wort. »In diesem Rätsel stand etwas von einem raschelnden Tor. Also suchen wir das wohl als nächstes, oder?«

»Aber hier gibt es einen Haufen Tore!«, sagte Owen, der für jemanden vom Stillen Volk reichlich geschwätzig war. »Wie sollen wir das Richtige finden?«

Darüber hatte Dibbles noch nicht nachgedacht. Ich merkte es an der fahrigen Art, mit der er einen College-Plan für den Rundgang mopste und ihn umgehend Gestan in die Hand drückte. »Verteilt euch! Am besten probieren wir es aus.«

In den nächsten Stunden liefen wir durch das gesamte College. Wir öffneten Türen und schlossen sie wieder. Sie knarrten, kreischten und quietschten. Sie fielen polternd ins Schloss, gaben ein protestierendes Blöken von sich oder knackten. Die Tür zum New Building wisperte verheißungsvoll. Die zum Great Tower murrte unwillig, als erwache sie nur ungern aus tiefem Schlaf. Der Seiteneingang zur Chapel brummte einen Choral. Aber keine einzige dieser Türen raschelte.

Als wir uns wieder einmal alle im St. John's Quad begegneten, hielten wir erschöpft inne.

»Es hat keinen Sinn, Tore rascheln nicht«, gab Dibbles zu. Betrübt und geschlagen senkten wir die Köpfe.

»Es sei denn ...« Owen legte unseren Lageplan auf den Boden und riss heftig die Tür auf. Es raschelte. Er schlug die Tür wieder zu. Der Plan hüpfte ein Stück über den Boden und raschelte dabei noch einmal.

»Papier raschelt«, stellte Owen fest. »Wir suchen also eine Bibliothek.«

Gestan hob den Plan wieder auf und blätterte darin. »Hier gibt es fünf Bibliotheken«, verkündete sie. »Welche sollen wir nehmen?«

»Gleich fünf?«, wunderte sich Dibbles. »Was steht denn darin?«

»Law Library – eine Sammlung von Gesetzestexten.«

Dibbles winkte ab. »Mit Gesetzen hat das, was wir hier machen, überhaupt nichts zu tun.«

»Daubeny Library, Geschichte der Wissenschaft und Forschung.«

»Habt ihr schon einmal einen reichen Wissenschaftler gesehen? Hätten sie Geld, dann müssten sie nicht versuchen, aus Steinen Gold zu machen. Die können wir auch auslassen.«

»McFarlane Library – mittelalterliche Geschichte.«

Dibbles zögerte, aber nur für einen Moment. »Das hört sich für mich nach einer Menge alter Urkunden an, Stadtgründungen und Lehen und komplizierte Erbschaftsangelegenheiten. Ich glaube, die können wir vergessen.«

Gestan schaute noch einmal in den Plan. «Ja, dann bleiben noch die neue und die alte Bibliothek. Wie alt ist deine Schatzkarte?«

»Mindestens fünfhundert Jahre«, behauptete Dibbles. Als er unsere kritischen Blicke sah, murmelte er: »Oder zweihundertfünfzig? In jedem Falle sollten wir uns zuerst die alte Bibliothek vornehmen.«

Mit dem Plan in der Hand lief Gestan voraus, und wir folgten ihr, bis wir im Longwall Quad bemerkten, dass sie den Plan falsch herum hielt, und den ganzen Weg wieder zurück mussten. Und als wir vor der Bibliothek standen, war auch noch der Redcap verschwunden.

»Ich habe dir gesagt, wir hätten ihn niemals mitnehmen sollen!«, knurrte ich Dibbles an.

»Ach ja? Und hättest du dich getraut, es ihm ins Gesicht zu sagen?«, fauchte er zurück.

Da tauchte der Redcap schon wieder auf. Er stank noch heftiger als sonst, und seine Kappe glänzte rot.

»Eins von den Rehen im Park«, murmelte er verlegen, als er meinem Blick begegnete.

»Du bringst uns noch alle in Gefahr!«, zürnte ich. »Die werden doch gezählt. Nimm beim nächsten Mal einen von den Studenten. Und jetzt lasst uns reingehen, wir haben schon viel zu viel Zeit vertrödelt.«

Die alte Bibliothek war wirklich beeindruckend. Ein langer Gang führte von einem Ende zum anderen, links und rechts standen Regale und davor kleine Sitzgelegenheiten. Sie war halbrund überdacht wie eine Bahnhofshalle, und in ein schummriges Licht getaucht. Der Gang verbreiterte sich am Ende, dort standen einige Vitrinen, die verwitterte Manuskripte enthielten, und ein großer runder Tisch.

Owen schlug ein paar Mal mit der Tür, um uns zu beweisen, dass es raschelte. Als dadurch die alten

Bücher in den vorderen Regalen bewegt wurden, stieg ein süßlicher Geruch auf, der sich ekelerregend mit der Blutfahne des Redcap mischte.

Feiner gelblicher Staub erhob sich in die Luft und schien dort reglos stehen zu bleiben, gefangen von dem blassen Schein der Tischlampen.

Dibbles schaute mich erwartungsvoll an. »Du kannst Schätze aufspüren. Also?«

»Ich kann nur Edelsteine finden«, protestierte ich.

»Ach was, zu einem richtigen Schatz gehören selbstverständlich auch Edelsteine. Du musst dir nur ein bisschen Mühe geben!«

Voller Zweifel hob ich die Nase. Der metallische Blutgeruch schien alles andere zu übertönen. Ich schüttelte den Kopf, um ihn zu vertreiben, und setzte noch einmal an. Süßliche Zellulose, säuerliches Leder, der bittere Gallegeruch von alter Tinte. Das feine Aroma von Edelhölzern, unzweifelhaft von den Regalen. Das zarte Bukett von Pergament und die muffigen Ausdünstungen der Bänder, die es zusammenhielten. Sogar den leicht verbrannten Unterton von Schuhsohlen konnte ich wahrnehmen, und den sauren Schweiß der Finger, die in den Büchern geblättert hatten.

Ich senkte den Kopf wieder. »Kein Edelstein«, meldete ich. »Kein einziger im gesamten Raum.«

Dibbles raste vor Wut und reagierte sich am nächstgelegenen Regal ab. Owen starrte auf seine Entenfüße. Gestan biss sich auf die Lippen, und der Redcap nahm seine Kappe ab und drehte sie verlegen in den Händen. Schließlich, als Dibbles sich ausgetobt hatte und als schwarzes Häufchen Elend auf einer der Sitzgelegenheiten kauerte, räusperte ich mich und fragte: »Wie geht der Text auf der Schatzkarte weiter?«

Dibbles fuhr auf. »Was hast du gesagt?«

»Na ja, das raschelnde Tor haben wir gefunden. Aber in dem Gedicht steht doch noch mehr.«

Der Gnom kramte die Karte heraus und folgte mit den Klauen den Zeilen. »Tatsächlich, das hatte ich vollkommen vergessen! Wir müssen durch das Tor schauen und den Weg finden. Wir sind viel zu weit gegangen!«

Rasch liefen wir zurück zum Eingang und spähten von dort aus in die Bibliothek hinein. Wir spähten sehr lange und ohne irgendeinen Plan, deswegen waren wir vollkommen verdutzt, als Gestan plötzlich erklärte: »Das T sehe ich. Es ist der schmale Gang durch die Regale, der sich plötzlich zu dem großen Leseraum erweitert. Das O sehe ich auch, es ist der runde Tisch in der Mitte. Aber wo ist das R?«

Dibbles blickte bewundernd zu ihr auf. »Du bist wirklich gut mit kniffeligen Geheimnissen!«, räumte er ein. »Wenn das T der Gang mitten im Raum ist und das O der Tisch mitten im T, dann finden wir das R ...«

».. natürlich mitten auf dem Tisch«, vollendete Gestan, und die beiden stürmten los, noch ehe wir anderen überhaupt begriffen hatten, wovon sie redeten. Wir sahen sie aufgeregt um die Tischplatte herumhüpfen und folgten ihnen. Als wir angekommen waren, hatte sich ihr Enthusiasmus schon gelegt.

»Diese Tischplatte ist so glatt wie ein Kinderpopo«, seufzte Dibbles.

»Sie ist frisch poliert«, gab auch Gestan zu.

Der Redcap stapfte unruhig mit den Füßen auf. Durch die Rennerei begann das Blut an seiner Kappe zu trocknen, und obwohl er es nicht sehen konnte –

denn er hatte sie ja auf dem Kopf – schien er doch zu spüren, dass ihr Glanz nachließ. Möglicherweise bemerkte er es am Geruch. Er zupfte mit den Fingern an seinem Gewand herum, schnaubte durch die Nase und blickte sehnsüchtig zum Ausgang.

»Wir sollten hier nicht mehr allzu lange bleiben«, murmelte Owen und schaute auf seine Entenfüße. »So eine Schatzsuche ist zwar lustig, aber ... Da ist es!«

»Da ist was?«, fragte Dibbles.

»Na, das R. Danach hattet ihr doch gesucht, oder?«

Owen wies auf einen Punkt genau zwischen seinen Füßen. Es hätte ein Kratzer im Boden sein können. Das ungelenke Bild eines Vogels im Flug. Oder, mit viel Phantasie, eben auch ein R.

»Bist du dir sicher?«, fragte ich.

»Aber ja! Schaut mal, es ist genau unter dem Zentrum des Tisches. Und es ist im Stein. Wir suchen doch den Weg unter dem Stein.«

»Aber ...«, wandte auch Gestan ein. »Es ist so winzig. Ich kann mir nicht vorstellen, dass es darunter einen Weg gibt.«

»Ihr seid nur eifersüchtig, weil ich es gefunden habe und nicht ihr!«, maulte Owen. »Seht ihr denn noch irgendwo anders ein R?«

Wir mussten zugeben, dass sich kein anderes R entdecken ließ. Aber mit dem, was Owen gefunden hatte, konnten wir nichts anfangen. Wir drückten darauf, piekten mit Nägeln und Klauen hinein, schoben daran und trampelten auf ihm herum, aber nichts geschah.

Der Redcap knurrte leise, ganz hinten in der Kehle. Dann grollte er: »›Tor‹ von hinten gelesen, heißt ›rot‹.«

»Ja«, erwiderte Dibbles, so nachsichtig, als spreche er mit einem kleinen Kind. »Ich weiß, deine Kappe verblasst, und du hättest sie gern wieder rot gefärbt. Aber warte noch einen Augenblick, wir sind jetzt schon so weit gekommen, und ich will nur eben noch ...«

»Die Lösung des Rätsels heißt ›rot‹, nicht ›Tor‹, und was Owen für ein R hält, ist ein Pfeil«, beharrte der Redcap. »Ihr müsst es umdrehen. Von der anderen Seite betrachten. Deswegen heißt es ›Sieh hinein‹. Man sieht in einen Spiegel hinein. Wir müssen es spiegeln. Begreift ihr endlich?«

Als wir immer noch nicht verstanden, was er wollte, packte er Owen an den Schultern, hob ihn hoch und setzte ihn anders herum wieder ab.

»Da!«, brüllte er. »Siehst du es jetzt?«

Keineswegs eingeschüchtert schaute Owen auf den Kratzer im Boden. »So herum sieht es aus wie ein Pfeil«, verkündete er leichtherzig. »Und was weiter?«

»Der Pfeil zeigt auf etwas Rotes«, brummte der Redcap. »Und das ist der Schlüssel zu dem Weg unter dem Stein.«

Misstrauisch blickten wir in die angegebene Richtung.

»Da ist tatsächlich etwas Rotes«, räumte Dibbles widerwillig ein. »Es ist ein Buch in einem der Regale.«

»Das ist doch ungewöhnlich, oder?«, frohlockte Gestan. »Die meisten Bücher, die hier stehen, sind braun oder schwarz.«

»Oder gelb oder ockerfarben oder grau. Da sind auch ein paar weinrote und einige, die ins Violette tendieren. Seht es ein: Hier gibt es jede Menge Bücher, und jedes Einzelne hat eine ungewöhnliche Farbe.«

Owen scharrte mit den Entenfüßen. »Aber ich sehe hier nur ein einziges blutrotes Buch. Sollten wir es nicht wenigstens versuchen?«

»Wie soll sich denn ein Weg unter einem Stein hinter einem roten Buch verbergen?«, polterte ich.

»Keine Ahnung!« Gestan kniff die Lippen zusammen und nahm das Regal näher in Augenschein. »Aber ich denke, wir sollten Redcaps Ansatz eine Chance geben.«

Mit mäßiger Entschlossenheit trat sie auf das Regal zu und packte das Buch mit dem roten Rücken. Wir hielten den Atem an. Dann hörten wir ein Knacken, aber es war nur der Redcap, der mit den Zähnen knirschte. Abgesehen davon passierte nichts. Wir warteten noch ungefähr eine Minute lang. Immer noch geschah nichts. Dibbles atmete hörbar aus.

»Ein Fehlschlag also. Schon wieder. Und was ...«

Der Boden unter unseren Füßen stürzte ein. Er schraubte sich mit einer Drehbewegung nach unten, als fahre ein teuflisches Karussell zur Hölle. Ich schnappte mir Gestans Hand. Sie kreischte, als der Redcap sich in ihren Haaren verkrallte. An seinen Füßen baumelte Owen, der mit der freien Hand Dibbles' Knöchel umfasst hielt. So sausten wir nach unten, in einer wahnwitzigen Geschwindigkeit. Der Redcap schrie, als seine Kappe sich selbstständig machte und an einem Vorsprung hängen blieb, aber wir konnten ihm nicht helfen, weil wir alle in einem infernalischen Tempo weiter in die Tiefe brausten.

»Die Geheimtür hat geklemmt!«, brüllte ich, aber die Worte wurden von meinen Lippen gerissen, noch ehe sie einen der anderen erreichen konnten.

Polternd schlugen wir auf. Ich zuerst, und alle anderen der Reihe nach auf mir.

»Au!«, sagte ich. »Redcap, nimm die Fäuste aus meinem Magen. Dibbles, ich wäre dir sehr verbunden, wenn du den Fuß nicht ausgerechnet dahin stellen würdest. Gestan, ich möchte dich nicht in Verlegenheit bringen, aber such dir freundlicherweise einen anderen Griff. Wo sind wir?«

Dibbles richtete sich auf. »Ziemlich weit unten«, erklärte er verunsichert. »Es scheint sich um einen vergessenen Keller zu handeln, oder um eine Katakombe. Möglicherweise auch ein früheres Bewässerungssystem.«

»Und wo ist nun der Schatz?«, forschte Owen.

»Hoi-Hoi-Mann, riechst du etwas?«, wollte Dibbles wissen.

Ich hob die Nase und nahm Witterung auf. »Steine«, sagte ich erfreut. »Eine ganze Menge Steine. Feldspat, Quarz und Glimmer, schön gewachsen. Aber keine Edelsteine.«

»Gar nichts weiter?«, murmelte Gestan enttäuscht und senkte den Kopf, sodass ich den Duft ihrer langen Haare riechen konnte. Dadurch angespornt, schnupperte ich noch einmal, so gut ich konnte. Und plötzlich hatte ich eine Spur.

»Da ist noch etwas anderes«, meldete ich.

»Gold? Silber? Perlen? In welcher Richtung?« Aufgeregt hüpfte Dibbles herum.

»Süßliche Zellulose, bittere Druckerschwärze, säuerlicher Schimmel und muffiger Staub. Bedrucktes Papier, vielleicht ein Buch. Dort drüben, hinter dem Vorsprung.«

»Ein Buch?«, vergewisserte sich Gestan. »Ist so etwas wertvoll?«

»Das kommt darauf an«, erwiderte Dibbles, während er schon zum Vorsprung lief. »Wenn es wirklich jedem gefällt, könnte es wertvoll sein, nicht wahr, Redcap?«

Der Redcap grunzte unglücklich, weil er seine Kappe vermisste, aber er schloss sich Dibbles an. Auch wir anderen folgten ihm und spähten um den Vorsprung. Zwischen den Steinen steckte tatsächlich etwas, schwärzlich, vergammelt und unscheinbar. Ein Buch mit gebrochenem Rücken und geknickten Seiten, das aussah, als sei es versehentlich heruntergefallen, und der Eigentümer habe sich nicht die Mühe gemacht, es einzusammeln.

Dibbles hob es mit spitzen Fingern auf.

»Die hohe Kunst, ein Mannsbild zu bekochen – mit dem elektrischen Herde«, las er vor. »Jetzt wird mir auch die letzte Zeile klar. Heißt es nicht: Gutes Essen hält Leib und Seele zusammen?«

»Ein Kochbuch?«, brüllte ich. Meine Hände fanden beinahe von allein den Weg um den dürren Hals des Gnoms. »Du willst damit sagen, wir haben all diesen Ärger auf uns genommen – für ein verdammtes Kochbuch?«

»Ich wünschte, du würdest nicht so fluchen!«, warf Gestan ein.

»In dieser Situation ist das doch wohl mein gutes Recht, zum H...«

Ich ließ Dibbles' Kehle los und versuchte es noch einmal.

»Wir haben uns einen ganzen Tag um die Ohren geschlagen und finden nichts weiter als ein verfl... Kochbuch! Verd..., so macht das Fluchen überhaupt keinen Spaß!«

Dibbles hatte unterdessen begonnen, in dem Buch zu blättern, und brabbelte fröhlich vor sich hin. »Schaut mal, gefüllter Kapaun. Gans schwarz-sauer, das würde dir schmecken, Redcap! Und da ... was ist das?«

Er zog einen länglich gefalteten Streifen Pergament aus den Seiten. »Das muss uralt sein!«, hauchte er. »Mindestens fünfhundert Jahre. Oder zweihundertfünfzig?«

Sehr behutsam klappte er das Pergament auf und strich es mit den schwarzen Klauen glatt. Es knisterte leise, der Geruch von Pergament und gallebitterer Tinte stieg mir in die Nase. Erwartungsvoll beugten wir uns vor, bis unsere Köpfe beinahe zusammenstießen.

»Da stehen Verse«, flüsterte Dibbles. »Sie sind verblasst und kaum zu entziffern. Ganz bestimmt ist das eine Schatzkarte.«

Triumphierend richtete er sich auf und schwenkte das Pergament über seinem Kopf.

»Ich habe es gewusst! Ein Schatz wartet darauf, von uns gehoben zu werden, ein Schatz von unermesslichem Wert. Also, wer von euch ist mit dabei?«

Schöne Aussicht

Ju Honisch

Dass Geld keine Rolle spielte, hätte er nie behauptet. Selbst in dem Bewusstsein, dass er nicht wenig davon besaß, maß Kristoph Klier dem schnöden Mammon doch genügend Bedeutung zu, um nicht verschwenderisch zu sein. Maß und Ziel, sagte er sich, alles hatte Maß und Ziel zu haben. Nur so war es Zen. Zen war hip.

Ein Ziel hatte er noch. Der Begriff »Maß« hingegen schien ambivalent geworden zu sein. Manchmal dachte er an einen Maßkrug mit Wasser oder seinethalben auch Bier – Hauptsache trinkbar – manchmal an ein mehrere Meter langes Maßband, irgendetwas, das man vielleicht wie ein Seil benutzen konnte.

Das Bauprojekt ging nur langsam voran. Er war erfreulich preiswert an den Baugrund gekommen. Freilich war es noch kein Baugrund gewesen, als er ihn erworben hatte. Doch mit den richtigen Verbindungen ließ sich auf die Raumordnung so viel Einfluss ausüben, dass Kristoph jetzt einen Baugrund auf halber Höhe überm Tal sein Eigen nannte. Eine eigene Straße würde er bekommen – auf Gemeindekosten. Von weitem konnte man von dort oben auf das alte Kloster herabsehen, das in barocker Pracht und Schönheit im Tal erglänzte und es dominierte, als hätte der Absolutismus nie aufgehört zu existieren.

Er konnte es jetzt nicht mehr sehen. Es gab nur gerade genug Licht, dass er nicht blind im Dunkeln saß. Zumindest tagsüber. In der Nacht sah er über sich einen winzigen Himmelsausschnitt mit einem Stern. Der schien ihn auszulachen. Ansonsten war alles schwarz und dunkel.

Sein Baugrund hatte auch einmal zum Kloster gehört. Doch das war lange her. Ottal war trotz heftiger Gegenwehr wie alle anderen Klosteranlagen 1803 der Säkularisation zum Opfer gefallen. Kristoph hatte lächeln müssen, als er daran dachte, dass er nun, über zweihundert Jahre später, immer noch an dem profitierte, was der bayerische Kurfürst damals in Gang gesetzt hatte. Undenkbar heute. Man stelle sich vor, eine Staats- oder Landesregierung würde per Dekret mir nichts, dir nichts alles Kirchengut konfiszieren, die Kirchenschätze zu Staatseigentum erklären und schlichtweg einsacken, Gold, Silber, Ländereien und ganze Bibliotheken. Tschüss dann, Ihr Mönche, hatte es damals geheißen. Oder – dialektsprachlich angemessener: »Servus!«.

Sag beim Abschied leise Servus – die Liedzeile drehte sich in seinem Kopf, zur Möbiusschleife geformt. Sag beim Abschied – an den wollte er nicht glauben. Kein Abschied. Er akzeptierte keinen Abschied. Das konnte es noch nicht gewesen sein. Leise Servus – laut geschrien hatte er lange genug. Seine Stimmbänder hatten es ihm übel genommen. Nun kam kaum noch ein Laut aus seiner Kehle. Servus war nur noch leise möglich.

Er baute seine alpenländische Traumvilla mit Swimming Pool auf Land, das vor zweihundert Jahren den Mönchen gehört hatte. Natürlich nicht persönlich jedem einzelnen. Aber doch persönlich genug, dass es den frommen Gesellen vermutlich besser gegangen war als den Kleinbauern ringsum. Fromme Armut und Gehorsam hatten etwas für sich, denn alles war letztlich relativ. Den Mönchen war es damals relativ gut gegangen. Und Kristoph war heute relativ reich.

Er wünschte sich das Gefühl zurück, das er gehabt hatte, als zum ersten Mal von dem schönsten Aussichtspunkt der Ottaler Alpen über Vergangenheit, Gegenwart und Zukunft geblickt hatte, sozusagen aus erhobener Stellung. Er war sich sicher gewesen, dass die Zukunft ihm gehörte. Genau hier. Dann wieder wünschte er sich, das Gefühl wäre ein anderes gewesen und hätte ihn in den hohen, aber immerhin verlässlich flachen Norden getrieben anstatt hierher. Auf Sylt wäre ihm dies nicht passiert.

Der Bürgermeister im Tal war exotischen Frauen zugetan. Eine ausgefallene Liebhaberei für einen braven Ehemann und Kirchgänger mittleren Alters, der ein Dorf regierte, das selbst nach zweihundert Jahren Säkularisation immer noch prüden Katholizismus atmete und nicht barocke Lebensfreude. Kristoph hatte den Mann in die Stadt eingeladen. Exotische Schönheiten waren organisierbar. Alles war organisierbar. Man musste es nur verstehen – und Kristoph verstand. Er war voller Verständnis. Man musste wissen, wo man blieb.

Kristoph wusste, wo er blieb. Es wurde ihm zusehends klarer. Er blieb genau hier. Doch er mochte es nicht glauben, denn er hatte Versagen nie akzeptiert und würde es auch diesmal nicht tun. Irgendwas ging immer. Musste doch. Es schien nur alles aussichtslos.

Dass Raumordnungsverfahren zwischen den Beinen exotischer Schönheiten entschieden wurden, war weder neu, noch allzu kreativ. Es war sozusagen altbewährt. Somit konnte man Kristoph mit Fug und Recht konservativ nennen. Um diesen Eindruck zu vertiefen, hatte er sich einen edlen Trachtenanzug maßschneidern lassen. Selbst in einen Hut mit Gamsbart hatte er investiert, fand sich aber zunächst etwas albern damit. Doch es war die angemessene Kleidung für den Stand, dem er sich zurechnete. Bergkönig, gesetzt über das niedere Volk drunten im Tal. Er trug den Hut wie eine Krone. Die Kopfbedeckung war auch beinahe genauso teuer gewesen. Und Kronen waren schließlich immer etwas albern.

Der Hut war ihm vom Kopf gepurzelt, als er stürzte. Noch während des Fallens hatte er gedacht: der teure Hut! Nun war das kostspielige Stück dreckig und verbeult. Und Kristoph tat es ihm gleich. Wenigstens litt der Hut vermutlich keine Schmerzen. Kristoph war Neid nicht fremd, doch er hätte nie gedacht, dass er einmal einen Hut beneiden würde.

Natürlich hatte er sich schließlich auch das Kloster genau angesehen. Es war im Tal der augenscheinlichste Beweis von Macht und Prunk. Die Mönche waren auch inzwischen zurück, hatten eine Schule und ein Kulturzentrum dem ehemals landwirtschaftlichen Betrieb hinzugefügt. Der Abt war ein geschäftstüchtiger Mann, weder altersgebeugt noch realitätsfern. Sie hatten sich angeblickt, der fromme und der unfromme Macher, und einander nicht gemocht. Dann hatten sie sich freundlich angelächelt, der eine aus christlicher Nächstenliebe, der andere, weil ein Lächeln nichts kostete und man sich auf den höheren Ebenen Verbündete halten musste. Networking mit und ohne Kutte.

Doch niemand schien Kristoph sehr verbunden zu sein. Er wusste nicht genau, wie lange er schon in diesem Loch steckte. Seine Uhr war beim Sturz kaputt gegangen. Die teure Rolex. Nicht einmal die Versicherung konnte er anschreiben. Nicht solange er hier festsaß und niemand nach ihm suchte, weil niemand ihn vermisste. Das war ihm bislang nie aufgefallen, dass niemand ihn vermisste, wenn er nicht da war.

Eine Klosterführung hatte er allerdings erhalten. Ein alter Mönch war mit ihm über das Gelände gegangen, in einer Langsamkeit und Einsilbigkeit, die Kristoph das pflichtfreudige Lächeln hatte gefrieren lassen. Kultur war eine feine Sache, aber Zeit war Geld. Und was die Einsilbigkeit anging, so waren die Benediktiner ja kein Schweigeorden. Vielleicht mochte der Mönch ihn nicht. Vielleicht war aber einen Mitmenschen nicht zu mögen, im weisen Ratschluss der benediktinischen Klosterregel nicht vorgesehen. Nur *ora et labora* – bete und arbeite.

Kristoph hatte nun schon mehrere Ansätze gemacht, zu beten und zu arbeiten. Keines von beiden war ihm besonders vertraut. Natürlich war er niemals müßig, er verdiente schließlich Geld, und nicht zu knapp. Den Prozess, an dieses Geld zu kommen, hatte er nie anders bezeichnet, denn als Arbeit. Doch was die Beterei anging, so war er längst aus der Kirche ausgetreten, hatte sozusagen seine eigene kleine Säkularisation durchgeführt. Deshalb fiel ihm das Beten schwer. Lieber Gott, sagte er, und wusste dann nicht so recht weiter. Hol mich hier raus. Schicke mir jemanden, der mich findet. Verdammt noch mal, das ist doch Scheiße hier. *Beten war nicht seine Stärke.*

In der Klosterkirche hatte der Mönch ihn allein gelassen mit den Worten: »Sie wollen sicher ein wenig beten.« Wollte er nicht, doch er setzte sich trotzdem in eine Kirchenbank und blickte dem alten Kuttenträger skeptisch hinterdrein, als er gemessenen Schrittes, gebeugten Hauptes und mit in den Ärmeln verschränkten Händen durch eine Seitentür verschwand. Kristoph wusste nicht, ob die Führung damit vorbei war. Aber sein Auto konnte er auch allein wieder finden.

Sein Auto stand am Ende des Pfades im Wald geparkt, etwas oberhalb der Baustelle. Man sah es nicht gleich. Teure Autos an einsamen Plätzen sollte man besser nicht gleich sehen. Darauf hatte er immer Wert gelegt, aber das war nun anders. Irgendwann würde man es hoffentlich finden. Dann würde man ihn doch suchen? Auch wenn jetzt Feiertage waren und die Bauarbeiter nicht kamen. Irgendwann musste jemanden auffallen, dass da sein Porsche stand, wo er nicht hingehörte. Dann würden Menschen kommen und ihn retten. So ein British-racing-grüner Porsche im Wald – der musste doch bemerkt werden. Wo waren denn empörte wandernde Umweltschützer, wenn man sie grade brauchte?

In der Klosterkirche hatte Kristoph sich etwas genervt die goldene Barockpracht angesehen. Er stand mehr auf japanisches Design und puristisch gerade Linien. Doch im Barock gab es keine geraden Linien, nur runde Wülste, mäandernde Schnörkel, adipöse Putten und viel verschwendetes Gold.

Zuerst dachte er, er habe einen Schatz entdeckt, als er die Säcke sah. Sie waren sperrig und eckig und lagen auf dem Boden. Die Freude über den Fund hielt sich in Grenzen ob seiner Situation. Doch immerhin war dies sein Grund und Boden. Was immer die Säcke beinhalteten, gehörte nun ihm. Nur konnte er sie nicht abtransportieren. Nicht einmal sich selbst konnte er abtransportieren. Er und die alten Säcke hatten allzu viel gemeinsam. Der Gedanke ging ihm gegen den Strich.

Zeitverschwendung mit oder ohne Putten war ihm ein Gräuel. Er wollte sich gerade aus der Kirche davonschleichen, als er den Mönch bemerkte. Es war ein anderer als der, der ihn hier alleingelassen hatte, vermutlich die Ablösung. Er schleppte einen Stapel ausnehmend dicker und großer Bücher und hastete in gänzlich unmönchischer Art den Mittelgang entlang. Tatsächlich rannte er mit wehender Kutte. Am Eingang angekommen, legte er die Bücher in einen kruden Handkarren, den Kristoph bis dato noch gar nicht bemerkt hatte. Dann hastete er wieder los, blieb kurz stehen und warf ihm einen misstrauischen Blick zu, als wollte er abschätzen, ob die goldglitzernden Bücher im Karren auch vor dem Kirchenbesucher sicher waren. Vermutlich waren sie wertvoll.

Vor Schmerz keuchend war Kristoph zu den Säcken gekrochen und hatte sie aufgemacht. Das gewachste Segeltuch war brüchig vor Alter und Staub. Und der Inhalt darinnen hatten auch gelitten. Irgendwann war das Zeug vermutlich einmal sehr wertvoll gewesen. Goldbeschlagenes Leder, dickes, altes Papier, handgeschriebene Seiten. Er hatte versucht, einige davon zu stapeln, um darauf hoch zu kriechen. Die Behelfstreppe unter ihm war zerbröselt.

Er interessierte sich nicht für Bücher, sofern sie keine positiven Zahlen beinhalteten. Das Book-Biz war als Branche uninteressant, wenn man richtig Geld verdienen wollte. Eine Frauenbranche für viele Idealisten und nur wenige Besserverdienende. Immerhin, alte Bücher waren einiges wert, wenn man etwas davon verstand. Und wie dieser Mönch nun wieder zu seinem Wägelchen rannte, während er weitere dicke, goldglänzende Bände an seine Brust gepresst hielt, schien ihm viel an den Büchern zu liegen. Er atmete schwer. Wenn man immer nur ruhig im Klostergarten flanierte, bekam einem ein Sprint mit schwerer Ladung offenbar nicht. Untrainiert. Vermutlich gab es keine jährlichen Iron-Monk-Wettkämpfe. Es schien dem Mann gar nicht gut zu gehen. Kristoph grinste.

Kristoph ging es nicht gut. Der Sturz war ihm nicht bekommen. Er hatte sich schwer den Kopf angeschlagen und war verdreht auf seinem linken Fuß aufgekommen. Er hatte beim Aufschlag zunächst die Besinnung verloren. Als er erwacht war, hatte der Schmerz schon auf ihn gewartet. Alles tat ihm weh. Doch die blauen Flecken zählten nicht. Die rasenden Kopfschmerzen, die Übelkeit und der zum Ball geschwollene Fuß verdrängten alles, was nicht Agonie war. Und dann war da der Durst.

Schon wieder rannte der Mönch von dannen, und diesmal stand Kristoph auf und schlenderte zum Karren. Er verstand nichts davon, doch es sah schon so aus, als würde hier ein Vermögen auf so ungewöhnliche Weise verfrachtet. Gerolltes Segeltuch konnte er sehen. Sicher keine passende Sicherheitsmaßnahme für die Bände, die man wohl besser nur mit Baumwollhandschuhen angefasst und ansonsten klimaneutral hinter Glas verstaut hätte. Irgendetwas stimmte hier nicht. Tatsächlich machte sich ein ungutes Gefühl in Kristoph breit.

Das Gefühl, einen Marathon zu laufen, auf eine Wasserquelle zu, die man nie erreichte, ließ Kristoph keuchen. Wenn seine Gedanken verschwammen, war er in der Wüste. Um ihn herum streckten sich leere, nacht-eisige

Dünen in die Unendlichkeit, und er ahnte, dass hinter ihnen nichts war als noch mehr leere, nacht-eisige Dünen ...

Er war ein zu gewiefter Geschäftsmann, um ungute Gefühle und Ahnungen vollends abzutun. An der Börse war ein guter Instinkt Gold wert. Doch eine so heftige Reaktion von hochstehenden Nackenhaaren hatte er noch nicht erlebt. Vermutlich lag es daran, dass es in diesem kitschigen Schnörkeltempel zog wie Hechtsuppe. Da musste man ja frösteln.

Ihm war unendlich kalt. Das Loch im Boden so unerreichbar über ihm ließ den kalten Frühlingswind in die Höhle. Die eisige Bergluft sank auf den Boden, auf dem er zitternd lag. Der neue Lodenmantel half schon lange nicht mehr. Vermutlich hatte Kristoph Fieber. Kalter Schweiß stand ihm auf der Stirn. Es war nicht nur die Angst. Es war der Schmerz, die Kälte, die Schwäche und die zunehmende Erkenntnis, dass es nichts gab, das er tun konnte. Der Boden hatte unter ihm nachgegeben, und so schnell man auch herunterfiel, so wenig konnte man ohne Hilfsmittel gerade wieder hinauf. Drei Meter, schätzte er. Drei Meter zwischen ihm und der Oberfläche. Drei Meter zwischen ihm und dem Überleben. Er war Frequent-Flyer mit Sonderstatus bei der Airline; Abertausende von Meilen hatte er zurückgelegt. Doch jetzt trennten ihn unüberwindliche drei Meter von der Rettung.

Sich mit dem Mönch auseinandersetzen wollte er nicht. Es erschien ihm nicht so sehr peinlich wie entnervend, obgleich er keinesfalls konfliktscheu war. Doch man sollte ihm nicht nachsagen, dass er einen etwaigen Diebstahl von wertvollen Büchern nicht verhindert hätte. Während er den Karren umrundete, um zum Kirchenausgang zu kommen, erschien es ihm, als betrete er eine Kühlanlage. Diese Stelle des Gebäudes war aberwitzig kalt. Er wollte einen der dicken Bände einmal anfassen und begutachten, doch er zog die Hände zurück und überlegte es sich anders. Dann schalt er sich für die überzogene Reaktion. Einen Augenblick lang hatte er geglaubt, seine Finger würden gefrieren und wie brüchiges Glas klirrend zerspringen. Dieser unsinnige Gedanke überzeugte ihn, dass es an der Zeit war zu gehen.

Es war schon längst an der Zeit, gegangen zu sein. Doch er war immer noch da, der Spalt in der Erde über ihm war immer noch unerreichbar weit weg. Er hatte kaum noch Kraft. Die Zunge klebte ihm am Gaumen vor Durst. Der Hunger hielt sich in Grenzen. Er war schon schlimmer gewesen. Doch die wiederkehrende Übelkeit machte ihm zu schaffen. Wahrscheinlich hatte er eine Gehirnerschütterung. Damit war nicht zu spaßen. Spaßen, wiederholte er nutzlos in seinem Sinn. Spaßen hatte jeden Inhalt verloren.

Er wandte sich dem Ausgang zu. Aus dem Augenwinkel konnte er den Mönch wieder herbeieilen sehen. Wieder trug er Bücher, lief seitwärts, fast rückwärtsgewandt, als befürchte er Verfolger. Dabei wirkte er nicht so sehr schuldig, wie empört und fanatisch. Noch während er die Bücher in das Wägelchen hievte, murmelte er. Kristoph verstand die Worte, obgleich er schon fast an der Tür war: »Sie kriegen sie nicht. Diese kriegen sie nicht. Diese nicht.« Wieder sah er sich gehetzt um, als erwarte er, dass ihn gleich jemand aufhalten würde.

Kristoph wünschte, ihn hätte jemand aufgehalten. Zumindest am Gründonnerstagnachmittag, als er hier hochkommen war, um sich den Fortschritt seiner Baustelle zu besehen, während ihm keine Arbeiter zwischen den Füßen herumliefen, weil die inzwischen irgendwo im Tal brauchtümelten. Schon gar nicht hatte er den Architekten sehen wollen, den er am Telefon angeschrien hatte, dass er die Bauarbeiten keinesfalls unterbrechen würde. Dass es ihm einerlei war, ob man im Nachhinein Hohlräume im Boden festgestellt hatte. Dass es ihm einerlei war, dass irgendein Kulturamt hier noch einmal irgendetwas nachsehen wollte. Löcher in seinem Boden interessierten ihn nicht. Wozu gab es Zement?

»Verlegen Sie Ihre Bibliothek?«, fragte er den Abt, auf den er auf halbem Weg zum Auto traf. Der zog eine Augenbraue hoch und blickte ihn verständnislos an. »Falls nicht, dann klaut Ihnen gerade jemand Ihre schönsten Bücher«, fügte er hinzu und freute sich, dem Mann eventuell einen preiswerten Gefallen getan zu haben. Und das, ohne eine Exotin bezahlen zu müssen. Diebstahl verhindert, Bücher gerettet, Held von Ottal, St. Kristoph Klier hat geholfen. »Welche Bücher?«, fragte der Abt.

Welche Bücher hier mit ihm in der Düsternis weilten, hatte er nicht überprüft. Es hatte ihn nicht interessiert. Hier ging es um sein Überleben. Und sollten die Bände irgendwie wichtig sein, so waren sie ohnehin zu alt und kaputt, um eine Rolle zu spielen. Staub und Dreck. Alles in dieser Höhle war Staub und Dreck. Nicht einmal als Klopapier war das Zeug noch zu gebrauchen. Er hatte es probiert.

Nach dem Besuch des Klosters war er den schmalen Forstpfad zur Baustelle hochgefahren. Die ungeteerte Straße war schaurig, aber er nahm es sportlich. Außerdem würde sich das ändern. Vielleicht würde er noch einmal die eine oder andere Exotin bemühen müssen, damit es sich recht bald änderte. Wenn er erst einmal die Szene in sein neues Domizil einladen würde, sollte niemand diese Holperstrecke fahren müssen. Es wäre zu peinlich. Noch war allerdings Zeit. Die Arbeiter waren noch mit Aushub und Fundament beschäftigt. Alles nicht so einfach, so auf halbem Weg am Berg.

Im Berg, auf halbem Weg, steckte er fest. Er lag matt zwischen den Säcken. Er war nicht der einzige. Etwas weiter entfernt lag noch jemand. Außer Knochen war freilich nicht viel von dem Menschen übrig, Reste eines groben Stoffgewands. Ein modriges Seil lag neben ihm, halb zerfallen, nutzlos. Wer immer der Mensch einmal gewesen war, er lag schon sehr lange hier. Und niemand hatte ihn in dieser Zeit gefunden. Hatte ihn vielleicht auch niemand vermisst?

Der Mönch hatte es nicht einfach am Berg. Er mühte sich redlich, den Karren mit den Büchern die holperige Straße aufwärts zu ziehen. Die Ladung wackelte im Wägelchen. Sein Gesicht war dunkelrot vor Anstrengung. Es war steil, und seine Last war schwer. Wie war er nur so schnell hierhergekommen, noch vor Kristoph? Doch der Mann war im Weg. Die Holperstraße war gerade breit genug, um ein Fahrzeug durchzulassen. Kristoph suchte bereits nach einem wirklich unauffälligen Platz, wo er sein Auto abstellen konnte, und war ein wenig abgelenkt. Da war der Mönch plötzlich vor ihm, plötzlich neben ihm, plötzlich zu nah.

Nah bei der Leiche wollte Kristoph nicht sein und hatte sich so weit weg weit wie möglich gelegt. Dennoch schien sie ihm sehr präsent. Tatsächlich wurde sie mit verstreichender Zeit und zunehmenden Schmerzen immer präsenter. Sie war sein Memento Mori, *sein Spiegelbild gleichsam, seine persönliche Prophezeiung. Das spärliche Licht wanderte am Tag über die Knochen und machte sie zu einer makabren Art von Sonnenuhr.*

Plötzlich da. Verdammt, er hatte keine Zeit für so einen Mist. Kristoph versuchte auszuweichen.

Unausweichlich sprangen ihn nach und nach immer mehr Gedanken an. Er wollte sie nicht wahrhaben, wie sie ungebeten über ihn hereinbrachen und ihm Vorschläge unterbreiteten, auf welche Weise sein Höhlengefährte verendet war. Und wie er selbst … doch das wollte er nicht glauben. Er würde hier rauskommen, vom Berg fort, die Scheißholperstraße hinunter, am Kloster vorbei und weg. Nach Sylt. Nach Capri. Nach New York. Hauptsache weg.

Weg. Mit einem Mal war der Mönch weg. Die Straße war nicht breit genug, aber Kristoph hatte keinen Aufschlag gespürt. Er blickte in den Rückspiegel. Da war niemand. Wo war er nur hergekommen? Und wo war er hin? Abgestürzt? Hatte der Porsche ihn etwa touchiert? Das würde unendlich viel Ärger nach sich ziehen. Kristoph parkte sein Auto und suchte es nach Kratzern ab. Da war nichts. Gott sei Dank. Dann blickte er den Steilhang abwärts nach dem Mönch und dem Karren. Da war auch nichts. Umso besser. Vermutlich hatte er sich nur getäuscht.

Kristoph täuschte sich vermutlich nur, doch der Leichnam stand aufrecht. Auch war er kein Leichnam mehr. Es war der hastige Mönch. Er sah sich gehetzt um und murmelte: »Sie kriegen sie nicht. Diese kriegen sie nicht. Diese nicht.« Er zerrte eilig die schweren Bände von den tiefen Holzregalen der Klosterbibliothek, griff nur die schönsten, hielt inne und lauschte, rannte mit Panik in den Augen auf eine kleine Seitentür zu. Und war dann wieder in der Höhle, lag tot auf dem Boden. Um seinen Kopf bildete sich eine Blutlache. Irgendetwas war geschehen.

Keine Panik – es war ja nichts geschehen, dachte sich Kristoph. *First things first.* Erst einmal die Baustelle inspizieren, die Hohlräume im Boden, die den Architekten so furchtbar echauffiert hatten. Vielleicht würde Kristoph schnell etwas unternehmen müssen. Über Ostern kam ohnehin keiner der frommen bayerischen Arbeiter hier hoch. Er hatte bis mindestens Dienstag Zeit, etwas zu unternehmen. Vier Tage sollten schon reichen, einem urbanen Bauunternehmer ohne kulturreligiöse Skrupel aber mit Zementmischwagen genug Geld zuzustecken, damit die Löcher zu waren, wenn es hier weiterging. Dann brauchte auch kein Kulturamt mehr bemüht zu werden, und das Fundament der Bergvilla wäre fest und sicher.

Die Bücher waren sicher, verstand Kristoph, als hörte er die Gedanken des Mönchs in seinem Kopf wie seine eigenen. Sie hallten fremd in seinem Schädel wider, stießen dort an, saßen dort fest. Schon sah er ihn erneut, wie er Sack um Sack der wertvollen Fracht in die Höhle hinabließ, vor den gierigen Schergen der Säkularisation in Sicherheit brachte. Sie waren schon da, die kurfürstlich bayerischen Staatsbeamten, um sich das anzueignen, was nun nicht mehr Kirchengut war, sondern königlich bayerisches Staatseigentum. Doch diese kriegten sie nicht. Diese nicht. Nicht diese. Sie waren der Schatz von Ottal, alte Handschriften, unendlich wertvoll. Keine Zeit noch jemanden darüber zu informieren, was er vorhatte. Dem Abt konnte man hinterher Bescheid geben. Erst einmal Fakten schaffen.

Kristoph hatte niemandem Bescheid gegeben, wohin er fuhr. Erst einmal Fakten schaffen. Er balancierte über den unebenen Boden, auf dem vereinzelt Baugerätschaften standen. Es war kalt, aber klar. Vom Tal her läuteten die Klosterkirchenglocken. Gründonnerstag. *Ora et labora*, dachte Kristoph. Unten bei den Mönchen war jetzt *ora* angesagt. Und oben überm Tal, am Ort seiner zukünftigen Traumvilla war ein wenig *labora* vonnöten. Ärgerlich, dass trotz des Einsatzes von exotischen Dienstleistern doch nie etwas ohne Haken und Ösen laufen konnte. Doch er wusste, was zu tun war, wenn alle Stricke rissen.

Der Strick riss, als der Mönch sich zu seinen Büchern hinunterlassen wollte. Er fiel.

Kristoph fiel, bevor er noch begriffen hatte, warum der Boden unter ihm nachgab. Eben hatte er noch gedacht, was er dem Architekten sagen würde: »Wo gehobelt wird, fallen Späne. Man kann kein Omelett braten, ohne Eier zu zerschlagen.«

Der Kopf des Mönchs gab in etwa das Geräusch eines Eies von sich, das man eben aufgeschlagen hatte, um ein Omelett zu braten.

»Hilfe!«, stöhnte Kristoph tonlos. Er hatte keine Stimme mehr. Er hatte keine Kraft mehr. Er hatte keine Hoffnung mehr. Keine Villa. Keine Aussicht.

»Hilf mir!«, sagte der Mönch und sah Kristoph direkt an. Sein Blick durchdrang die Zeit. Sein Ziel war das eines jeden guten Bibliothekars.

Kristoph kämpfte sich mühsam hoch. Sein Durst war stete Erinnerung. Seine Schmerzen steckten ihm in den Knochen und würden just dort verweilen.

»Regale«, sagte der Mönch. Kristoph nickte stumm und begann, mit den Fingernägeln am Fels zu kratzen. Irgendwann würde er Regale in den Stein gegraben haben. Schöne Regale, tiefe Regale, sichere Regale. Regale für die Ewigkeit.

Rettung würde kommen, wenn er fertig war. Nicht vorher.

Die Rettung der Bücher von Ottal.

Das Herz des Theaters

Fabienne Siegmund

Die Erinnerung ist das einzige Paradies, aus dem wir nicht vertrieben werden können.
Albert Einstein.

Das Ende

Vorhänge werden sich erheben.
Masken werden fallen.
Geheimnisse werden gelüftet.
Inschrift über der Bühne des Rabenberg-Theaters

Unsicher betrat Amalia das kleine Theater, das ihrem Großvater gehörte. Ihr war unheimlich zumute. So still, so leer hatte sie das Theater noch nie gesehen. Aber so waren Theater nun einmal, wenn keine erwartungsvollen Gesichter im Publikum saßen oder die Schauspieler für viel zu kurze Stunden die Welt zu einer Geschichte machten.

»Großvater wartet im Theater auf dich«, hatte ihre Mutter gesagt. Erst jetzt fiel ihr auf, wie blass sie dabei gewesen war. Sie machte sich Sorgen, wie ihr Vater. Sonst hätten sie sie nicht von der Uni hergerufen, nur weil Johan Rabenberg sie sehen wollte.

Sein Verhältnis zur Familie war nie besonders eng gewesen. Nie hatte er Zeit für die Kinder und Enkelkinder gehabt. Das Theater. Immer hatte es nur das Theater gegeben.

Aber zu jeder Vorstellung hatte er sie eingeladen. Und Amalia war immer gekommen, weil sie den Bühnenzauber liebte und ihr Herz höher schlug, wenn die Vorhänge sich hoben. Wenn sie geschlossen waren, mochte sie sie nicht so sehr. Weil dann die Geheimnisse hinter ihnen lebten. Wie die Inschrift über der Bühne besagte.

Die Alte vom Einlass hatte ihr die Tür geöffnet. Ihren Namen konnte Amalia sich nicht merken.

Gerade folgte sie ihr durch den Saal. Die langen, schweren Samtvorhänge verdeckten die Kulissen, oder, wie Amalia sagte, die Welt dahinter, die sie sich nicht zu betreten traute. Oh ja, Amalia Rabenberg hatte Respekt vor der Welt hinter den Vorhängen.

Dort wurden Geschichten zu Wirklichkeit, die sie sonst nur aus Büchern kannte.

»Öffnest du ein Buch, öffnet sich eine Bühne.« Das pflegte Johan Rabenberg zu sagen.

Die Alte vom Einlass führte sie zu einer Treppe seitlich der Bühne.

»Dein Großvater wartet im Keller auf dich«, sagte sie mit ihrer schnarrenden Stimme.

Amalia schluckte. Sie mochte keine Keller. Hatte sie noch nie gemocht.

»Kann ich nicht lieber hier oben warten?«

»Nein. Dein Großvater erwartet dich unten. Bei den Büchern.«

Bei den Büchern? Welche Bücher? Noch nie hatte sie hier im Theater ein Buch gesehen.

Doch gerade, als Amalia danach fragen wollte, wandte die Alte sich schon von ihr ab und schlurfte zurück zum Eingang, und ihr blieb nichts übrig, als die Treppe hinunterzusteigen.

Die Stufen knarrten unter ihren Schritten. Altmodische Öllampen erhellten den Gang.

Hinter ihr spielte ein Wind mit dem Bühnenvorhang, und fast meinte Amalia, in dem Rascheln Worte zu hören. Aber als sie innehielt, war nur noch das Geräusch des Stoffes übrig, der über den Bühnenboden streifte.

Mit zitternden Knien erreichte sie den Keller. Links und rechts waren die Garderoben, mit Namensschildern und allerlei Bildern beklebt.

»Jedes Stück hinterlässt seine Spuren im Theater«, sagte ihr Großvater immer.

All diese Türen waren verschlossen.

Nur ganz am Ende des Ganges stand eine offen, und im flackernden Licht der Öllampen erkannte sie Johan Rabenberg dahinter. Er schien sie noch nicht bemerkt zu haben. Er starrte auf ein Buch, das er in Händen hielt. Als sie die Tür weiter aufstieß, um zu ihm zu treten, sah sie, welches es war.

Grimms Märchen.

Um ihren Großvater herum lagen noch viele weitere Bücher. Amalia stockte der Atem. Die Bücher stapelten sich auf dem Tisch und um den Tisch herum und sie bevölkerten jede Reihe der Regale, die die Wände bedeckten.

Mal sorgfältig geordnet, mal querliegend und wild durcheinander. Da waren in Leder eingeschlagene, mit Goldlettern versehene Bücher, deren Titel sie kaum lesen konnte. Moderne Titel, gebunden und bunt. Taschenbücher, zerlesen und mit gebrochenen Rücken. Gedichtbände lehnten neben Klassikern, Romane neben Krimis und Märchenbücher reihten sich gemeinsam mit fantastischen Stoffen zu Sachbüchern. Mal waren sie nach Autoren sortiert, mal nach Buchgröße und dann wieder nach der Farbe ihres Einbandes und an anderer Stelle standen sie wild durcheinander. Hier und da meinte sie, dass einige Bücher ihre Form verloren hätten, es wirkte so, als würde aus einem der Ast eines Baumes herausragen, während an anderer Stelle der Buchrücken wie eine Hausfront mit beleuchteten

Fenstern wirkte, aber als sie genauer hinsah, waren es wieder nur Bücher.

Niemals hätte sie erwartet, eine solche Fülle an Büchern unter dem Theater zu finden.

Wahre Schätze für jemanden, der wie sie Geschichten liebte.

Ihr Großvater hatte sie immer noch nicht bemerkt. Sie räusperte sich, doch auch nachdem das Geräusch verhallt war, starrte er immer noch das Buch in seiner Hand an.

Erst jetzt bemerkte sie die Münzen, die neben ihm auf dem Schreibtisch lagen, leuchtend wie Sterne an einem Himmel aus Holz, Leder und Papier.

Als ihr Großvater sich auch nach dem zweiten Räuspern nicht anschickte, sie zu begrüßen, ging sie um den Tisch herum und berührte ihn sanft an der Schulter.

Er schreckte hoch, als hätte sie ihn aus einem tiefen Traum gerissen. Seine grauen Augen sahen sie an. Erschrocken bemerkte sie, dass ein feiner Nebel über seinen Pupillen lag.

»Großvater?«, fragte sie. Sie kam sich wie Rotkäppchen vor, das gerade den bösen Wolf statt der Großmutter vor sich liegen hatte, aber im Gegensatz zu dem Märchen verschlang der Mann vor ihr sie nicht mit Haut und Haaren, auch wenn es sich fast so anfühlte.

Denn als sich seine runzlige Stirn in Falten legte, wusste sie, dass er sie nicht erkannte, noch ehe er fragte: »Großvater? Wessen Großvater? Kann ich Ihnen helfen, Kindchen?«

Amalia taumelte zurück, bis die Bücher sie daran hinderten, noch weiter zu gehen. Sie starrte Johan Rabenberg an.

Erinnerte sich an alles, was sie zusammen erlebt hatten und fragte sich, ob das nun alles fort war, aus seinem Geist gewischt vom Vergessen.

Nicht, dass er gar krank war. Alzheimer. Demenz. Und welch schrecklichen Worte es noch dafür gab, dass Menschen ihr ganzes Leben vergaßen.

Aber das hätte ihre Mutter ihr doch gesagt, nicht wahr?

Amalias Gedanken wirbelten im Kreis, bis sie plötzlich ihren Namen hörte.

»Amalia!«

Ihr Blick fuhr hoch, blickte in die Augen ihres Großvaters. Kein Nebel war mehr in ihnen. Klar und vergnügt blitzten sie sie an.

»Wie schön, dass du kommen konntest.«

»Großvater?«

Wieder ein Stirnrunzeln. »Aber natürlich. Wer sonst? Kennst du noch andere verschrobene Theaterdirektoren?«

Stumm schüttelte sie den Kopf, unendlich froh darüber, dass es scheinbar nur ein Moment des Vergessens gewesen war. Sie ignorierte die Stimme, die flüsterte, dass aus einem Moment schnell viele werden konnten.

»Mama sagte, du wolltest, dass ich komme.«

Seine grauen Augen flackerten kurz zur Seite, als wäre in ihren Worten eine schmerzliche Erinnerung gewesen, aber dann lächelte er sie schon wieder an. »Richtig. Ich ...« Er zögerte einen Moment und schien nach den richtigen Worten zu suchen. Dann setzte er sich auf, hob eine Hand und machte eine Geste, die alle Bücher im Raum zu umfassen schien.

»Das hier«, sagte er, und seine Stimme nahm einen fast ehrfürchtigen Klang an, »ist das Herz eines jeden Theaters. Es kann keine Bühne geben ohne eine Geschichte, ohne ein Drehbuch, ein geschriebenes Stück. Dieses Haus ist nichts ohne Worte.«

Amalia nickte, verstand aber nicht, worauf ihr Großvater hinauswollte.

Aber noch ehe sie fragen konnte, sprach er schon weiter, während der Zeigefinger seiner linken Hand gegen seine Schläfe tippte. »Das Gedächtnis eines jeden Theaters aber ist immer der Direktor. Vergisst er auch nur eine Geschichte, zerfällt das Theater. Die Bücher werden brüchig, die Zeilen durchlässig und das feingewobene Netz aus Buchstaben zerreißt, bis keine Geschichte mehr übrig bleibt.«

Er ließ einige der goldenen Münzen durch seine Finger rieseln. Klirrend landeten sie wieder auf dem Tisch vor ihm.

Amalia betrachtete zuerst die goldenen Münzen, dann ihren Großvater. Was wollte er von ihr?

Jetzt durchwühlten seine Hände einen Stapel Zeitungen. Allesamt recht neu. Rasch durchblätterte er jede von ihnen, immer auf der Suche nach dem Kulturteil, den er dann zur Seite legte, um nach der nächsten Zeitung zu greifen. Amalia biss sich auf die Lippen und schluckte die Fragen hinunter, die ihr auf der Zunge gelegen hatten. Sie wusste nun, was er ihr zeigen würde.

All die schlechten Kritiken, die seine Stücke in der letzten Zeit bekommen hatten. Sie hatte sie gelesen und gewünscht, jeden Journalisten in der Luft zu zerreißen, so wie deren Worte es mit ihrem Großvater getan hatten.

»Da hätte ich es merken müssen«, murmelte er unterdessen und Amalias Augen flohen von den bitterbösen Zeitungsschlagzeilen zu ihm hin. »Dass es anfängt. Dass ich ...«

Immer noch verstand sie nicht, was er ihr sagen wollte, aber etwas hinderte sie daran, zu fragen.

Vielleicht das Geräusch, das plötzlich von den Büchern auszugehen schien. Ein Rascheln, ein Wispern, als würden sich ihre Seiten von selbst bewegen, sich ihre Worte von selbst lesen.

Vielleicht das Gefühl, beobachtet zu werden.

»Die Münzen ...«, sagte ihr Großvater und riss sie damit abermals fort von den Gedanken, doch als sie ihn wieder ansah, sprach er nicht weiter. In seinen Augen erkannte sie wieder die Nebel.

Erneut stupste sie ihn an. »Ja bitte?«, fragte er. »Sie wünschen?«

Ein Geräusch ließ sie herumfahren, noch ehe die Traurigkeit ihr einen bitter schmeckenden Kloß aus Tränen in den Hals legen konnte. Ein Buch segelte vor ihren Augen vom Regal, aufgeschlagen, als wäre es ein fliegender Teppich.

Ihr Großvater räusperte sich und sie sah ihn an, hoffend und beängstigt zugleich, nicht wissend, ob er sie nun kannte oder nicht.

»Du musst auf einem Sonnenstrahl reiten, Mali, hörst du? Nur dann kannst du ...«

Mali. Wie lange hatte er sie nicht mehr so genannt. Aber was meinte er damit, dass sie auf einem Sonnenstrahl reiten müsse?

Sie fragte ihn, und mit dieser Frage schnellten all die anderen Fragen aus ihr heraus, die sie eben noch heruntergeschluckt hatte.

»Warum erzählst du mir dies alles? Was ist mit diesen Münzen? Was meinst du damit, dass das Theater stirbt, wenn der Direktor die Geschichten vergisst?«
Und viele mehr.
Keine einzige davon beantwortete ihr Großvater.
Seine Augen waren wieder hinter den Nebeln verschwunden.
Tränen stiegen ihr in die Augen. Alles in ihr drängte danach, zur Treppe zurückzulaufen, das Theater zu verlassen, aber sie tat es nicht.
Weil sich das Gesicht ihres Großvaters schmerzerfüllt verzerrte.
Stattdessen stolperte sie dahin zurück, wo die Sonne durch das Fenster strahlte und den Raum erhellte.

Plötzlich veränderte sich die Welt um sie herum. Das Sonnenlicht um sie herum verschwamm.
Die Regale verschwanden, hoben sich wie Vorhänge.
Ihr Großvater war fort.
Neue Regale tauchten auf, ebenfalls von oben bis unten mit Büchern gefüllt.
Vielleicht waren es sogar die gleichen Bücher, die sie eben noch betrachtet hatte.
Eindeutig aber waren sie anders. Vielzähliger. Lebendiger.
Der ganze Raum schien zu leben. Jedes einzelne Regalfach schien eine Welt zu sein.
Da gab es ein Fach mit grünen Büchern, aus deren Buchrücken stellenweise tatsächlich Äste hervorschauten. Daneben stand ein Buch, das unten am Buchrücken eine kleine holzvertäfelte Tür hatte. Das nächste Buch lehnte sich schräg gegen seine beiden Brüder und verdeckte eine Landschaft, die sich im Regal befand,

nicht aufgemalt, sondern wirklich – der Eingang nur mit einem Spinnweben verhangen.

In einem anderen Regal gab es nur blaue Bücher, und die Dunkelheit der Einbände übertrug sich auf die Umgebung. Über einer Reihe von dicht aneinander gestellten Gruselgeschichten gab es nur ein winziges Fenster, durch das ein fahler Mond sein Licht ausstrahlte. An wieder einer anderen Stelle flog von einem geöffneten Buch ein kleines Flugzeug los, um in einem hellblauen Regalhorizont zu verschwinden und im Nebenfach saß ein kleiner Drache auf einem Stapel von Büchern, als wären sie sein Schatz.

Goldene Münzen fielen wie Regen zu Boden.

Sie sah hinauf. Entdeckte *Grimms Märchen*.

Mit dem Titel des Buches kam ihr schlagartig ihr Großvater wieder in den Sinn, das Theater und alles andere.

Wo war er jetzt? Und vor allem, wo war sie?

Durch ein Fenster oberhalb der Tür, das es im Theater nicht gegeben hatte, sah sie, dass sich auch im Nachbarraum Bücher befanden.

Eine Bibliothek also.

Nur wo?

Sie sah sich um. Betrachtete all die Bücher, die zum Leben erwacht waren. Das Licht aus den hohen Fenstern ließ es so wirken, als beobachteten die Bücher sie mit Buchstabenaugen.

Amalia spürte, wie die Panik in ihr aufstieg.

Wenn das ein Traum war, wollte sie so schnell wie möglich erwachen.

Sie wollte in ihrem Bett liegen und von ihrer Mutter hören, dass Großvater im Theater auf sie wartete, und dann würde sie hingehen und mit ihm reden und lachen, wie sie es immer getan hatten.

Er hätte sie nicht vergessen, nicht einen Moment.

Sie kniff sich in die Hand.

Nichts. Kein Aufwachen. Kein Entkommen.

Sie war immer noch dort, an diesem unwirklichen Ort.

Ohne zu wissen, was sie hier sollte. Oder wie sie hierhergekommen war. Der Sonnenstrahl fiel ihr ein. Und die sonderbaren Worte von Johan Rabenberg: »Du musst auf einem Sonnenstrahl reiten.«

War sie etwa?

Sie schüttelte den Kopf. Nein. Sie konnte nicht …

»Und doch hast du es getan«, flüsterte eine raschelnde Stimme neben ihrem Ohr.

Amalia schnellte herum und wollte ihren Augen nicht trauen.

Aus einem Regal, in dem nur weißbändige Bücher standen, trat eine kleine Gestalt zwischen den Büchern hervor.

Eine Lumpenpuppe, hätte sie im ersten Moment gesagt, und auch der zweite Blick ließ keine andere Aussage zu. Doch erst jetzt erkannte sie, woraus diese Puppe geschaffen war.

Aus Büchern und Worten. Anders konnte man es nicht beschreiben.

Das braune Kleid war aus Leder genäht worden, hier und da erkannte man noch die Reste von eingeprägten Buchstaben und Symbolen. Die Haut war aus Papier und Leinen gemacht, überall waren noch vereinzelte Worte zu lesen. Die Augen waren schwarze, leicht verlaufene Tintenkleckse, der Mund ein gebogenes Wort und die Haare bestanden aus Buchstaben. Hätte

Amalia raten müssen, hätte sie vermutet, dass im Inneren der Puppe zerknülltes und zerrissenes Papier war.

Die kleine Gestalt kam weiter auf sie zu, und als sie den Rand des Regales erreicht hatte, verbeugte sie sich tief.

Amalia war nicht fähig, sich zu bewegen. Das musste ein Traum sein.

Die kleine Lumpenpuppe sah sie an. »Du glaubst, das ist ein Traum, nicht wahr?« Ihre Stimme war wie das Rascheln von Papier.

Amalia nickte.

Die Tintenaugen der Puppe wirkten plötzlich traurig. »Leider ist es keiner«, flüsterte sie. »Wir sind in großer Gefahr. Das Theater – dein Großvater – wir alle.«

Amalia schüttelte ungläubig den Kopf und schloss die Augen so fest die konnte. Zählte bis zehn. Einmal. Zweimal. Noch einmal.

Dann öffnete sie die Augen wieder.

Die Puppe war immer noch da. Eine tintenschwarze Träne kullerte ihre Pergamentwange hinab.

Amalia kniff sich erneut.

»Es ist die Wirklichkeit«, wisperte die Lumpenpuppe traurig. »Alles. Dies hier ist das wahre Herz des Theaters. Der Ort, an dem die Geschichten sind, wie das Theater sie erlebt hat. Der Ort, den du retten musst. Damit wir nicht alle sterben müssen. Damit dein Großvater nicht alles vergisst.«

Amalia schwindelte. »Was?«, presste sie hervor.

Die Lumpenpuppe sah sie mit geneigtem Kopf an. »Er hat dir nichts gesagt?«

Amalia schüttelte den Kopf, besann sich dann aber und wiederholte die wirren Worte, die sie eben noch gehört hatte.

Die Lumpenpuppe nickte nachdenklich. »Das ist wirklich nicht viel, was du da weißt.«

Sie hob den Kopf wieder, sagte aber nichts, weil wieder einige Münzen klirrend zu Boden fielen, und dieses Mal sah Amalia, dass sie aus dem Märchenbuch kamen. Sie rasselten zwischen den Seiten heraus.

»Sterntaler«, schoss es ihr durch den Kopf, und scheinbar hatte sie es laut ausgesprochen, denn die Lumpenpuppe flüsterte mit tränenerstickter Stimme: »Ja. Die Münzen fallen durch das Hemdchen des Kindes hindurch. Das ist, weil er die Geschichten vergisst.«

Die Puppe deutete mit ihrer Leinenhand auf die Regale. »Manche sind schon fast leer. Es ist nur noch eine Frage der Zeit, bis auch die großen Figuren und Charakter hervorkommen. Es beginnt immer mit den kleinen Dingen, die durch das Netz fallen. Dann kommen die großen, wachsen aus den Büchern hinaus, werden lebendig. Die Figuren sind immer das Ende. Wir spüren, dass es bald soweit ist. Unsere Buchstabenhaare werden grau.«

Mit zwei Fingern zupfte die Puppe sich einen Buchstaben vom Kopf, der tatsächlich grau war.

Einen Moment später zerfiel er zu Asche, als hätte ihn jemand mit einer Streichholzflamme verbrannt.

Amalia wollte Fragen stellen, wollte wissen, was das alles zu bedeuten hatte, doch die Puppe begann schon erzählen.

»Das Herz eines jeden Theaters ist eine Bibliothek. Man kann sie nur erreichen, indem man auf einem Sonnenstrahl reitet, und auch nur, wenn das Blut des

Theaters in einem fließt. In dieser Bibliothek befinden sich all die Geschichten, die jemals die Bühnen des Theaters bevölkert haben – so, wie der Direktor sie gesehen hat. Jedes Theaterherz ist also anders, weil jedes Stück mit anderen Augen gesehen wird. Und stirbt der Direktor, so stirbt auch die Bibliothek, wenn sich niemand findet, der sie übernimmt, aber meistens gibt es einen neuen Direktor, und mit ihm ändern sich auch die Bibliotheken im Herz des Theaters.

Würdest du eines dieser Bücher aufschlagen, würdest du in ihm das Stück sehen – gespielt von den geschriebenen Charakteren selbst. Denn Theaterbücher werden lebendig, und es ist der Geist des Direktors, der die Regie in ihren Stücken führt – Tag für Tag, Minute für Minute. Er achtet darauf, dass sie nicht aus ihren Buchdeckeln ausbrechen, dass das filigrane Netz aus Zeilen und Buchstaben alle Requisiten an vorhergesehener Stelle hält. Er ist das ...«

»... Gedächtnis des Theaters«, vervollständigte Amalia und wiederholte damit, was ihr Großvater gesagt hatte, gerade eben, in der anderen Bibliothek.

»Das war keine andere Bibliothek«, erklärte die kleine Lumpenpuppe, als hätte sie ihr den Gedanken von der Stirn abgelesen. »Es war genau diese – vielmehr – es war – das Davor. Wie bei einer Bühne. Die Regale, die du gesehen hast, waren der Vorhang und die stillen Buchdeckel die Masken.

Das hier aber ist das wahre Geheimnis, das sich nur lichtet, wenn Vorhänge sich öffnen und Masken fallen.

Amalia dachte an die Worte, die über der Bühne standen und die sie so oft gelesen hatte. Sie nickte.

In ihren Augenwinkeln nahm sie plötzlich eine Bewegung wahr. Ein kleines Männchen huschte an ihr vorbei. Die Lumpenpuppe wischte sich eine Träne aus den Tintenaugen.

»Rumpelstilzchen«, wisperte sie, und Amalia erinnerte sich mit einem Mal wieder an das Stück, das im Theater gespielt worden war, als sie gerade einmal vier Jahre alt gewesen war.

»Was geschieht hier?«

»Dein Großvater vergisst die Geschichten. Eine nach der anderen entgleitet ihm, wird ausgewischt von dem Nebel, der durch seine Augen wabert.«

Fröstelnd erinnerte Amalia sich. Dachte traurig daran, dass er auch sie schon für kurze Augenblicke vergessen hatte.

Die Lumpenpuppe holte sie zurück aus den Nebeln in den Augen ihres Großvaters.

»Wenn er alle Geschichten vergessen hat, wird dieser Ort hier nicht mehr sein. Die Bücher werden zerfallen, weil in ihnen nichts mehr ist, das sie leben lässt. Die Worte sind die Seele eines jeden Buches. Das Theater wird nie wieder den Bühnenzauber vollführen können, denn die Bücher sind sein Herz. Und dein Großvater wird alles vergessen, was jemals war. Es hat schon angefangen.«

Amalia nickte und wischte sich eine Träne aus dem Augenwinkel. Wieder war da das Bild ihres Großvaters. Wie er sie angesehen hatte. Wie fremd sie ihm gewesen war.

»Kann man nicht einfach die Bücher ersetzen?«

Amalia sah sich um. Da standen *Romeo und Julia*, *Hamlet*, *Turandot* und wie sie alle hießen.

Bücher, die es überall gab.

Die Lumpenpuppe schüttelte den Kopf. Einige ihrer Buchstabenhaare fielen aus. Graue Asche regnete auf das Regal.

»Das Herz eines Theaters kann nur aus lebenden Büchern bestehen. Würde man neue Bücher kaufen – Bücher, in denen keine Randnotiz vom Direktor, kein Kaffeefleck des Schauspielers, der über den Zeilen verzweifelte, wäre – sie wären nichts als Bücher.

Erst das Theater macht die Bücher lebendig und jedes einzelne Buch wiederum lässt das Theater atmen. Werden die Geschichten des Theaters vergessen – werden die Stücke schwächer, die Buchseiten durchlässiger.«

Amalia dachte an die schlechten Kritiken der letzten Zeit, die Goldmünzen aus dem Grimm'schen Märchenbuch und Rumpelstilzchen, das eben noch an ihr vorbeigehuscht war.

»Das Theater stirbt«, stellte sie leise fest, und die Lumpenpuppe nickte traurig. »Wir alle werden zu Asche zerfallen«, flüsterte sie. »Als hätte man jedes Buch verbrannt. Vergessen – das ist wie verbrennen, musst du wissen.«

Amalia nickte. Sie wusste genau, was die Puppe meinte – wenngleich sie ahnte, dass es doch etwas anderes war.

Für sie bedeutete es nicht, dass dieser wunderbare Raum voller lebendig gewordener Bücher zerfallen würde.

Für sie war es der Schmerz, den sie fühlen würde, wenn ihr Großvater alles vergaß – sein ganzes Leben – sie und ihre Eltern eingeschlossen.

Die Lumpenpuppe nickte, als hätte sie den Gedanken abermals irgendwie von ihrem Gesicht abgelesen.

»Es wird wehtun«, stellte sie mit ihrer Papierraschelstimme leise und abschließend fest.

Eine Weile schwiegen sie.

Aus *Grimms Märchen* fiel eine Spindel heraus, an deren Spitze ein Tropfen Blut glitzerte.

An einer anderen Stelle erschien ein weißes Kaninchen in roter Weste mit einer riesigen Taschenuhr in den Vorderpfoten, und Amalia erinnerte sich daran, wie wunderschön die Vorführung von *Alice im Wunderland* gewesen war.

Die Lumpenpuppe sah sie an und lächelte ein Buchstabenlächeln. »Du kannst uns retten, weißt du? Das alles hier. Das Theater mit seinem Bühnenzauber, sein Herz voller lebendiger Geschichten und deinen Großvater.«

Amalia sah die kleine Puppe an.

»Wie?«

»Du musst das traurigste aller Bücher finden, das es hier gibt. Ein Buch, das nicht vergessen wird, obwohl nie an es gedacht wird. Dieses Buch musst du nehmen und ihm vorlesen. Dann wird alles gut.«

»Sie wird es nicht finden«, flüsterten plötzlich Stimmen aus Wind, Papier und Vorhangrascheln.

»Sie konnte auch auf dem Sonnenstrahl reiten«, widersprach die Lumpenpuppe.

Amalia schwieg. Wusste nicht, ob sich wissen wollte, wer dort flüsterte und wisperte.

»Es sind andere Bücherpuppen wie ich«, erklärte da schon die Lumpenpuppe. »Wir hüten die Geschichten. Achten auf die Bücher. Fangen Ausreißer und führen sie zurück. Hängen die Dinge wieder in die richtige Stelle, sofern das Netz noch dicht genug ist. Wir öffnen und schließen die Buchdeckel, wenn es nötig ist.«

»Wir ordnen die Erinnerungen«, wisperten die Stimmen.

»Ich habe euch gehört. Im Vorhang«, sagte sie leise.

Die Stimmen murmelten zustimmend, und hier und da konnte sie verstohlen tintenschwarze Augen sehen, die sie aus den Schatten der Buchseiten anschauten.

Sie besann sich auf das traurigste aller Bücher und fragte danach.

»Es ist das Buch, das der Direktor niemals aufgeschlagen hat, obwohl er selbst seine Geschichte gestaltete. Es ist das Buch, das voll von Glück und Traurigkeit steckt, das kleinste, das es hier gibt.«

Amalia sah sich um. »Wie viele Räume hat die Bibliothek?«

»Viele«, lautete die ernüchternde Antwort. »Und doch musst du diesen nicht verlassen.« Hoffnung.

Sie sah die kleine Bücherpuppe an.

»Es ist hier«, wisperte sie leise. »Es ist immer dort, wohin die Sonnenstrahlen tragen. Wir sehen uns vielleicht wieder. Wenn du es findest. Wenn du begreifst. Wenn du selbst ... wenn du nicht vergisst.«

Dann drehte die Lumpenpuppe sich im Kreis, und wo sie gerade noch gestanden hatte, blieb nichts als ein kleiner Haufen Asche zurück, aus dem hier und da noch ein Buchstabe hervorschaute.

Auch die anderen Tintenklecksaugen verschwanden.

Zurück blieben nur die Bücher der Bibliothek, von denen eines trauriger war als jedes andere.

Sie sah sich um.

Ging die Regalreihen suchend ab.

Sie glaubte, *Tom Sawyer* zu erkennen, der an ihr vorbeilief. Fand neben *Der Herr der Ringe* einen Ring, den sie nicht berührte.

Sie stieg über Bücher, deren Seiten so leer waren, als hätten sie nie ein Wort gesehen.

Und dann hörte sie ein leises Schluchzen.

Rasch folgte sie dem Geräusch und fand bald ein winziges Büchlein, gebunden in hellgraues Leinen. Es erinnerte sie ein wenig an die Haare ihres Großvaters.

Das Buch bebte unter Schluchzern, und Tränen tropften vom Buchrücken hinab wie Regen.

Sie schlug es auf. Erstarrte, verstand und schloss es wieder.

Lief zurück, dorthin, wo eben noch die Lumpenpuppe gewesen war. Suchte in den hohen Fenstern einen Sonnenstrahl und sprang hinein.

Alles war wieder da. Der bücherbeladene Schreibtisch. Der Gang und die Treppe, die ins Theater hinauf führten. Die Bücherregale um sie herum, die doch nur Vorhänge waren, die das Herz des Theaters versteckten.

Das Herz des Theaters, das nichts war ohne die Erinnerung des Direktors.

Ihr Großvater saß immer noch dort, wo er zuvor gesessen hatte.

Nebel umwaberte seinen Blick.

Amalia schlug das Buch auf. Sie spürte, dass die Bücherpuppen wieder da waren, bereit, aufzufangen, was vielleicht aus den Geschichten fallen würde, wenn sie die Erinnerungen ihres Großvaters wieder zurechtrückte.

Denn die Bücher, die sie retten mussten, waren verbunden mit dem in ihrer Hand.

Die Geschichten, die er gelesen hatte, gehörten zu ihm, wie die in dem Buch, das sie hielt.

Das einzige Buch, um das er sich nie so recht gekümmert hatte.

Das einfach da gewesen war, unbemerkt und doch wichtiger als nichts sonst.

Sie schlug es auf.

Ein Bild ihres Großvaters sah ihr entgegen. Er war noch ein kleiner Junge. In der Hand hielt er ein Buch. *Grimms Märchen.*

Sie begann zu lesen.

Las ihrem Großvater sein Leben vor.

Erzählte ihm von ihrer Großmutter, der Tänzerin und seinen Kindern, ihrem Vater und ihrem Onkel.

Erinnerte ihn an die ersten Stücke, die er aufgeführt hatte und an ihre Geburt, die er wie ein Freudenfeuerwerk empfunden hatte. Nach und nach verschwanden die Nebel aus seinen Augen und wichen der Klarheit, dass er nicht länger der Direktor des Theaters sein durfte, dass er sich nun endlich um dieses kleine Buch in den Händen seiner Enkelin kümmern musste.

Amalia aber konnte fühlen, wie die Linien der Bücher im Herz des Theaters sich fester zogen und dichte Netze bildeten, die nichts mehr entkommen ließen. Ohne es zu sehen wusste sie, dass die Lumpenpuppen sich um verlorene Dinge kümmerten und Rumpelstilzchen zurück in sein Märchen brachten.

Vor allem aber spürte sie, dass sich das Herz des Theaters sich mit ihrer Erinnerung verband.

Weil sie nun die neue Direktorin werden würde.

Weil sie die geheimnisvolle Bibliothek der Erinnerung in sich aufgenommen hatte.

Mit jedem Stück, das sie gesehen hatte und mit jedem Wort, das sie gerade las, nahm sie mehr und mehr vom Herzen des Theaters auf, das nichts anderes war als eine Sammlung von Geschichten.

Eine Bibliothek.

Geheimnisvoll und zauberhaft.
Solange, bis sie starb oder selbst das Leben vergaß.

Ein anderer – vielleicht ein Sohn oder eine Tochter, die sie noch gar nicht kannte - würde dann die Wahrheit des Bühnenzaubers entdecken, wenn sich die Worte über der Bühne erfüllten, am Ende, wie es in ihnen selbst hieß.

Der 31. September

Bettina Ferbus

Der bullige Mann baute sich vor dem Schreibtisch auf.

»Wo ist Irene?«

Sein Zeigefinger deutete in einer Geste, die Anklage und Drohung zugleich war, auf das schmächtige Männlein, das sich in seinem Schreibtischsessel zusammenkauerte.

Herr Huber, der Bibliothekar, schluckte. Sein Adamsapfel entfernte sich dabei einige Zentimeter vom Kragen seines weißen Hemdes und rutschte dann wieder in die ursprüngliche Position zurück. Sein Blick wanderte hilfesuchend von der Tür zu den Regalen bis hinauf zur Galerie, doch die Bibliothek war ausgerechnet in diesem Moment wie ausgestorben.

»Von welcher Irene sprechen Sie?« Er versuchte sachlich zu klingen, konnte aber ein Zittern in seiner Stimme nicht unterdrücken.

»Schützinger. Irene Schützinger. Na, klickt es jetzt? Oder muss ich nachhelfen?«

»Und wer sind Sie, wenn ich fragen darf?«

Herrn Hubers Hände krallten sich um die Schreibtischkante, als wäre sie sein letzter Halt in dieser von Verrückten bevölkerten Welt.

»Ralf Schützinger. Ich bin ihr Mann! Und jetzt sag mir endlich wo sie ist!«, brüllte Ralf.

Herr Huber riss erschrocken die Augen auf und lehnte sich so weit wie möglich in seinem Schreibtischsessel zurück. Ralf folgte den Bewegungen des Bibliothekars und sein Oberkörper hing drohend über dem Schreibtisch. Auf Herrn Hubers Stirn bildeten sich feine Schweißtröpfchen.

»Ich habe keine Ahnung, wo sie ist.«

Allerdings konnte er sich durchaus vorstellen, dass eine feine, gebildete Frau wie Irene vor einem Schlägertypen wie diesem Ralf floh. Er fragte sich, wie sie überhaupt der Idee verfallen war, ihn zu heiraten. Ein Berg Muskeln mit dem Verstand eines Plattwurms.

»Lüg nicht! Ich mache Mus aus dir, wenn du mich weiter anlügst. Obwohl ich sowieso nicht verstehe, was sie an einem Kerl wie dir findet.«

Er musterte den Bibliothekar abschätzig. Herr Huber war nicht nur klein und schmächtig, auch sein ohnehin schütteres Haar lichtete sich am Scheitel zusehends. Die grauen Augen wirkten hinter den dicken Brillengläsern unverhältnismäßig groß.

»Sie glauben doch nicht etwa ...« Herr Huber vergaß seine Angst und plusterte sich regelrecht auf. »Ich habe keine Affäre mit Ihrer Frau und ich hatte auch nie eine! Was bringt Sie nur auf diese abstruse Idee! Wer hierher kommt, tut es der Bücher wegen.«

Mit einer ausladenden Handbewegung deutete er auf die hohen Regale, die den großen Raum einnahmen und ihn zu einem Labyrinth machten. Sie standen an den Wänden, ragten zur Mitte hin, waren in den unglaublichsten Winkeln ineinander verschachtelt und setzten sich auf der Galerie fort. In ihnen reihte sich Buch an Buch, sorgfältig sortiert nach Fachgebiet und Autor.

»Bücher! Das ist doch kein Grund, sich Tag für Tag wieder hier zu vergraben. Und ich weiß, dass sie da war. Ich habe einen Privatdetektiv engagiert, der sie beobachtet hat.«

Herr Huber hatte das bleiche Gesicht eines Schreibtischmenschen, doch nun färbten sich seine Wangen rot.

»Bücher sind der Schatz der Menschheit! Wissen von Jahrtausenden sammelt sich zwischen ihren Seiten.

In ihnen kann man die Gedanken von Menschen lesen, die auf anderen Kontinenten leben oder seit hunderten Jahren verstorben sind.«

»Papier und Staub! Sonst nichts!«

»Wie können Sie es wagen! Sie ungebildeter, ungehobelter Klotz! Kein Wunder, dass Ihre Frau hier nach Erbauung gesucht hat."

Ralf starrte das Männlein, das ungefähr halb soviel Körpermasse hatte wie er, irritiert an. »Sag mal, aus welchem Jahrhundert stammst du, du Flachwichser?«

»Ich verbitte mir eine derartige Wortwahl! Ihre Impertinenz übertrifft sogar noch Ihre Arroganz und Ihr beklagenswerter Mangel an Kultiviertheit steht in direkter Relation zur Masse Ihres überdimensional aufgeblähten Egos.«

Ralf bedachte Herrn Huber mit einem Blick, den er wohl auch einem keifenden Yorkshireterrier geschenkt hätte. Kurz wurde sein Gesicht hart. Überlegte er, ob es den Ärger wert war, wenn er dem lästigen kleinen Kerl eine Abreibung verpasste? Seine Hände ballten sich bereits zu Fäusten, doch dann entspannte er sich wieder.

»Piss jemand anderem ans Bein, Fifi und sag mir endlich, wo meine Frau ist.«

»Wie ich bereits gesagt habe, ich weiß es nicht. Sie kam eine Weile regelmäßig in die Bibliothek, doch seit drei Tagen habe ich sie nicht mehr gesehen.«

Ralfs Hand schoss vor, packte den Bibliothekar am Hemd und zerrte ihn in die Höhe.

»Weil sie vor vier Tagen nicht mehr aus der Bibliothek gekommen ist! Versteckst du sie hier irgendwo? Oder gibt es noch einen anderen Ausgang? Oder treibt ihr beiden es heimlich im Keller?«

Trotz seiner unangenehmen Situation ging ein Strahlen über das Gesicht von Herrn Huber. Er ging auch gar nicht auf Ralfs Unterstellungen ein.

»Sie hat es also gefunden!«

»Was gefunden?« Ralf runzelte die Stirn.

»Das Buch!«

»Kunststück! Das hier ist schließlich eine Bibliothek.«

Herr Huber seufzte. »Es geht natürlich um ein bestimmtes Buch.«

»Und? Sie haben doch hier einen Computer. Sollten darin nicht alle Bücher aufgelistet sein? Da kann es doch nicht so schwer sein, ein Buch zu finden.«

Ralf ließ Herrn Huber so abrupt los, dass dieser zurücktaumelte und reichlich ungeschickt auf seinem Stuhl landete. Trotzdem verschwand der verklärte Ausdruck, der sich auf Herrn Hubers Gesicht ausgebreitet hatte, nicht.

»Sie hat es gefunden«, wiederholte er.

»Sag mir was Neues«, knurrte Ralf.

»Wenn sie es mir doch nur gezeigt hätte.«

»Um welches verdammte Buch geht es nun?«

»Sie brauchen nicht gleich laut zu werden. Ich sage es Ihnen ja. Allerdings fürchte ich, meine Erklärung übersteigt Ihren Erkenntnishorizont.«

»Versuch es einfach.«

Herr Huber schob die Brille zur Nasenwurzel hoch.

»Es kommt gelegentlich vor, dass bei einer Kumulation narrativer und intellektueller Produkte eine interdimensionale Annäherung entsteht. Häufig gekennzeichnet durch eine Eigenreplikation der kumulierten Inhalte.«

»Du willst mich wohl verscheißern?« Ralf richtete sich drohend auf. »Redest irgendeinen mit Fremdwörtern gespickten Unsinn, damit du dann behaupten kannst, ich wäre zu dämlich, deine Aussage zu verstehen?«

»Das ist eine Unterstellung!«

»Dann das Ganze nochmal ohne Fremdwörter.«

Mit einem tiefen Seufzer rieb sich Herr Huber die Stirn.

»Bei einer solchen Ansammlung von Wissen, wie hier in dieser Bibliothek, kann es geschehen, dass sich ein Tor in eine andere Welt öffnet. Der Schlüssel zu diesem Tor ist wahrscheinlich ein Buch, das keinen Autor hat. Es hat sich sozusagen selbst geschrieben.«

Krachend fuhr Ralfs Faust auf den Schreibtisch nieder. »Du hältst mich wohl für einen kompletten Vollidioten?«

Der Bibliothekar ersparte sich eine Antwort. Um Ralfs Mund arbeitete es, während er überlegte. Dann verzogen sich seine Lippen zu einem überlegenen Grinsen.

»Wenn es so ein Buch gibt, dann zeig es mir.«

»Aber ich suche es doch schon seit Wochen. Wie soll ich es jetzt innerhalb von Minuten finden?«

Ralfs Hände schossen vor, packten das schmächtige Männlein an den Oberarmen und zerrten es über den Schreibtisch. Knirschend gab eine Naht von Herrn Hubers Hemd nach. Ralf scherte sich nicht darum. Grob stellte er den Bibliothekar auf die Füße.

»Wenn es da ist, wirst du es finden, denn du warst noch nie so motiviert wie jetzt.«

Seine Brauen hatten sich einander angenähert, sodass sie beinahe eine durchgehende Linie bildeten. Die

Augen waren nur mehr schmale Schlitze. Ralfs Schlägervisage sah noch bedrohlicher aus als zuvor. Herr Huber zog die Unterlippe durch die Zähne und schluckte.

»Na gut, ich versuche es.«

»Nicht versuchen – tun!«

Fieberhaft überlegte Herr Huber, wo er Irene zuletzt gesehen hatte. Das konnte ein Hinweis darauf sein, wo sich das Buch befand. War das nicht dort hinten bei den Reiseberichten gewesen?

»Wenn Sie so freundlich wären und mich loslassen würden, könnte ich nach dem Buch suchen.«

Ralf löste seinen Griff und der Bibliothekar ging voran. Zärtlich ließ er die Finger über die Buchrücken gleiten. Er kannte alle diese Bücher. Sie waren durch seine Hände gegangen. Ein jedes von ihnen. Liebevoll hatte er sie eingebunden und katalogisiert. So manches hatte er geklebt, die Spuren beseitigt, die wenig zartfühlende Leser hinterlassen hatten. Er liebte ihren Geruch, hätte blind die einzelnen Papiersorten unterscheiden können. Die neuen Bücher rochen ganz anders als die älteren. Festgebundenen Büchern entströmte ein anderes Aroma als Taschenbüchern.

»Mach gefälligst ein bisschen schneller!«

Herr Huber stieß heftig die Luft aus. Dieser Barbar!

Endlich waren sie bei den Reiseberichten angekommen. Hochglanzbildbände wechselten sich mit broschierten Exemplaren ab. Zerlesene Bücher standen neben Neuerwerbungen. Wüsten, Dschungel, hohe Berge – es gab keinen Ort der Welt, über den nicht berichtet worden wäre.

»Und – wo ist es jetzt?«

»Wenn Sie mich nicht ständig stören würden, wäre ich schneller!«

Herr Huber hatte seine Angst verloren. Entdeckerfreude strömte durch seine Adern, ließ keinen Platz für andere Emotionen. Er war dem Buch so nah, wie noch nie zuvor. Er wusste es. Er spürte es.

Suchend glitten seine Augen über die Regale. Antarktis. Feuerland. Mexiko. Berühmte Autoren und unbekannte Abenteurer, die hofften, mit einem Buch die nächste Reise zu finanzieren. Kanada, Alaska, Mongolei. Auch hier wurde er nicht fündig.

»Es ist gar nicht hier – oder? Du willst nur Zeit schinden.«

Wütend fegte Ralf eine ganze Reihe von Büchern aus dem Regal. Sie flatterten zu Boden wie angeschossene Vögel, klatschten schwer auf ihre Rücken, knickten sich die Seiten.

»Nein!«

Herr Huber stürzte vor, Entsetzen im Gesicht. Er versuchte die wenigen Bücher, die noch nicht auf dem Boden lagen aufzufangen und vor dem unsanften Aufprall auf dem harten Parkett zu bewahren. Doch vergeblich. Tränen traten in seine Augen, während er inmitten seiner Lieblinge zu Boden sank.

Da sah er es. Es lag unversehrt direkt vor seinen Knien. Schneebedeckte Gipfel zierten den Einband. Der Titel hob sich in silbrigen Buchstaben vom Blau des Himmels ab. ›Das Tor nach Shangri La‹.

Er hob es hoch. Hielt es in den Händen wie einen besonderen Schatz. Zärtlich fuhren seine Finger über den Einband.

»Ist es das?«

Herr Huber nickte. Ralf streckte verlangend die Hand aus. Der Bibliothekar drehte sich weg. Er würde diesem Rüpel das Buch nicht kampflos überlassen. Verzückt schlug er es auf. Es roch noch ganz neu. Wie gerade geboren sozusagen. Ein Stich der Eifersucht durchfuhr Herrn Huber. Nur zu gerne wäre er der Erste gewesen, der dieses Buch in seine Hände nahm.

»Das soll etwas Besonderes sein? Da ist doch schon auf der ersten Seite ein Druckfehler. Erschienen am 31. September!«, ätzte Ralf, während er über die Schulter des Bibliothekars spähte.

»Das ist der letzte Beweis.« Ein seliges Lächeln legte sich über Herrn Hubers Gesicht und der Anflug von Eifersucht löste sich in Nichts auf. Er war nur noch dankbar für das Privileg, diesen besonderen Moment erleben zu dürfen.

»Dafür, dass dieses Buch Schrott ist.«

»Wie soll ich es einem Banausen, wie Ihnen erklären? Das Tor braucht Platz. Und der muss geschaffen werden. Sehen Sie, der 31. September ist das Tor und das Buch ist der Schlüssel. Das ist wie beim Hogwarts-Express, der von Gleis 9 ¾ abfährt.«

»Diese Harry-Potter-Bücher sind erfundene Geschichten. Das Gleis gibt es doch nicht wirklich.«

»Wie können Sie da so sicher sein? Wer weiß, vielleicht haben Sie es bloß noch nicht gefunden.«

Ralf tippte sich an die Stirn. »Klar. Irgendwer wedelt mit seinem Zauberstab und schon gibt es jede Menge zusätzliche Gleise. Und auf Gleis 6 6/6 fährt dann wohl ein Zug direkt in die Hölle.«

Herr Huber drehte den Kopf und sah Ralf schräg von unten an, erstaunt über den plötzlich erblühten Funken Intelligenz inmitten dieser tumben Muskelmasse.

»Woher wissen Sie das?«

»Willst du mich verarschen? Ich habe in Mathe aufgepasst, Alter. Gleis 6 6/6 wäre dann ja wohl Gleis 7!«

»Das Ganze ist mehr als die Summe seiner Teile.«

Herr Huber wandte sich wieder dem Buch zu. Ehrfürchtig blätterte er weiter. Ralf packte ihn grob an der Schulter.

»So lasse ich mich nicht abspeisen! Es ist bereits Oktober. Selbst wenn es diesen 31. September tatsächlich gibt, dann ist er längst vorbei!«

Herr Huber schüttelte mitleidig den Kopf.

»Sie sollten sich ein wenig mehr mit Physik befassen. Ich habe hier ein paar Bücher, deren Lektüre ich Ihnen sehr empfehlen kann. Dann wäre Ihnen klar, dass wir in einem vierdimensionalen Raumzeitkontinuum leben. Diesem wurde durch die vorhin erwähnte Kumulation von Wissen eine zusätzliche Dimension hinzugefügt. Somit gelten die üblichen linearen Zeitverhältnisse nicht mehr. Der 31. September ist immer.«

»Das ist unmöglich!«

Herr Huber ignorierte Ralf und widmete sich wieder dem schmalen Band in seinen Händen. Seine Augen saugten sich an dem Text fest, vermochten sich nicht mehr von den Buchstaben zu lösen. Seine Gestalt begann zu leuchten.

»He! Was soll das!«

Der Bibliothekar reagierte nicht. Er war vollkommen in seine Lektüre versunken. Sein Körper wurde durchscheinend und das Leuchten immer stärker. Ein Lichtblitz erhellte den Raum. Geblendet schloss Ralf die Augen.

Als er sie wieder öffnete, war der Bibliothekar verschwunden. Das Buch lag aufgeschlagen auf dem Boden. Ralf sah sich um. Er konnte Herrn Huber nirgends entdecken. Vergeblich suchte er die Bibliothek nach ihm ab, verlor sich im Irrgarten aus Büchern, in dem seine zornigen Rufe widerhallten, wie um ihn zu verhöhnen. Er warf Bücher aus den Regalen und hoffte, dass das Geräusch den Bibliothekar aus seinem Versteck treiben würde. Vergeblich! Er packte eines von ihnen und begann mit boshafter Genugtuung eine Seite nach der anderen herauszureißen, in der Hoffnung, dass Herr Huber die Misshandlung eines seiner Lieblinge nicht ertragen würde. Nichts! In der Stille der Bibliothek war nur das Ratschen des zerreißenden Papiers und das leise Summen der Neonröhren zu hören. Schließlich kehrte Ralf zu den Reiseberichten zurück. Wut brodelte in ihm, suchte nach einem Ziel, auf das sie sich richten konnte. Er hob das ›Tor nach Shangri La‹ auf und blätterte darin. Seine ungeduldigen Hände knickten die Seiten. Hastig flogen seine Augen über den Text.

›... die erhabenen Gipfel des Himalaya umgeben das grüne Tal des mythischen Shangri La. Ewiger Frühling herrscht in seinen der Welt entrückten Gefilden. Hierher kommt der Tod nur um zu ruhen und nicht, um seiner Arbeit nachzugehen ...‹

Himalaya also. Dahin waren die beiden verschwunden. Glaubten, dort vor ihm sicher zu sein. Nun, sie würden sich täuschen.

»Was machen Sie hier?«

Zwei uniformierte Polizisten standen mit gezogenen Waffen im Gang.

»Ich suche nach einem Buch. Was soll ich sonst wohl in einer Bibliothek machen?«

»Wo ist der Bibliothekar? Die Putzfrau berichtete, Sie hätten Streit mit ihm.«

Fieberhaft suchte Ralf nach einer plausiblen Antwort.»Der ist abgehauen.«

»Wohin?«

»Woher soll ich das wissen?« Ralfs Stimme wurde zunehmend aggressiver.

»Kommen Sie bitte nach vorne und halten Sie die Hände so, dass wir sie sehen können.«

»Scheiße, Sie können mir nichts anhängen. Es gibt keine Leichen.«

Als ihm klar wurde, wie sich das anhörte, feuerte er das Buch wütend auf den Boden. Es begann sich zu wellen und zu kräuseln. Kleine Rauchfahnen stiegen auf. Blaugrüne Flammen krochen über die Seiten. Innerhalb von Sekunden waren von dem Buch nur noch ein paar graue Ascheflocken übrig.

Ralf erstarrte. Mit dem Buch hatte sich auch der letzte Beweis in Luft aufgelöst. Er war verloren, sein Leben war vorbei. Selbst wenn sich der Richter gnädig zeigte und ihm das Gefängnis erspart blieb, würde der Verdacht Irene und ihren Bibliothekar umgebracht zu haben, an ihm kleben bleiben wie zäher Leim. Ralf war, als würde sich der Raum verdüstern. Die Dunkelheit des frühen Abends starrte drohend durch die hohen Fenster zu ihm herein. Das weiße Licht der Neonleuchten wirkte kalt und abweisend und die auf dem Boden verstreuten Bücher waren eine einzige Anklage.

Ein schweres Gewicht legte sich auf seine Schultern. Ralf fühlte sich, als würde alles Glück aus ihm herausgesogen werden und ein großes, kaltes Loch in seinem Bauch zurücklassen. Er regte sich nicht, als die

Polizisten an ihn herantraten und sich Handschellen klickend um seine Gelenke legten.

Staub der Ewigkeit

Rainer Baumgärtel

Conrad starrte auf seinen Tischkalender. Während er dort in schwarz die im Sozialamt üblichen Termine eintrug, strich er in rot die Tage aus. Noch 154. Ob er sich auf die Pensionierung freute, wusste er nicht so recht. Zumal er seine Arbeit mit den hoffnungslosen Fällen seiner gesichtslosen Stadt, die sich indes sehr viel auf ihr Alter einbildet, immer noch gewissenhaft, wenn auch mit resignierender Ergebenheit in die Vergeblichkeit seiner Mühen, erledigte.

Wer den Beamten im höheren Dienst Conrad P. Lohmeister näher kannte, wusste indes, dass sein etwas schwaches Herz vor allem, nein, beinahe ausschließlich für alte Bücher schlug. In sie steckte er unentwegt seine Nase, seine Freizeit und den Großteil seiner durchaus angemessenen Bezüge. Zumindest, wenn man mal die Dauer seiner Tätigkeit hier als Maßstab nimmt.

Als ihn die geschiedene, aus Polen stammende Putzfrau Zuzanna Manitz kennenlernte, ging er schon leicht gebeugt. Er war ihr im weitläufigen Flur vor seiner Amtsstube begegnet, just als ihm zum ersten Mal im Leben ein Bündel Akten heruntergefallen war und sie ihm beim Aufsammeln half. Sein altes Rückenleiden machte sich in letzter Zeit wiederholt nachdrücklich bemerkbar, und er war ihr sehr dankbar für die Hilfe. Ihre persönlichen Daten und natürlich auch ihren Namen sollte er erst später erfahren. Er hatte sie hier bisher noch nie bemerkt.

Einige Tage später sah er sie wieder in diesem Haus, das irgendwie immer nach Kaffee roch und den vermutlich giftigen Dünsten von Laserdruckern und Kopierern. Man bekam regelmäßig Kopfschmerzen davon. So wie er gerade. Außerdem sehnte er sich mehr nach dem alten und soliden Geruch seiner Erstausgaben und Raubdrucke, für die er eine besondere Schwäche besaß. Herr Lohmeister war auf dem Weg zurück von der Toilette in sein Büro, als Zuzanna ihn grüßte. Er antwortete etwas verwirrt. Vermutlich war also diese bedauernswerte braunäugige Bekannte auch nur so ein Fall hier, und er sortierte sie schon einmal in seine gedankliche Sisyphos-Schublade. Weil ihm aber ihr ungewöhnlich gepflegtes Äußeres angenehm in Erinnerung geblieben war, grüßte er lächelnd zurück und brauchte länger als sonst, sein Zimmer aufzuschließen.

An diesem Abend schlug Conrad wie immer einen seiner dicken Folianten auf, die zum Teil sogar noch von seinem Vater stammten, der ebenfalls ein Leben lang Bücher gesammelt hatte wie andere Briefmarken oder Münzen, konnte sich aber nicht recht konzentrieren. Obwohl doch schon allein das Alter des Buches einen normalen Bücherfreund sicherlich mit Ehrfurcht erfüllt hätte. Dessen ungeachtet konkurrierte das Erscheinungsjahr in diesem Falle auch noch mit einer nahezu perfekten Typografie. Trotz alledem! – das hätte Herr Freiligrath in diesem Falle genauso dichten können. Ganz oben bei den Werkausgaben stand natürlich auch das Œuvre dieses Revoluzzers. Die Gedanken des alten Büchersammlers schweiften ab.

Da sich Conrad aber schon als schüchterner Sextaner sicher gewesen war, dass die alten in Leder oder Pergament gebundenen Bände, die das Wissen oder sogar die Gefühle ihrer Zeit aufbewahrten, eine Art Eigenleben führten und zweifellos enttäuscht waren, wenn man sie nicht gebührend beachtete, bekam er ob seiner momentanen Unaufmerksamkeit sofort ein schlechtes Gewissen. Denn wenn man sich ganz leise verhielt und Fenster und Türen fest verschlossen waren, konnte man die Bücher tuscheln hören. Es war nur ein gedämpftes Knistern und Knacken, aber wer verstand schon die geheime Sprache von Druckerschwärze und vergilbtem Papier? Besonders, wenn sie so dicht aneinandergepresst im Regal standen? Diese, der reinen Willkür des Sammlers unterworfene Intimität, musste doch Folgen haben! Müssten sich nicht Seiten krümmen, wenn ein Ignorant die gesammelten Werke Tycho Brahes neben ein Fantasieprodukt wie die Edda stellen würde? Oder könnte es nicht gar sympathetische Wellen geben, wenn Isaac Newtons Principia neben einem Werk über Albert Einsteins allgemeine Relativitätstheorie zu stehen käme? Unsinn! – das würde dem rationalen Denken beider Genies ja geradezu hohnsprechen. Trotzdem: Conrads Kinderglaube war irgendwie größer als alle Vernunft, die ihn sein ganzes Leben lang geduldig auf den empirischen Pfad der Wissenschaft hatte lenken wollen.

Sein alter Physiklehrer, Dr. Freimüller, würde sich im Grabe herumdrehen, wenn er davon wüsste.

Andererseits, war nicht gerade in der Politik immer wieder zu beobachten, wie studierte oder gar promovierte Menschen, die man womöglich sogar selbst gewählt hatte, aus reiner Machtgier irrationale oder für das Gemeinwohl schädliche Entscheidungen trafen? Von privaten Eskapaden einzelner Volksvertreter ganz zu schweigen. Er war Beamter und hielt sich mit lauten Äußerungen diesbezüglich loyal zurück, aber er machte sich natürlich seine Gedanken. Vielleicht waren ja die Welt und der Mensch darin doch nicht so klar strukturiert, wie es wissenschaftliche Vernunft dem verunsicherten Volk schon seit der Aufklärung bei jeder Gelegenheit weismachen wollte?

Im Moment wanderten seine Gedanken jedenfalls zu jener nicht mehr ganz jungen Dame, die ihn heute überraschend gegrüßt hatte. Da seine letzte weibliche Bekanntschaft schon über zwei Jahrzehnte zurücklag, wunderte ihn das nicht. Verwunderlich war nur, dass dieses Wesen stärker war als seine bibliophilen Gelüste und die Zahl seiner Lebensjahre zusammen. Umsonst rief er sich jetzt in Erinnerung, in welch einem emotionalen und im Ergebnis sogar finanziellen Fiasko seine letzte Romanze geendet hatte. Es wurde Zeit, sich selbst zur Ordnung zu rufen! Denn Bücher können sich gedulden bis ihre Zeit kommt, Frauen eher nicht.

Er ging nachdenklich in die Küche, um sich einen Orangensaft zu holen. Als er zurückkam, war sein Buch zugeschlagen. Er hätte schwören können, dass es geöffnet auf dem Tisch gelegen hatte, als er aufstanden war. Er schaute sich ratlos um: Ringsherum bis an die Decke zeigten ihm Bücher ihren mehr oder weniger schönen Rücken. Womöglich war es mit der Geduld von Papier doch nicht so weit her, wie immer behauptet wurde?

Im Bett konnte er lange keinen Schlaf finden. Als er endlich gegen Morgen doch einnickte, träumte ihm, dass er mit der schönen Unbekannten zusammen einen riesigen Berg Bücher vom Fußboden auflesen musste, die da wie ausgekippt herumlagen. Als er den bekannten dunkelgrünen Ledereinband der Erstausgabe von Darwins On the Origin of Species mit angeschlagenen Ecken und Eselsohren in den Händen hielt, krampfte sich ihm das Herz zusammen und er erwachte.

Unausgeruht saß er eineinhalb Stunden später wieder in seinem Büro und brütete über Dokumenten, die von ihm, trotz kniffliger Sachlage, eine Entscheidung verlangten. Außerdem wollte ihm der ungewöhnlich plastische Traum nicht aus dem Kopf. Er beschloss, sich demnächst einmal ganz behutsam bei der leutseligen Kollegin vom Büro gegenüber, die ihre Augen und Ohren überall hatte, nach der adretten Dame seines Albtraums umzuhören. Vielleicht konnte er ja sogar, sofern ihm ein triftiger Grund einfiel, ihre Akte auf seinen Tisch bekommen? Eine auf Stütze vom Staat Angewiesene und er – das war zwar einfach jenseits aller Vorstellungskraft. Aber na ja, im Augenblick hatte sie ja nur sein reges Interesse geweckt.

Am Freitagabend ging er zu Bett, ohne auch nur einen Blick in seine Bibliothek geworfen zu haben. Er war ziemlich müde, meinte aber kurz vorm Einschlafen von nebenan zornige und sogar abfällige Stimmen zu hören. So schlief er außergewöhnlich lange in einen wolkenlosen Samstag hinein und erwachte mit einer beinahe schmerzhaften Erektion.

Wahrhaftig gelang es Conrad in der darauffolgenden Woche, die immer hilfsbereite Kollegin vor seinen privaten Karren zu spannen und am Ende auch noch die Akte von Zuzanna – Welch schöner Name! – in seine Zuständigkeit umzuleiten. Und obwohl ihm klar war, dass man seine Handlungsweise schon beinahe Amtsmissbrauch nennen konnte, rief er sie am nächsten Tag an und bot der völlig überraschten Frau mit dem reizenden Akzent einen Halbtagsjob in seinem Haushalt an. Sie zeigte Interesse.

»Wie Sie sehen, es ist nötig«, murmelte er, als er ihr schon wenige Stunden später seine Küche zeigte.

»Ja, nötig«, gab sie ihm Recht.

»Und dabei habe ich schon aufgeräumt«, meinte er hinzufügen zu müssen.

»Das sieht man«, sagte sie und strich sich das Haar aus dem Gesicht. Sie war laut Akte deutlich älter, als er sie zunächst geschätzt hatte, aber immer noch unglaublich reizend. Außerdem konnte er sich gar nicht satthören an ihrem leicht slawisch gefärbten Deutsch.

Trotzdem, immer schön sachlich bleiben, mahnte sein Hinterkopf, und sein Mund sagte: »Die schmutzige Wäsche stecke ich gewöhnlich in den Korb im Bad. Die Waschmaschine ist im Keller. Brauchen Sie die Bedienungsanleitung?«

»Aber nein!«, antwortete sie belustigt.

»Hier ist mein Schlafzimmer – hm. Sie können in der ganzen Wohnung schalten und walten wie Sie wollen, außer in der Bibliothek.«

»Was?«, fragte sie, »Sie haben eine richtige Bibliothek?«

»Eher ein großes Zimmer voller Bücher. Aber jedes Buch ist an seinem Platz und sollte dort bleiben.«

»Ich verstehe«, sagte sie, jede einzelne Silbe betonend.

»Da bin ich mir nicht so sicher«, sagte Conrad P. Lohmeister zweifelnd. »Ich meine damit nicht nur den Ort, sondern auch die Art, wie es zu behandeln ist. Nämlich mit Respekt. Manche der Bücher sind schon sehr alt, viele sehr kostbar und einige sogar heilig. So wie dieser Koran zum Beispiel.«

»Natürlich«, flüsterte sie beinahe, was ihn angenehm überraschte. Trotzdem legte er noch nach und tippte gegen die Vitrine, wo das heilige Buch der Moslems auf einem kunstvoll geschnitzten Faltlesepult lag:

»Ich habe ein paar weiße Handschuhe, die ich für dieses empfindliche sakrale Werk benutze. Ich werde auch Ihnen welche besorgen. Sie haben doch eher kleine Hände, nicht? – Gut. Außerdem bitte ich Sie, wenn Sie dort saubermachen, nichts auf das Buch zu legen, die Schrift nicht zu berühren und wenn Sie menstruieren – Entschuldigen Sie, aber so sind die Regeln! – sich besser von dem Schrein fernzuhalten.«

»Also«, entgegnete Zuzanna jetzt mit blitzenden Augen, »ich ... ich bin immer noch katholisch! Was geht es mich an, was muslimische Frauen alles nicht dürfen? Soll ich vielleicht auch noch Kopftuch tragen oder Schleier?«

»Nein, nein – ich bitte Sie!«, sagte er. »Ihre Einwände habe ich erwartet, aber das ist nicht der Punkt, um den es hier geht. Es geht – ich sagte es ja bereits – einfach nur um Respekt. Respekt vor dem Geist und den Buchstaben aller hier versammelten Bücher. Und es geht natürlich auch um Traditionen, die es zu achten gilt. Sie verstehen, es zwingt Sie ja niemand, hier anzufangen.«

»Das stimmt, ich überlege es mir«, sagte sie versöhnlich.

»Ja, tun Sie das«, meinte der Bücherfreund erleichtert. »Übrigens, falls Sie sich dazu entschließen, passen Sie bitte hier mit der Leiter auf, sie ist etwas wacklig.«

Schon drei Tage später begann Zuzanna Manitz, geborene Zenowicz, den nachlässig geführten Haushalt eines verbeamteten Büchernarren auf Vordermann zu bringen. Natürlich ganz offiziell mit Steuerkarte und neuen blütenweißen Stoffhandschuhen.

Conrad P. Lohmeister ging ihr aus dem Weg, bewunderte jedoch heimlich die gute Figur, die sie selbst bei dieser Arbeit machte. Es stimmte also wohl, dass der Polin Reiz unerreicht ist. Außerdem sah die Wohnung schon nach kurzer Zeit wie ein Schmuckkästchen aus. Sogar seine Zimmerpflanzen erholten sich wieder unter ihren fürsorglichen Händen. Allein in der Bibliothek beschränkte sie sich auf das Allernötigste, weil sie meinte, da sei es ihr irgendwie nicht geheuer, und sie spüre förmlich eine Art Feindseligkeit ringsum.

»Ja«, mutmaßte ihr neuer Arbeitgeber, »womöglich beachten Sie die Bücher zu wenig? Sie können gern auch hier nach Feierabend den einen oder anderen Band lesen. Nur ausleihen kann ich sie Ihnen nicht. Dafür haben die meisten der hier gesammelten Exemplare einfach einen zu großen Seltenheitswert.«

»Ach, lassen Sie mal«, sagte Zuzanna schulterzuckend. »So gut ist weder mein Englisch noch mein Deutsch, um mich freiwillig in Ihre dicken Wälzer zu vertiefen. Und Latein erst – o Gott! Aber ich bin erstaunt, dass gerade Sie mir offensichtlich diese verrückten Gefühle glauben.«

»Nun, es ist wirklich wider alle Vernunft, aber vielleicht, weil ich selber schon manchmal etwas in dieser Art empfunden habe.«

Sie rief etwas halblaut, was er aber nicht verstand.

»Wie bitte?«

»Ach, nichts! Entschuldigen Sie, das war Polnisch und heißt so viel wie irre.«

»Ja, das passt wohl«, sagte Lohmeister nickend.

Dass er später beim Zubettgehen eine Trüffelpraline auf seinem Kopfkissen fand, rührte ihn wirklich, obwohl er so etwas schon im Hotel erlebt hatte. Möglicherweise war sie ihm dankbar für sein Eingeständnis, etwas Ähnliches zu fühlen wie sie? Er beschloss, sie anlässlich ihres Geburtstages im Oktober zum Essen einzuladen.

Dass sie sich zunächst zierte, sprach für ihre guten Manieren, dass sie dann annahm, für ihre Diplomatie: Man sollte seinen Chef zumindest nicht grundlos verärgern.

Dafür gab es aber keine Ursache, denn die beiden kamen sich schon beim Essen näher, als Conrad je zu hoffen gewagt hätte. Bald darauf bekam sie einen Schlüssel zu seiner Wohnung und wenig später die Hoheit über das Haushaltsgeld übereignet. Kurz, sie war nun nicht mehr nur seine Angestellte mit dem Staubwedel, sondern auch seine Bettgenossin. Und zwar mit einer Begabung dafür, die ihm schon beinahe etwas Angst machte in seinem Alter.

»Weißt du, Zuzanna, wir haben ein Problem«, sagte er eines Morgens im Bad.

»Aha?«, sagte sie, während sie sich das Haar hochsteckte.

»Ja, ich glaube, es ziemt sich nicht auf die Dauer, mit seiner Haushaltshilfe zu schlafen. Würdest du mich heiraten?«

Zuzanna stieß eine Art Schrei aus, ließ die Haarklemme fallen und umarmte ihn, dass er kaum noch Luft bekam. Die Sache war abgemacht und nur noch eine Frage der Zeit, die die Mühlen der Behörden dafür brauchten.

Zweiundsiebzig Stunden vor dem glücklichen Tag hatte sie bereits alles gemanagt: Die Trauzeugen waren organisiert, die wenigen Freunde und Verwandten eingeladen, und das wirklich schöne, aber schlichte beigefarbene Kleid hing in der Folientüte auf dem Bügel. Zu Mittag essen würden sie in einem nahen Gasthof, den Nachmittag und Abend aber daheim verbringen, zumal die Gästezahl überschaubar war. Ein Partyservice sollte sich um Speisen und Getränke kümmern.

Natürlich war da vorher noch einiges auf Hochglanz zu bringen, damit man sich nicht vor den Gästen schämen musste. Insbesondere eine von Conrads Cousinen war diesbezüglich für ihre spitze und wenig diskrete Zunge bekannt. Aber auch Zuzannas Schwester aus einer tristen Kleinstadt bei Łódź und ihr erwachsener Sohn aus Warschau sollten keinen schlechten Eindruck mit nach Hause nehmen. Deshalb wurden auch hinterste Ritzen und Ecken der großzügigen Etagenwohnung gereinigt. Ob Fliesen, Möbel, Fensterrahmen oder Parkett: Es glänzte bald alles wieder wie neu. Und obwohl es Zuzanna widerstrebte – auch die Bibliothek musste vorzeigbar sein. Sie wienerte und wischte also was das Zeug hielt und machte selbst vor den oberen Etagen der Regale nicht halt, wo angeblich noch der Staub der Ewigkeit in dicken Flocken lag. Ihr Bräutigam schüttelte den Kopf ob ihres ungebremsten Eifers und bat sie inständig, sich doch nicht kaputtzuarbeiten vor der Hochzeit. Und sie solle doch bitte auch mal an die Hochzeitsnacht denken. Eine Braut im Tiefschlaf der totalen Erschöpfung wäre keine gute Idee. Dann fuhr er zum Dienst.

Als er am Abend zurückkehrte, war es nicht wie sonst. Niemand antwortete auf seinen Gruß, und Zuzanna war nirgends zu finden. Wie er aber voll schlimmer Vorahnungen die Tür zur Bibliothek aufriss, brachte er nur ein heiseres »Nein!« heraus.

Zuzanna lag mit verdrehten Gliedern unter der Leiter und einem großen Haufen Bücher begraben und rührte sich nicht. Auch nicht, als er sie endlich von der Last befreit hatte und mehrmals rief. Sie sah übel zugerichtet aus im Gesicht und blutete am Hinterkopf. Während er zum Auto rannte, um den Verbandskasten zu holen, wählte er von seinem Mobiltelefon aus den Notruf.

Mehr als drei Wochen später wachte Zuzanna aus dem Koma auf und lächelte ihn traurig an.

»Mach dir keine Sorgen«, sagte Conrad, »Das wird schon wieder! Du wirst vielleicht nicht mehr ganz so gut zu Fuß sein wie vorher, aber die Ärzte sind optimistisch, dass du in einigen Monaten wieder laufen kannst. Hast du große Schmerzen?«

Sie versuchte leicht den Kopf zu schütteln und schloss die Augen. Er ging nach einer guten Viertelstunde.

Als sie wieder reden konnte, sich aber merkwürdig einsilbig gab und bisher allen Fragen zum Unfallhergang ausgewichen war, versuchte er sie etwas aufzuheitern und sagte: »Hör zu, liebe Zuzanna, aufgeschoben ist nicht aufgehoben. Ich denke, wir sollten uns einen neuen Termin beim Standesamt besorgen, oder?«

»Nein, Conrad, nein!«

»Nein? Aber warum nicht? Liebst du mich nicht mehr?«

»Doch, doch! Aber ich ... ich kann nicht mehr zu dir zurück.«

»Warum denn, um Gottes willen?« Conrads Stimme wurde flehentlich. »Hab ich dir vielleicht etwas getan, was du mir nicht verzeihen könntest?«

»Nein, nein!« Zuzanna fasste seine Hand. »Du nicht, aber ... aber deine Bücher.«

»Meine Bücher?«, fragte Conrad ungläubig.

»Ja, ich ... sie haben absichtlich versucht, mich zu erschlagen.«

»Unsinn!«, sagte Conrad heftig. »Die Leiter! Ich hab dich doch gewarnt, dass die Leiter etwas wacklig ist. Sie wird auf dem glatten Parkett gerutscht sein. Oder sie hat gewackelt und du hast dich an dem oberen Regal festhalten wollen, das dann herunterkam.«

»Nein, so war es nicht! Weder hat die Leiter gewackelt, noch ist sie irgendwie gerutscht. Ich hatte noch nicht einmal angefangen zu putzen, da sah ich, wie die ganze oberste Reihe plötzlich vorgerückt kam. Einfach so, als hätte sie jemand von hinten geschoben. Und dann sind sie auf mich gefallen. Ich konnte mich nicht mehr halten.«

»Ja«, bestätigte Conrad. »Quasi das gesamte obere Regal ist auf dich gestürzt.«

»Genau«, sagte Zuzanna. »Und weißt du, ich hab es ringsum noch lachen hören, als ich fiel.«

»Aber das ... das ist komplett verrückt und widerspricht allen Naturgesetzen! Die überstellen dich glatt zum Neurologen, wenn du das hier laut äußerst. Bücher haben keine Gefühle und können erst recht nicht lachen.«

»Halt, Conrad! Du hast mir selbst gesagt, dass du es manchmal auch spürst. Ich meine, dass du schon manches Mal auch das deutliche Gefühl hattest, die Bücher nähmen dir etwas übel.«

»Ja, das hab ich wohl gesagt. Und obgleich es sogar den Tatsachen entspricht, passt es einfach weder in unsere Zeit, noch in mein Weltbild. Bücher sind Dinge und keine Lebewesen, basta!«

»Irrtum, mein Lieber, das ist eine Glaubensfrage. Denn wie kannst du meinen Worten und Gefühlen trauen, wenn du nicht mal deinen eigenen traust? Und wie konntest du mir da etwas vormachen? Ich erinnere nur an das Theater um den arabischen Wälzer.«

»Okay«, sagte der Büchernarr Conrad P. Lohmeister leise. »Ich habe verstanden. Wenn es dich beruhigt, verkaufe ich die komplette Bibliothek. Davon können wir vermutlich sogar eine Weltreise machen.«

»Nach Hawaii, was? Oder auch Kapstadt?«

»Zum Beispiel«, sagte Conrad gedehnt.

»Nein, vergiss es! Wie kannst du nur so etwas in Erwägung ziehen? Diese Bücher sind dir doch genauso lieb wie Kinder. Selbst wenn Kinder Dummheiten machen oder Unheil stiften, bleiben sie immer noch deine Kinder. Man kann seinem Chef wenigstens einmal im Leben die Wahrheit sagen, einen falschen Geliebten zum Teufel jagen, eine Traumhochzeit abblasen oder sich von einem langweiligen Ehepartner scheiden lassen – alles kein Problem. Aber seine Kinder verstoßen, das macht kein anständiger Mensch! Ich würde dich verachten, wenn du es tust. Deine Kinder hassen mich, das stimmt. Allerdings nur aus Eifersucht.«

Conrad starrte aus dem Fenster. Draußen stürmte es. Eine Böe trieb gerade ein kleines Vogelnest durch die menschenleere Allee. Schließlich wischte er sich verstohlen etwas Nasses von der Wange und fragte hilflos:

»Und was soll ich deiner Meinung nach jetzt tun?«

»Gute Frage.« Zuzanna nickte und schaute ihn, der nun den Blick gesenkt hielt, lange und nachdenklich an:

»Ich würde vorschlagen, du gehst erst mal nach Hause und kümmerst dich um sie. Ich meine, um deine Bücher. Und wenn es dir, nein, sagen wir lieber, euch etwas besser geht, kommst du mich hier einfach wieder besuchen. Ich lauf dir ja nicht weg – und werd' es auch in absehbarer Zeit nicht können, wie es aussieht.«

Conrad P. Lohmeister erhob sich viel, viel langsamer, als es sein Alter von ihm verlangte und zog sich die Jacke an. Der Reißverschluss klemmte.

»Wirst du kommen?«, fragte Zuzanna und suchte seine Hand zum Abschied.

»Ich denke schon, wenn ich willkommen bin.«

»Natürlich, Conrad! – immer.«

Maledictus

Isa Theobald

»Ich weiß, dass Sie kein Mensch sind!«

Der Blick, den der alte Mann ihm zuwarf, war einzig mit dem einer Gorgo zu vergleichen. Aber dieser letzte, zugegebenermaßen eher unfreundliche Vorstoß war James' letzte Chance, ohne körperliche Auseinandersetzung in das Haus zu kommen. Und auch wenn der Alte gebrechlich und schwach wirkte, war sich James nicht sicher, ob er ihn überwältigen könnte.

»Kein Mensch?«

Die Stimme des alten Mannes, die ganze Zeit über krächzend und unmelodisch geklungen hatte, weckte nun Bilder von Fingernägeln auf einer Schiefertafel. »Sie kommen an meine Tür, wollen in mein Haus, zu meinen Büchern – und alles, was Ihnen einfällt, sind rassistische Beleidigungen?«

James stutzte. So unangenehm ihm die Stimme des Greises auch war, was in ihr mitschwang war weder Wut noch Empörung. Viel mehr schien es, als hätte er den Alten amüsiert. Zeit für ungewöhnliche Methoden!

»Ihre sexuelle Ausrichtung ist mir nicht bekannt, daher konnte ich dort nicht ansetzen.« James hielt den Atem an – und tatsächlich, die schwere Eichentür schwang nach hinten auf, ihr Quietschen übertönt vom meckernden Lachen des alten Herrn. Schnell, bevor er seine Meinung ändern konnte, sprang James in den dunklen Flur. Hinter ihm fiel die Tür zurück ins Schloss.

Die Bibliothek des Seniors entsprach ganz und gar nicht James Erwartungen eines Raumes voller geordneter Regale. Vielmehr schien das ganze Haus von Büchern überrannt worden zu sein, so dass noch die kleinste Ecke neben der Heizung einen ganzen Stapel beherbergte. James folgte seinem Gastgeber im Slalom zwischen mannshohen Türmen hindurch, erbaut aus in Leder geschlagenen Antiquitäten, gespickt mit Taschenbuchausgaben moderner Belletristik. Es schien, als gäbe es keinerlei System – und als hätte der Mann, der laut James' Informationen über die umfassendste okkulte Bibliothek in ganz Europa verfügen sollte, eine Vorliebe für Ildikó-von-Kürthy-Romane. Mindestens ebenso surreal erschien es, dass es in diesem Haus voller Bücher weder nach Staub noch nach Leder roch. Von den Bücherbauten schien ein Duft nach Orangen auszugehen. Ausgerechnet Orangen, der Duft der einzigen Magie, die den Menschen nicht zu Gebote stand.

Sie erreichten ein kleines Wohnzimmer, vor dessen prasselndem Kamin zwei Ohrensessel standen. Zwischen dieser kleinen Insel der Behaglichkeit und der Tür lag ein schmaler Gang, gesäumt von – Büchern.

»Ihre Versuche, in meine Bibliothek vorzudringen, gehen mir schon seit Wochen auf die Nerven. Warum genau haben Sie so lange um den heißen Brei herumgeredet, junger Mann? Was sollte das Geschwätz über Erstausgaben und Sammlungen?« Der Alte sank entspannt in seinen Ohrensessel und betrachtete James neugierig. Seine Stimme klang nun tief und angenehm, keine Spur mehr von Nägeln auf Schiefer.

»Ich war mir nicht sicher, ob Sie mir nicht einfach das Fell über die Ohren ziehen würden, wenn ich sie mit meinem Wissen konfrontiere.« James grinste breit, als sein Gegenüber kicherte.

»Eine berechtigte Furcht. Was bringt Sie zu der Annahme, ich würde nun davon absehen?«

»Die Hoffnung, dass Sie mich zumindest zuerst anhören. Ich belästige Sie schließlich nicht zum Spaß.«

Wieder kicherte der Alte fröhlich in sich hinein und wies James mit einer Handbewegung an fortzufahren.

»Ich bin auf der Suche nach einem Mann, der schon seit Jahren Einsicht in die verschiedensten okkulten Bibliotheken gesucht hat. Einem Mann, der auf der Suche nach einer ganz bestimmten, hochgefährlichen Information ist – und ich denke, er vermutet die Antworten auf seine Fragen hier, in Ihren Büchern.«

»Und?«

»Und ich kann nicht zulassen, dass dieser Typ findet, was er sucht. Das muss um jeden Preis verhindert werden.«

»Was sucht er denn Ihrer Meinung nach?«

»Er sucht nach einem Weg, einen Engel zu töten.«

Des alten Mannes Augenbrauen zuckten nach oben: »Einen Engel will er töten? Warum?«

»Bei einigen anderen Bibliothekaren erzählte er eine krude Story von einem Engel, der dem Wahnsinn anheim gefallen wäre und aufgehalten werden müsse, bevor er noch mehr Unschuldige abschlachten könne. Ich glaube nicht, dass er das bei Ihnen auch versuchen würde.«

»Sie denken also, er weiß ... was ich bin?« Die nahezu unmerkliche Pause ließ James' Mundwinkel zucken.

»Ja, ich denke sogar, er weiß *wer* Sie sind.«

Der Alte schnaufte. »Woher sollte er das wissen?«

»Er sucht wohl nicht erst seit gestern nach einem Weg.« James machte keinen Versuch, den Zynismus in seiner Stimme zu verbergen. »Ich glaube, er weiß genau, nach wem er sucht. Ich bin mir nur nicht sicher, ob er auch weiß, wo er Sie suchen soll.«

Der alte Mann warf einen langen, nachdenklichen Blick auf James. Dann straffte er entschlossen seine Schultern und begann leise: »Er war schon hier.«

James' Kopf ruckte entsetzt nach oben. Sein Gastgeber nickte. »Folgen Sie mir, junger Mann.«

Vorsichtig suchten die beiden Männer sich einen Weg durch die Bücherberge. Sein Gastgeber führte James auf anscheinend selten begangenen Wegen durch den papierenen Dschungel, vorbei an wackeligen Stapeln und Tischen, die zwischen den Bücherbergen ober- und unterhalb der Tischplatte kaum zu entdecken waren. Im Vorbeigehen ließ James sich von dem Durcheinander faszinieren: auf einem vermutlich originalen handschriftlichen Skript des Faust fand sich der neue Stephen King, neben zwei Kishon-Taschenbüchern stand ein riesiger, in Leder gebundener Wälzer mit Intarsien aus Edelsteinen. Dies war er, der Albtraum jedes normalen Bibliothekars, doch der alte Herr schien sich an seinem Durcheinander nicht zu stören. Leise summend bewegte er sich behände durch das Stapellabyrinth und führte James zu einer hinter den Bücherbergen kaum sichtbaren Tür. Selbst auf der nach unten führenden Treppe ragten an den Seiten weitere instabile Bücherkonstruktionen auf. James überflog die Titel und sog jedes Mal Luft durch die Zähne, wenn er ein besonders seltenes Exemplar entdeckte: die *Monas Hieroglyphica*, eine zerfledderte Ausgabe der *White Stains*, eine Originalausgabe der Prophezeiungen der Celestine ebenso wie eine Abschrift des *Livre des figures hièroglypiques*. In seinem Kopf überschlugen sich die Zahlen: mit dem Gegenwert der hier achtlos abgelegten Werke könnte man problemlos bis ans Ende seiner Tage in Wohlstand leben.

Als hätte er James Gedanken gelesen, warf der alte Mann einen scharfen Blick über die Schulter: »Sputen Sie sich ein wenig, junger Mann, Sie sind ja langsamer als ich.«

Aus den Träumen über bibliophile Kostbarkeiten gerissen, stolperte James die letzten Stufen hinab und folgte dem Greis durch eine stabile Brandschutztür in einen gewölbeartigen Keller. Die Luft war kalt und feucht, wahrscheinlich war das der Grund dafür, dass sich hier unten keine Bücher fanden. James hielt einen Moment inne und blickte sich um: anscheinend war der Keller des Hauses in den darunter befindlichen Felsen geschlagen worden, was ihn wie eine große Höhle wirken ließ. Die unregelmäßig hohe Decke wurde in gleichmäßigen Abständen durch gemauerte Stelen gestützt, an denen auch die orange verglasten Lampen befestigt waren. Dass diese schwach flackerten und dadurch ihr Licht an Fackeln erinnerte, ließ die ganze Szenerie noch unheimlicher wirken. Fast rechnete James damit, gleich Doktor Frankensteins irres Lachen zu hören, doch es war nur die Stimme des seltsamen Bibliothekars, die ihn hieß, näher zu kommen.

Tatsächlich hatte der alte Mann den großen Raum schon gut zur Hälfte durchquert. Mit großen Schritten hastete James ihm hinterher, ohne sonderlich auf den Untergrund zu achten und stolperte daher mit Schwung über eine Unebenheit im Boden. Es gelang ihm noch, die Arme nach vorn zu reißen, bevor er der Länge nach aufschlug, sodass er sich nur Hände und Unterarme aufschürfte, sein Gesicht aber unversehrt blieb. Laut fluchend stemmte er sich auf, blieb einen Moment auf dem Hosenboden sitzen und versuchte ärgerlich, im flackernden Licht festzustellen, ob Schmutz in seinen blutenden Wunden steckte. Sein Gastgeber, angelockt von den hallenden Geräuschen seines Sturzes ebenso wie von seinen Flüchen, näherte sich eilig – und blieb dann wie angewurzelt stehen.

Peinlich berührt stellte James sein gotteslästerliches Fluchen ein und starrte hinauf zu dem im Schatten liegenden Gesicht des alten Mannes. Dessen Augen schienen von innen heraus zu glühen, seine Züge wirkten verzerrt. James brauchte einen Moment um zu realisieren, dass der Ausdruck darauf nicht von Schmerzen hervorgerufen wurde, sondern von nacktem Hunger. Sofort versteckte James seine blutenden Arme hinter seinem Rücken, doch dem Alten schien es immer schwerer zu fallen, seine Beherrschung zu bewahren. In Todesangst brüllte James: »Nein, du darfst nicht. DU DARFST NICHT! Ewige Verdammnis droht dem Engel, der einen Menschen tötet. Das gilt auch für dich!«

Von der angenehm tiefen Stimme des Bibliothekars war nicht mehr viel übrig, als er schnarrend antwortete »Ich bin kein Engel mehr. Ich verlor meine Flügel vor Äonen. Seit tausenden und tausenden von Jahren sah ich den Himmel nicht mehr. Ich bin kein Engel mehr ...« Seine Stimme wurde immer leiser, verlor sich in einem Seufzen, so dass James sich fast zu Tode erschreckte, als er plötzlich losbrüllte: »Kein Engel mehr! Keine Regeln mehr!«

James kroch noch ein Stück weiter zurück, bereit aufzuspringen und wegzurennen, auch wenn er sich keine Chance ausmalen konnte, schnell genug bei der Treppe zu sein. Der Bibliothekar schien immer größer zu werden, nichts war mehr zu sehen vom gekrümmten Rücken oder der schiefen Hüfte. Langsam kam er näher, Schritt für Schritt, und leckte sich dabei die Lippen. James spürte die Panik seine Wirbelsäule hinaufkriechen wie eine eisigkalte Spinne. Mit dem Mut der Verzweiflung sprang er auf und rannte wie von Sinnen los, fort, nur fort von dem schrecklichen alten Mann, dem die Gier nach seinem Blut ins Gesicht geschrieben stand. Anscheinend hatte er sich in der Richtung vertan, denn obschon er rannte, als sei der Teufel hinter ihm her, kam die Treppe nicht näher. Stattdessen spürte er plötzlich, wie sich etwas um seine Beine zusammenzog und er den Boden unter den Füßen verlor. Orientierungslos in der Luft kreiselnd, war das letzte, was er wahrnahm, ein heftiger Schmerz hinter dem rechten Ohr. Dann wurde es dunkel.

Als James wieder zu sich kam, lag er mit freiem Oberkörper auf kaltem Stein. Abgesehen von seinem Kopf konnte er sich nicht bewegen. Vorsichtig und mit stechenden Kopfschmerzen öffnete er die Augen und stellte verwundert fest, dass er sich inmitten einer riesigen Bibliothek befand. Es trug nicht zu seiner Beruhigung bei, dass er inmitten raumhoher, nur von zwei Fenstern durchbrochener Regale auf einer Art steinernem Altar lag, bewegungsunfähig und mit obskuren Symbolen bemalt.

»Gib dir keine Mühe, mein Freund. Diese Fesseln wirst nicht einmal du lösen können.« Der Bibliothekar hatte anscheinend seine Fassung wieder gefunden, der irrsinnige Ausdruck in seinen Augen war eisiger Kälte gewichen.

»Nicht einmal ich? Was soll das heißen, nicht einmal ich?«, stotterte James angsterfüllt.

»Spar dir dein Theater. Wir wissen, was du bist. Wir wissen, wer du bist. Und wir wissen, wie man dich bindet.«

»Was ich bin? Wer ich bin? Wie man mich bindet? Haben Sie vollkommen den Verstand verloren? Was denken Sie denn, wer ich sein sollte?« James Stimme wurde immer schriller, bis sie sich überschlug. »Sie sind ja vollkommen bekloppt! Binden Sie mich auf der Stelle los!«

»Schau dich doch an. Kein Seil, keine Fessel bindet deinen Körper. Wärst du, wer du zu sein vorgibst, wärst du ein Mensch, könntest du einfach aufstehen und davonspazieren. Dass du hier gebunden vor mir liegst beweist, dass du unmöglich James Delgardo sein kannst.«

»Magische Fesseln, ja? Wie tricky.« Alle Panik war aus James Stimme gewichen, er klang ruhig und besonnen.

»Magische Fesseln. Gesponnen aus menschlichem Zauber und der Kraft eines Engels. Dagegen kannst du nichts ausrichten, Luzifer!« Die tiefe, rauchige Stimme einer Frau kam näher. Langes, weizenblondes Haar fiel ihr ins Gesicht, in der Hand trug sie einen blutverschmierten Schraubenschlüssel.

»So habt ihr mich gebunden. In menschlicher Gestalt. Juchhu. Und nun? Kommt ihr nun mit einem Dolch, geschmiedet aus Unschuld, mein steinern Herz mir zu zersplittern? Welche der hanebüchenen Prophezeiungen wollt ihr erfüllen?« Spott und unterdrücktes Gelächter ließen seine Stimme beben.

Zornig fiel ihm der Engel ins Wort: »Arroganter Narr! Nicht dein Ende werden wir heute noch feiern!«

Die Frau riss entsetzt die Augen auf: »Schweig!«

Luzifer indes blickte die beiden nachdenklich an: »Nicht mein Ende? Das Buch, die magischen Fesseln, der alberne Altar ... ihr wollt einen Engel töten. Welchen Engel? Und warum?«

Der Alte schwieg verdrossen, die blonde Frau wandte den Kopf ab. Beide begannen geschäftig, rituelle Vorbereitungen zu treffen, während Luzifer ununterbrochen weiter sprach:

»Offensichtlich wollt ihr jemanden umbringen, von dem ihr annehmt, dass ich ihn schützen würde. Warum sonst solltet ihr mich zuerst aus dem Verkehr ziehen? Damit bleiben ja nun wirklich nicht viele Kandidaten übrig, die meisten meiner Geschwister würde ich ja mit Freuden mit eigenen Händen erdrosseln ... Also scheiden die selbstgerechten Arschgeigen gleich einmal aus, Michael, Raphael, Uriel ... Nein, keiner von denen.« Während seines Wortschwalls versuchte er, seine beiden Kontrahenten im Auge zu behalten. »Ihr seid beide ziemlich irre, sonst würdet ihr diesen Scheiß hier nicht abziehen. Vorbereitet habt ihr euch auch. Vielleicht wolltet ihr mich auch gar nicht lahm legen, sondern habt einfach nicht damit gerechnet, dass ich hier auflaufen könnte? Nein, dafür geht ihr mit der Situation zu gelassen um, ihr habt das geplant. Also wäre ich euch im Weg. Hm, für welchen Engel würde ich wohl in die Bresche springen? Gabriel vielleicht? Ist es das? Wollt ihr den Tod töten?«

Seine Spekulationen brachten ihm nichts als ein verächtliches Schnauben, also spann er den Faden weiter.

»Nicht Gabriel? Das ist gut, davon hätte ich euch auch abgeraten. Sie ist so unfassbar reizbar, wirklich niemand, mit dem man sich anlegen sollte.«

»Sie? Gabriel ist eine sie?« Die Frau blickte neugierig auf, doch sofort trat der Engel in ihr Blickfeld: »Sieh ihn nicht an. Sprich nicht mit ihm. Er ist der Prinz der Lügen, der Morgenstern, der einst der Erste unter den Engeln war. Kein Mensch kann ihm widerstehen.«

Luzifer lachte lauthals auf: »In eurer großen Bibliothek habt ihr mich gefesselt und unterworfen und noch immer fürchtet ihr mich. Mit allem Grund – fürchtet mich, fürchtet die Schatten, fürchtet die Stimmen in der Dunkelheit ...«

Bei seinen Worten begannen die Lampen zu flackern, die Schatten in dem großen Raum schienen sich zusammenzuballen, der Wind, der um die Fenster zu heulen begann, schien Stimmen mit sich zu bringen, die von Schmerz und Verlust sangen. Die Frau schrie panisch auf und rannte aus dem Raum, der Bibliothekar riss sich sichtlich zusammen.

»Glaubst du, du kannst uns mit Taschenspielertricks aufhalten? Glaubst du, ich würde mich nach all dieser Zeit noch vor Schatten fürchten?«

»Nun, du vielleicht nicht.« Luzifer grinste süffisant. »Deine kleine Gehilfin aber doch. Und wenn du das Blut eines Engels vergießen willst, dann brauchst du dein menschliches Spielzeug, nicht wahr? Weil es dir nämlich überhaupt nichts nützen wird, diesen Körper hier zu zerstören. Und deine kleine Süße wird den Teufel tun und bei Dunkelheit noch mal hier hereinkommen. Weil sie nämlich genau weiß, dass sie mir nichts entgegenzusetzen hat, noch nicht einmal dann, wenn ich gefesselt auf einem Scheißaltar liege. Und genauso wenig hast du mir etwas entgegenzusetzen, du dämlicher alter Sack, also hör auf, hier den dicken Mann zu markieren und sag mir, was du vorhast!« Luzifers Stimme war immer lauter geworden, bis er schlussendlich den immer mehr in sich zusammensackenden Engel anbrüllte. Dann fuhr er sotto voce fort: »Wer weiß, vielleicht helfe ich euch ja sogar. Mit den meisten der Gestalten da oben bin ich ja nicht wirklich grün. Und die Magie, die ihr hier wirken wollt, ist schon ziemlich heiß, das ist dir ja wohl klar. Da könntet ihr beiden schon Unterstützung gebrauchen. Ich meine, ich will dir ja nicht zu nahe treten, aber du bist schon eine ganze Weile hier unten unter Menschen, hast deine Fähigkeiten kaum genutzt die letzten paar tausend Jahre. Ein Fesselungszauber ist eine Sache, dazu hast du ja auch eine genaue Anleitung in deinem Buch, aber das Ritual, das einen Engel sterblich macht, das ist schon eine andere Liga, das weißt du doch? Also komm schon, lass uns drüber reden!«

Sanft und einlullend spann Luzifer einen Faden aus seiner Stimme, umwarb seinen Kerkermeister und blickte ihm dabei tief in die Augen. Natürlich hemmten die magischen Fesseln seine Fähigkeiten, doch seinen Charme konnten sie nicht einschließen.

»Also, mein Freund, verrate es mir: wen wollt Ihr killen?«

Der Engel holte tief Luft und verharrte einen Augenblick mit gesenktem Kopf. Dann richtete er sich auf, blickte Luzifer in die Augen und sagte ganz ruhig: »Gott.«

Luzifer verschlug es den Atem. Vollkommen entgeistert wartete er darauf, dass sein Gegenüber weitersprach.

»Er kümmert sich nicht mehr um die Menschen, gar nicht. Es ist ihm völlig gleichgültig, was auf Erden geschieht. Was an Verwaltung notwendig ist, überlässt er solchen Korinthenkackern wie Michael! Den wollten wir eigentlich umbringen, aber machen wir uns doch nichts vor, wenn wir Michael töten, dann steht doch direkt der nächste Speichellecker in der Reihe und nichts ändert sich. Aber wenn wir den Herrn selbst um die Ecke bringen, dann *muss* sich etwas ändern. Dann werden die Menschen endlich ihr Schicksal selbst in die Hand nehmen und die Welt wird ein besserer Ort!

Wenn sie auf sich selbst angewiesen sind, dann werden sie begreifen, dass sie zusammen- und nicht gegeneinander arbeiten müssen und dann ...«

Immer schwärmerischer und enthusiastischer wurde die Stimme des Engels, bis Luzifer ihm ins Wort fiel: »Aber wenn das Problem doch ist, dass der Herr sich nicht kümmert, wie kommst du darauf, dass alles besser wird, wenn er tot ist?«

Der alte Mann entgegnete empört: »Weil er und sein Gefolge der Entwicklung der Menschen nur im Wege stehen! Weil er verdammt noch mal an allem Schuld ist! Weil ...«

Luzifer hörte dem Sermon nicht weiter zu. Diese Art von Gejammer kannte er, da nahmen sich Engel, Dämonen und Menschen nicht viel – schuld war immer ein anderer. Er musste sich auf die Zunge beißen, um dem lamentierenden Engel nicht ein Zitat von Russell um die Ohren zu hauen: ›Das Problem mit der Welt ist, dass Narren und Fanatiker ihrer selbst immer so sicher sind, während weisere Leute voller Zweifel sind.‹ In der Tat, das brachte es hier auf den Punkt. Während der Engel weiter ausführte, warum Gott höchstselbst Schuld war an wirklich allem, was jemals auf der Erde schiefgelaufen war, grübelte Luzifer darüber nach, wie er die beiden Irren aufhalten könnte. Als der alte Mann in seinem Klagelied kurz pausierte, um Luft zu holen, fiel er ihm ins Wort: »Okay, ich verstehe. Das ist ja alles absolut einzusehen. Aber, mal im Ernst, wozu brauchst du dann mich? Du glaubst doch nicht im Ernst, dass ich mich heroisch dazwischenwerfen würde, wenn du den Alten plattmachst? Nach allem, was er *mir* angetan hat?«

Der Engel blinzelte verwirrt: »Nein, natürlich nicht. Darum ging es doch auch gar nicht. Aber das Ritual, das wir hier haben, ist ja eigentlich gedacht, um einen Engel sterblich zu machen, nicht Gott selbst. Also mussten wir daran arbeiten – was uns mit Hilfe einiger anderer Bücher auch gelang. Wir glauben, dass das Ritual modifizierbar ist. Also eigentlich glaubt Jeany das. Sie ist Physikerin, sehr talentiert. Hat das Ritual mit wissenschaftlichen Methoden überarbeitet und ist zu dem Schluss gekommen, dass es machbar ist, wenn wir ...«

»Wenn ihr was?« Luzifer blickte ihn misstrauisch an.

»Wir brauchen dein Blut.« Unbeachtet von den beiden Engeln war die Frau wieder in die Bibliothek getreten. »Nicht viel, nur ein paar Tropfen«, fügte sie schnell hinzu, als Luzifer ihr einen bösen Blick zuwarf.

Luzifer ließ seinen Kopf zurück auf den kalten Stein sinken und schloss kurz die Augen. Die beiden waren vollkommen irre, aber der Plan könnte unter Umständen funktionieren. Das wiederum konnte er unmöglich zulassen. In seiner momentanen Verfassung, doppelt gehandicapt durch den menschlichen Körper und die magischen Fesseln, hatte er dem nicht viel entgegenzusetzen. Er schlug die Augen auf und fixierte die blonde Frau. »Dieses Ritual, wann wollt ihr das durchführen?«

»Na ja, eigentlich wollten wir schon fertig sein«, flüsterte sie verschämt. »Aber jetzt können wir eigentlich direkt anfangen.«

»Nein«, sagte Luzifer, »nein, das könnt ihr nicht. Weil ihr nämlich nicht bedacht habt, dass ihr so nicht an mein Blut heran kommt. Dazu müsstet ihr diesen menschlichen Körper töten. Bliebe ich aber darin, würdet ihr mich zumindest verletzen, also müsste ich ihn verlassen, bevor er stirbt. Dann kommt ihr aber wieder nicht an mein Blut heran.« Er sprach immer schneller, ließ seine Worte zu einer kleinen Kugel unter einem von drei Bechern werden. Nahm man die verwirrten Gesichter seiner Zuhörer als Beweis, so schien seine Taktik zu funktionieren. »Erstmal müsst ihr also eine Lösung für dieses Problem finden. Dann sehen wir weiter.« Entspannt legte er sich zurück und überließ die beiden ihren Büchern. Es würde Stunden dauern, bis sie die Zauber zusammen hatten.

Tatsächlich hatte er die Findigkeit der Frau unterschätzt. Kurz vor dem Morgengrauen hatte sie die notwendigen Formeln beisammen und begann mit den Vorbereitungen, doch das würde ihm völlig reichen. Während die Blonde uralte Beschwörungen intonierte und sich an der korrekten Aussprache lange verschwundener Sprachen versuchte, fielen die ersten Sonnenstrahlen durch die beiden Fenster der Bibliothek. Golden und schwer wie Honig überzog das Licht Luzifers geliehenen Körper und ließ die unsichtbaren Fesseln weiß glühend aufleuchten. Der Fürst der gefallenen Engel sog das Licht der Morgensonne in sich hinein und nutzte seine Macht, sämtliche Fesseln abzustreifen – die magischen Formeln ebenso wie den menschlichen Körper. Langsam, bedächtig, stieg er, der Morgenstern, in seiner wahren Gestalt von dem steinernen Altar, streckte genüsslich seine Flügel aus und genoss diesen Moment, gebadet im reinen Licht der Sonne. Die Frau schrie wie am Spieß, blieb aber wie gebannt an ihrem Platz. Luzifer packte sie mit einer Hand am Hals und zerrte sie zu dem irdischen Engel, der die Szene fassungslos mit offenem Mund betrachtete.

»Ihr werdet beide sterben. Das ist dir doch klar, oder?« Luzifers Stimme klang sanft.

»Das kannst du nicht! Das darfst du nicht! Die Strafe für das Töten eines Menschen ...«, brüllte der Engel, doch Luzifer fiel ihm ins Wort: »... ist die ewige Verdammnis. Genau.«

Bücher des Lebens

Karin Jacob

Das war fantastisch! Atemlos starrte Gregor in den Raum. Was er sah, überwältigte ihn. Bücherregale bedeckten jede Wand des Raumes. Es gab nicht ein einziges freies Fleckchen Mauerwerk. Gebundenes Papier erstreckte sich bis in die hintersten Winkel, wo es zu Knäueln schwarzen Schattens verschmolz. Vor Gregors Augen flimmerte es. Die Büchermasse schien zu wogen, zu beben. Zu leben. Gregor folgte den Regalen mit seinem Blick. Bis unter die Decke wanden sie sich spiralförmig nach oben. Es war kein Ende zu erkennen. Gregor legte den Kopf in den Nacken, bis ihn schwindelte und seine Augen vor Anstrengung tränten.

Nachdem er das erste Staunen überwunden hatte, trat er durch die Tür. Er tastete nach einem Lichtschalter, konnte jedoch zunächst keinen finden. Da er aber weit oben eine Lampe mit einem schauerlichen grünen Schirm von der Decke baumeln sah, musste es einen geben. Und richtig: Da war er, kunstvoll in eines der vielen Bücherregale integriert. Gregor fummelte in dem schmalen Spalt zwischen zwei Büchern, bis er ihn drücken konnte. Sumpfiges Licht flutete durch den Raum und erweckte die Schatten in den Ecken zum Leben.

Gregor machte einige weitere Schritte ins Zimmer und registrierte verblüfft, dass selbst die Rückseite der Tür mit Regalbrettern versehen war, die vor Büchern förmlich überquollen. Das war äußerst untypisch für eine private Sammlung. Dieser Raum war ein Paradies für jeden Bibliophilen. Gregor konnte sich einfach nicht sattsehen. Als professioneller Jäger seltener Bücher hatte er bereits tausende Bibliotheken besucht – öffentliche wie private. Darunter weitaus größere, besser bestückte. Doch diese fensterlose Kammer, denn mehr war es im Grunde genommen nicht, zog ihn völlig in ihren Bann. Auf den ersten Blick eher klein und unscheinbar wirkend, schien der Raum zu wachsen, wenn Gregor den Blick schweifen ließ. Die Winkel verschoben sich, das Zimmer dehnte sich aus, wurde breiter und höher. Die Menge an Büchern, die Gregor bereits jetzt entdeckt hatte, war in diesem kleinen Raum unmöglich unterzubringen.

Insgeheim beglückwünschte Gregor sich zu seinem Instinkt. Fast hätte er den merkwürdigen Anruf als Hirngespinst abgetan, hätte den alten Kauz nicht gebeten, sich seine Bücher ansehen zu dürfen. Doch seine Neugier hatte gesiegt, und nun war er hier. Er war gespannt, was er finden würde.

»Und, was sagen Sie?«, riss ihn die seltsam tonlose Stimme seines Gastgebers aus den Gedanken. »Hat man Ihnen zu viel versprochen?«

»Das kann ich noch nicht sagen«, entgegnete Gregor und versuchte, sich seine Begeisterung nicht allzu deutlich anmerken zu lassen. Das wäre später, wenn es ums Geschäftliche ging, nur hinderlich. Falls es dazu kam ... »Dazu muss ich mir erst in Ruhe Ihre Bücher ansehen.«

»Selbstverständlich. Ich denke, Sie finden alles Notwendige hier.« Gregors Gastgeber, ein verschrobener alter Sammler namens Samuel Bloch, wies auf den Sessel, der im Raum stand. Daneben kauerte ein kleiner Tisch mit einer Leselampe. Samuel trat neben Gregor in den Raum und fummelte mit zittrigen Fingern an einigen Büchern herum. Jedenfalls hatte Gregor sie für Bücher gehalten. Als er jedoch das leise Klicken eines Schlosses hörte, erkannte er seinen Irrtum. Die vermeintlichen Buchrücken schwangen auseinander und gaben den Blick frei auf eine wohlbestückte Bar. »Falls Sie Durst bekommen, bedienen Sie sich ruhig.«

»Erstaunlich!«, entfuhr es Gregor. »Diese Einrichtung ist wirklich bemerkenswert.«

»Vielen Dank. Nun, dann lasse ich Sie jetzt allein. Ich muss wohl nicht eigens erwähnen, dass Sie mit diesen Büchern äußerst sorgsam umgehen müssen. Und selbstverständlich ist hier Rauchen verboten.«

»Natürlich. Seien Sie unbesorgt.«

»Gut. Sie finden mich im Wohnzimmer, falls Sie etwas brauchen. Wir sind vorhin daran vorbeigegangen.« Samuel zeigte ein höflich-unterwürfiges Lächeln, verließ die Bibliothek und zog die Tür hinter sich ins Schloss.

Allein in dem Raum gab Gregor sein geschäftsmäßiges Gebaren auf. Mit bebenden Nasenlöchern sog er den Geruch in sich hinein. Leder, altes Papier, Druckerschwärze, Staub … Ein gieriges Leuchten trat in seine Augen, als er sich genauer umsah. Bücher, Bücher, Bücher. Alle, wie es schien, in Leder gebunden. Safrangelbe, karmesinrote, hellblaue, ockerfarbene, smaragdgrüne, laubbraune, meerblaue … Bände in allen möglichen Farben umgaben ihn!

Gregor trat an eines der Regale heran und ließ seine Finger über die Buchrücken gleiten. Er spürte die Struktur des Leders, die kleinen Erhebungen, die fast schmierige Glätte. Schließlich zog er wahllos einen Band heraus und schlug ihn auf. Der Duft nach altem Papier und Druckerschwärze wurde intensiver und kitzelte in seiner Nase. Mit geschlossenen Augen inhalierte Gregor den Geruch. Ein kleines Lächeln schlich um seine Mundwinkel.

Eine Weile stand er so da, das Buch in der Hand, und versank in der Wollust seiner Sinne. Dann öffnete er die Augen wieder und betrachtete das Werk eingehend. Das Papier war fein und von hoher Qualität, der Druck einwandfrei. Die gewählte Schrift war ungewöhnlich und etwas schwer zu lesen. Vielleicht war das aber auch nur eine Frage der Gewohnheit. Gregor schloss das Buch und untersuchte den Einband. Auch dieser war von hochwertiger Beschaffenheit. Das gelb gefärbte Leder wies keinerlei Brüche oder Risse auf, der Buchrücken wirkte jungfräulich, als sei das Buch nie geöffnet worden. Auffallend war, dass es nirgendwo eine Angabe zu Verfasser oder Inhalt gab. Gregor schlug den Band erneut auf und war erstaunt, das Deckblatt ebenfalls leer vorzufinden. Nirgends war ein Hinweis zu entdecken, was den Leser erwartete. Merkwürdig!

Er blätterte weiter und überflog den Anfang. Die Worte handelten von einer jungen Frau namens Ella, die gerade geheiratet hatte und sich in ihrem neuen Zuhause einrichtete. Gelangweilt schob Gregor das Buch zurück ins Regal. Er ließ den Blick gleiten und zog schließlich den vordersten Band der gelb gebundenen Reihe hervor. Dieser begann mit der Geburt Ellas. Ob die Farben der Einbände eine Art Zusammengehörigkeit der Bücher darstellten? Rasch überprüfte er seine Theorie, und tatsächlich: in jedem gelben Band war von Ella die Rede.

Gregor ging ein paar Schritte am Regal entlang und zog einige in lindgrünes Leder gebundene Bücher heraus. In diesen ging es um einen Mann, Robert. Stichproben in weiteren Farben überzeugten Gregor davon, dass es sich bei den gleichfarbigen Büchern um Sammlungen handelte, allem Anschein nach um Biografien.

Verwirrt runzelte Gregor die Stirn. Von »Büchern des Lebens« hatte der geheimnisvolle Anrufer gesprochen. Auf Gregors Nachfrage hin hatte er erläutert: »Bücher, die Leben nehmen und Leben geben«. Gregor verstand nicht, was das bedeuten sollte, doch dies hier waren einfach nur langweilige Lebensbilder aus längst vergangenen Zeiten.

Vielleicht hatte er lediglich die falschen Bücher erwischt? Er konnte kaum erwarten, dass alle Bände dieser Bibliothek außergewöhnlich waren.

Gregor überlegte. Jeden Band auch nur oberflächlich zu überfliegen würde Wochen dauern. Dazu hatte er keine Lust und keine Zeit. Er brauchte eine Strategie. Ein Schluck Portwein würde ihn sicher beim Denken unterstützen. Gregor trat an die perfekt in die Bücherwand integrierte Bar und bestaunte erneut diese Kunstfertigkeit. Dann schenkte er sich ein Glas Port ein und ließ sich in den Sessel fallen.

Sein Blick glitt erneut über die unzähligen Bücher. Ihm fiel auf, dass alle dasselbe Format hatten. Ungewöhnlich. Noch merkwürdiger war, dass die Bände nicht nur gleich hoch waren, sie waren auch alle gleich dick. Der einzige Unterschied war, dass es von den einzelnen Farben jeweils verschieden viele Bücher gab. Gregor konnte sich keinen Reim darauf machen. Er musste schrittweise vorgehen, wenn er heute überhaupt etwas erreichen wollte.

Er trank einen großen Schluck und versuchte sich zu konzentrieren. Es war seltsam. Normalerweise fiel es ihm nicht schwer, den eigentümlichen Flair, den alte Bibliotheken haben, auszublenden. Doch dieser Raum verführte ihn regelrecht dazu, es ruhig angehen zu lassen, zu stöbern, zu schmökern und in fremde Welten einzutauchen.

Gregor schüttelte sich. Er war entsetzt über sein unprofessionelles Verhalten. So ging das nicht! Also, was hatte er bis jetzt? Die Theorie, dass jede Farbe für die Vita einer anderen Person stand. Nur half ihm diese Erkenntnis nicht dabei, die guten, die besonderen Bücher ausfindig zu machen. Sicher, alle waren in gewisser Weise Bücher des Lebens, aber Gregor glaubte nicht, dass es das war, was sein Anrufer gemeint hatte ...

Erneut ließ er den Blick über die Regale schweifen und hoffte auf eine Eingebung. Blau, gelb, braun, rot, grün, violett. Aus bisherigen Erfahrungen wusste Gregor, dass magische Bücher häufig einen roten oder schwarzen Einband hatten. Also würde er zunächst diese genauer in Augenschein nehmen. Vielleicht entdeckte er darin endlich etwas Außergewöhnliches?

Als er alle rot- und schwarzledernen Bücher – er zählte sieben schwarze und insgesamt sechzehn in zwei verschiedenen Rottönen – herbeigeschafft und neben dem Lesetisch aufgestapelt hatte, versorgte Gregor sich mit einem weiteren Glas Portwein. Schnaufend ließ er sich wieder im Sessel nieder. Er schaltete die kleine Leselampe ein, und ein sanftes Licht warf einen hellen Kegel auf seinen Schoß.

Gregor beschloss, mit den hellroten Büchern zu beginnen. Er schlug den ersten Band auf, las zwei Seiten und blätterte dann rascher durch das Buch. Es handelte von einer Frau namens Julia, die nach einer zugegebenermaßen etwas merkwürdigen Geburt – der Vater war sozusagen im Kindbett gestorben, da die Mutter ihn erwürgt hatte – eine eher gewöhnliche und somit langweilige Kindheit verlebte. Auch die weiteren Bände boten wenig Interessantes. Gregor merkte, wie seine

Gedanken abdrifteten. Er wollte sich schon der nächsten Sammlung zuwenden, als seine Aufmerksamkeit für einige Seiten gefesselt wurde. Als die Protagonistin zur Frau reifte, stellte sich heraus, dass sie offenbar über eine besondere Fähigkeit verfügte, die in der Pubertät deutlich zu Tage trat. Anscheinend war Julia eine Art Medium. Es war ihr möglich, sich vollständig in auf Gemälden abgebildete Personen hineinzuversetzen und deren Gedanken in sich aufzunehmen. So war sie in der Lage, aus deren Leben zu erzählen. Einmal half sie einem verarmten Waisenkind, indem sie ihm sagen konnte, wo der Vater das Familienvermögen versteckt hatte. Gregor hoffte, genauere Information darüber zu erhalten, wie diese Begabung zustande kam, ob sie weitervererbt wurde, ob man sie erlernen konnte – irgendetwas, wofür ein Sammler Geld bezahlen würde. Doch seine Hoffnung lief ins Leere. Im Verlauf der Biografie wurde die Fähigkeit kaum mehr gewürdigt und Gregor konnte diesbezüglich keine weiteren Details ausfindig machen.

Was für eine Enttäuschung! Rasch blätterte Gregor die restlichen hellroten Bücher durch, fand jedoch wie erwartet nichts Wesentliches mehr. Beim letzten Band fiel ihm etwas Merkwürdiges auf: Nur etwa ein Drittel der Seiten waren bedruckt. Dann hörte der Bericht auf, die restlichen Seiten waren leer.

Das war eigenartig. Gregor war sicher, dass die Bücher aus einer Zeit stammten, in der Papier wesentlich wertvoller war als heute. Warum also sollte man es solcherart verschwenden?

Er zog den letzten Band der schwarzledernen Bücher aus dem Stapel und blätterte darin. Auch hier gab es etliche leere Seiten, wenn auch nicht so viele wie bei der hellroten Sammlung. Dasselbe Phänomen galt für die dunkelroten. Nun, das erklärte immerhin, wieso alle Bücher gleich dick waren. Dennoch konnte Gregor keinen Sinn in all diesen Besonderheiten der Bibliothek entdecken.

Er las die letzten bedruckten Seiten aller drei Sammlungen aufmerksam durch. Sie handelten davon, dass die Hauptfigur im Begriff stand, jemanden zu besuchen. Wen, wurde nicht erwähnt. Mit dem Verlassen des Hauses endeten die Geschichten. Wieder nichts, das Gregor weiterhalf. Stattdessen wuchs seine Verwirrung.

Nachdem er auch sämtliche Bücher mit schwarzem und dunkelrotem Einband quergelesen hatte, war Gregor noch immer keinen Schritt weiter. Wie schon die anderen Bücher enthielten auch diese Biografien, die mehr oder weniger interessant, jedoch keineswegs außergewöhnlich oder gar einzigartig waren.

Gregor knirschte mit den Zähnen. Hätte er nur nicht auf diesen Tipp gehört! Sein erster Impuls hatte ihm ohnehin dazu geraten, die Information einfach zu ignorieren. Aber seine verdammte Neugier war stärker gewesen. Jetzt hatte er nicht unerhebliche Fahrtkosten zum Fenster hinausgeworfen, ganz abgesehen von seiner wertvollen Zeit.

Apropos Zeit – wie lange hielt er sich eigentlich schon in diesem Raum auf? Gregor zog seine Uhr hervor, doch sie war stehen geblieben. Die Zeiger standen auf zehn Minuten nach elf. Gegen elf Uhr war er hier eingetroffen, daran erinnerte er sich noch. Gregor überlegte kurz. Sollte er den Besuch in Samuel Blochs Bibliothek einfach abschreiben und unverrichteter Dinge nach Hause zurückkehren oder einen letzten Versuch machen?

Er wollte noch immer nicht glauben, dass es an diesem Ort nichts Wertvolles zu finden gab. Außerdem verspürte er weder Hunger noch war sein Gastgeber erschienen, um ihn hinauszukomplimentieren. Also war er wohl noch nicht sehr lange hier. Sein Zeitgefühl pflegte völlig durcheinanderzugeraten, wenn er sich mit Büchern beschäftigte. Gregor beschloss, noch ein wenig zu bleiben.

Sorgsam räumte er die Bücher wieder auf. Dann stand er unschlüssig mitten im Raum und drehte sich langsam um die eigene Achse. Er hoffte, sein Instinkt würde ihm verraten, wie er weiter vorgehen sollte. Sein Verstand hatte jedenfalls versagt. Als er sich zum zweiten Mal um sich selbst drehte, blieb sein Blick plötzlich hängen. Direkt neben den gelben Bänden, die er zu Anfang untersucht hatte, standen einige Bücher in einer außergewöhnlichen Farbe. Sie schienen fast weiß, mit etwas Hellblau und Rosa durchsetzt. Wie die Farbe des Himmels sehr früh am Morgen, kurz vor Sonnenaufgang. Gregor liebte diesen Farbton. Wie hatte er diese Bücher nur übersehen können? Er hätte schwören können, dass sie zuvor nicht dagewesen waren!

Hastig trat er an das Regal und zog den ersten Band heraus. Das Buch fühlte sich warm an. In seiner Hand glaubte er ein sanftes Pochen zu spüren, wie einen Herzschlag. Der Einband schimmerte und verschwamm vor seinen Augen. Wie Morgennebel, der sich vom Boden erhebt und am Horizont flimmert, bis ihn die Strahlen der Sonne auflösen.

Gregor schlug das Buch auf und las die erste Seite. Es war die Geschichte eines Mannes mit demselben Namen wie dem seinen – Gregor. Er las von der Geburt seines Namensvetters, seiner frühesten Kindheit, und ein vages Gefühl von Vertrautheit stieg in ihm auf. Es war, als erinnerte er sich an etwas, das tief in seinem Unterbewusstsein vergraben war. Er erkannte seine Mutter in der Beschreibung, seinen Vater, begriff plötzlich, weshalb sie bestimmte Dinge getan hatten. Er fand sich selbst, mit seiner kindlichen Freude, seinem Zorn, seinem Unverständnis.

Er hatte den ersten Band bis zum Ende durchgelesen, als ihm bewusst wurde, dass er noch immer vor dem Regal stand. Sein Rücken beschwerte sich mit schmerzenden Stichen. Also trug Gregor die restlichen Bände zum Lesetisch und ließ sich seufzend im Sessel nieder. Sofort vertiefte er sich wieder in die Lektüre. Er konnte einfach nicht aufhören. Irgendetwas an dieser Biografie nahm Gregor gefangen. Es schien ihm, als sei es seine eigene, so sehr erkannte er sich selbst und sein Umfeld in den Beschreibungen. Und doch konnte er sich nicht vorstellen, weshalb jemand ein Buch über ihn hätte schreiben sollen. Oder wer. Es musste von jemand anderem handeln, der rein zufällig ein sehr ähnliches Leben gehabt hatte.

Und doch: So vieles kam ihm bekannt vor, wenn auch aus einer völlig anderen Perspektive als seiner eigenen. Manches hinterließ den Eindruck, als wären es Dinge, die er eigentlich wissen müsste. Oder gewusst haben müsste. Schließlich war der Gregor in den Büchern noch immer deutlich jünger als der lesende Gregor im Sessel.

Immer tiefer versank Gregor in seiner Lektüre, durchlebte erneut seine Kindheit, entflammte im Feuer seiner ersten Jugendliebe, durchlitt die Qualen des Erwachsenwerdens. Mit jeder Seite wuchs seine Erkenntnis über sich selbst.

Je mehr Gregor las, desto frappierender wurden die Ähnlichkeiten. Es gelang ihm nicht mehr, sich einzureden, dass diese Bücher eine andere Person als ihn selbst beschrieben. Wie war das möglich? Wie konnte jemand so viel über ihn wissen? Und vor allem – wie würde seine Geschichte enden?

Gregor nahm den nächsten Band vom Stapel – es war der vorletzte – und vertiefte sich wieder in den Text. Gierig sog er Zeile für Zeile in sich hinein und merkte nicht, wie er selbst mit jedem Wort, das er las, in das Buch gesogen wurde. Seine Gestalt verlor immer mehr an Substanz. Schon bald war sein Körper eingefallen, war immer dünner und grauer geworden. Hätte er einen Blick auf seine Finger geworfen, die die Seiten umblätterten, hätte er vielleicht etwas bemerkt. Er hätte vielleicht die richtigen Schlüsse gezogen, hätte vielleicht begriffen, was es mit den »Büchern, die Leben nahmen und Leben gaben«, auf sich hatte, und hätte – vielleicht – fliehen können.

Doch Gregor tat nichts dergleichen. Seine Augen waren auf die schwarzen Lettern geheftet, hatten sich daran festgesogen und sandten ihren Blick nur in die Welt, die die Buchstaben malten. Er schaute nicht auf seine Hände, und noch weniger zur Tür.

Die hatte sich lautlos geöffnet. Der Eigentümer dieser sonderbaren Bibliothek, der alte Samuel Bloch, stand im Türrahmen und starrte mit kaltem, fast ausdruckslosem Blick auf das Schauspiel. Er sah zu, wie sein Gast Seite um Seite umblätterte und dabei immer mehr verschwand. Ein hungriges Funkeln schlich sich in seine Augen. Es war lange her, dass er sich genährt hatte. Lange, seit der letzte Besucher sein Leben in den Büchern hinterlassen hatte. Und er, Samuel, es wieder aus ihnen herausgelesen hatte, bis es wieder einfach nur Bücher waren.

Samuel beobachtete, wie sein Gast alterte, als sein Leben Seite um Seite, Buchstabe um Buchstabe in das Buch floss. Wie er in einer unbewussten Bewegung das Buch näher an die immer schwächer werdenden Augen hob. Ein dünner Speichelfaden sickerte langsam aus Samuels Mundwinkel. Abwesend leckte er ihn fort.

Er würde nicht mehr lange warten müssen. Bald wären die neuen Bücher mit Leben gefüllt. Mit Leben, das er dem seinen hinzufügen konnte. Er brauchte nur zu lesen ...

Von Staubquasten und Engerlingsschnüfflern

Serena Hirano

Wieder einmal konnte er erleichtert aufatmen, als er durch den Türspion die Meute in einer anderen Wohnung verschwinden sah. Aufgrund ihrer massiven Stiefel und ihrem Gleichtakt auf der Treppe hörten sich die drei aber wirklich wie routiniert vorgehende Polizeibeamte an. Nathan verzog sein Gesicht verächtlich. Nein, wie dumm er doch war. Mittlerweile hörte sich doch jeder wie ein Polizist an. Ein jeder, der in das Wohnhaus kam und irgendwann, ja, da würden sie es wirklich sein. Sie würden kommen, um ihn zu kontrollieren, alles finden und ihn verhaften. Wieder einmal kroch die Vorstellung darüber mit all ihrer drohenden Konsequenz über seinen Rücken und nistete sich dort ein, wie ein ungebetener Gast, den man morgens – sich selbst bedienend – unfrisiert und in Unterhosen am eigenen Kühlschrank erwischt. Nathan schüttelte sich. Zumindest heute Nacht würde wohl kein Polizist mehr um Einlass bitten und Gäste hatte er noch nie, somit war auch letzteres Bild nur eine Schreckensillusion. Etwas beruhigter schlurfte er den Flur zurück zu seinem Sitz- und Schlafplatz, vorbei an den meterlangen Regalen. Konnte man das noch so bezeichnen? Regal? Seine kompletten Wände waren hinter dicht gepackten Büchern verschwunden. Selbst über Türrahmen wurde jeder Zentimeter genutzt. Buchrücken, scheinbar so runzlig, wie ein Greis, dessen Alter man kaum zu schätzen wagte, zerrissene Einbände und verblasste Farben auf Umschlägen verteilten sich auf unzählige Schätze in einer nicht fassbaren Vielzahl von Größen. Nein, eigentlich war dort kein Regal mehr. Es waren lediglich Bretter, die als Entschuldigung zwischen die Büchermassen geschoben wurden, um dem Konstrukt eine gewisse Wirkung der Statik zu verleihen.

Gedankenverloren ging Nathan an ihnen vorbei und strich einigen Büchern auf so hingebungsvolle Weise über den Rücken, wie manch einer es sich wohl nur in einer Liebesbeziehung vorstellen könnte. Im Grunde waren sie für Nathan nicht weniger als das: eine Herzensangelegenheit. Sein Grund zu existieren, seine Freude und zugleich der Quell seiner Angst. Im Wohnzimmer, aber selbst in der Küche und sogar im Bad seines Ein-Zimmer-Apartments, fand man Bücher über Bücher, und so manches Mal sah er sie im Traum über sich zusammenbrechen wie ein feindliches Heer. Er schämte sich stets für diese Träume. Wie konnten Bücher jemals seine Feinde sein, waren sie ihm doch mehr zu Hause, als alle Wände, Fenster und Teppiche zusammen. Im Wohnzimmer angekommen, stieg er über die hüfthohen Bücherstapel und bahnte sich mühselig mit seiner kleinen Plastiktüte einen Weg zur Couch. Dort ließ er sich erschöpft nieder, nahm ein Glas und schüttete den Inhalt der zur Feier des Tages gekauften Weinflasche hinein. Er betrachtete sein Reich. Nein, viel Platz war wirklich nicht mehr. Die Bücher verdeckten schon jetzt das Gros seines Fensters und jeden Zentimeter Boden, bis auf seinen schmalen Laufweg zum Flur. Manchmal störte es ihn schon, gestand er sich ein. Vor Jahren hatte er schließlich auch einmal eine Anbauwand und einen Fernseher, ein Bett und einen kleinen Esstisch am Fenster besessen. Nun waren sie unter all den gebundenen Seiten nicht mehr erkennbar. Der Stapel alter Zeitungen im Türrahmen fiel ihm ins Auge. Den konnte er wirklich entsorgen, den mochten seine Mitbewohner sowieso nicht. Wie aufs Stichwort krabbelte Isolde an seinem Hosenbein hinauf. Die älteste seiner Freunde erkannte er sofort, denn ihre filigranen Federchen an den Armen waren schon sehr zerfranst und ihr fehlte der halbe linke Flügel, was sie flugunfähig machte. Daher war sie damals auch nicht schnell genug weg gewesen, als er um die Ecke bog. Sie konnte nur noch klettern. Zu jener Zeit, vor zwölf Jahren, erinnerte sich Nathan. An dem schicksalhaften Abend als Putzhilfe in der städtischen Bibliothek, an dem er Isolde das erste Mal gesehen hatte. Nathan hob sie auf seinen Bauch und streckte seine Beine entspannt über die Couch aus. Ihre Fühler klopften munter über die Maschen seines Strickpullovers und ihre fächerartigen Arme wischten an ihm herum, als ob sie wirklich auch bei ihm Staub vermutete. Er nahm es mittlerweile als Geste der Zuneigung. Wie sollten diese handgroßen Krabbler auch sonst mit einem kuscheln? Zuerst hatte er Isolde für eine riesige Gottesanbeterin gehalten. Schlanker Leib, sechs Beine mit Widerhaken, zwei lange, durchsichtige Flügel, kleiner Kopf, extrem lange Fühler und natürlich am wichtigsten: die langen, im ruhenden Zustand angewinkelten Arme mit den breiten, roten Fächern. Alles in allem ergab das ein ziemlich groteskes Bild.

Er lehnte sein Haupt an die Rückwand der Couch und während er mit dem Zeigefinger begann, Isoldes rechten Fächer zu kitzeln, erinnerte er sich zurück. An die Zeit, als sich alles für immer änderte.

Er war damals sechsunddreißig gewesen und hatte gerade vor ein paar Tagen die Putzstelle in der Stadtbibliothek angenommen. Bücher mochte er schon seit jeher, wenn auch nicht aus inhaltlichen Gründen. Nein: Sie waren keine Menschen. Nathan mochte Menschen nicht sonderlich. Er war argwöhnisch, hatte gar Angst vor ihnen. So manches Mal war er neidisch auf die anderen Leute, denen es scheinbar nie schwer fiel, jemanden kennen zu lernen. Aber immer wenn er sich vornahm, das auch zu versuchen, wenn er nett sein wollte und aufgeschlossen, wollte es ihm nicht gelingen. Sobald man ihn ansprach, antwortete er nur knapp und zog sich sofort zurück. Natürlich wurde das so nichts! Früher in der Schule hatte man ihn gemieden und heute in der Welt der Erwachsenen, da ignorierte man ihn eben weitestgehend. Der Eigenbrötler, komischer Kauz, etwas dumm … Nathan war nicht dumm, er war völlig normal. Aber natürlich hatte ihm die Schule mit all den Kindern keinen Spaß gemacht und viele Jobversuche hatten auch nicht gefruchtet. Daher verfrachtete man ihn letztlich zu den Putzhilfen, teilte ihn auf Büros oder eben Bibliotheken ein und ließ ihn gewähren. Und er hatte angefangen, diesen Job zu mögen. Er war nicht hektisch und man ließ ihn autark arbeiten. Erst recht in den Bibliotheken und Buchhandlungen, in denen er erst nach Schließung putzen durfte. Niemand rempelte ihn an oder beobachtete ihn spöttisch. So lange alles zufriedenstellend sauber war, würde man ihm seine Ruhe lassen. Und so genoss er auch an jenem Abend vor zwölf Jahren in der Stadtbibliothek seine Ruhe und arbeitete sich Staub wischend zu den alten Schriften vor. Nicht nur die klassischen Geschichten selbst, sondern ebenso wirklich alte Bücher die teils vor Beginn des neunzehnten Jahrhunderts gefertigt wurden.

Es war ihm klar, dass er dort mehr Vorsicht walten lassen musste. Auch wusste er, dass genau diese alten Bücher irgendwie immer am staubanfälligsten waren. Als er damals um die Ecke gebogen war, sah er schließlich auch den Grund dafür: Isolde. Natürlich hieß sie zu dieser Zeit noch nicht so und ihm war auch nicht klar, was sie dort tat, als sie inmitten von Staubflusen panisch ihre Fächer ausschüttelte und versuchte, die glatten Kanten des Regals hinaufzuklettern. Dann saß sie muckmäuschenstill und Nathan selbst hätte vor Schreck fast seine Staubtücher fallen gelassen. Ob er überhaupt noch atmete, wusste Nathan zu der Zeit nicht. Aber er begann sich zu nähern. Langsam schlich er auf das kleine Ding zu und machte diese Schnalzgeräusche, wie man sie eben beim Anlocken von Tieren macht. Zumindest im Fernsehen machen das alle. Nathan sah, wie es in dem Regalfach nervös auf seinen Beinen herumtrappelte und sich nicht sicher war, ob es kämpfen, flüchten oder ihn vielleicht begrüßen sollte. Daraufhin ließ Nathan von seinem Plan ab und ging einen Schritt zurück, drehte sich zum nächsten Regal und fing an Staub zu wischen. Absolut uninteressiert an dem Treiben hinter ihm, pfiff er gleichmütig vor sich hin. Erleichtert stellte er fest, dass sein Plan funktionierte und es sich entspannte. Es ging wieder seiner Beschäftigung nach, was auch immer das war. Tagelang ging das so mit dem Ding. Es blieb in seiner Nähe und fuchtelte herum. Wechselte er das Regal in seine Richtung, ging es sofort eine Reihe weiter und musterte ihn. Dann, nach zirka einer Woche, traute er seinen Augen kaum. Da waren mehr, viel mehr! Dutzende von den Dingern überall im Regal! Ungleich dem Ersten flogen sie und da erkannte er auch die Verletzung am Flügel des ersten Dings. Waren das Dämonen oder Geister? Nathan las gelegentlich in der Zeitung über Leute, die Geister sahen. Aber diese Dinger sahen nicht geisterhaft aus. Und dann, als sie wieder etwas näher umeinander putzten und kreisten, sah er endlich ihr

Treiben genauer. Sie sammelten Staub und verteilten ihn auf den Büchern. Den von ihm frisch geputzten Büchern! Einen Moment lang wollte Nathan sie alle verscheuchen. Er putzte hier für nichts und wieder nichts. Er ging näher an sie heran, doch als er direkt vor einer kleinen Gruppe stand, da merkte er erst, dass sie keine Scheu mehr zeigten. Und auch er bemerkte, wie wohl er sich in der Gesellschaft dieser kleinen Dinger fühlte. Nein, er verscheuchte sie nicht. Er fing an mit ihnen zu reden. Und so erfuhren sie in den nächsten Tagen von seinem kompletten Leben, seinen Interessen, den Nachrichten des Vorabends, von Ländern und Kontinenten. Nathan fühlte es, sie verstanden ihn und genossen seine Reden sehr. Und selbstverständlich spornte ihn das an, seine kleinen Freunde zu unterhalten. Staubquasten. Diesen Namen gab er ihnen. Puderquasten, das waren diese Dinger, die sich Frauen in das Gesicht tupften, bis von so etwas wie Haut nichts mehr zu sehen war. Und diese putzigen Gesellen verteilten eben überall Staub.

Bald darauf fragte er nicht ganz ernst gemeint seine kleine Freundin – er beschloss, sie müsse weiblich sein – mit dem kaputten Flügel, warum sie dieses Chaos denn veranstalten würden.

Prompt sah sie ihn an und krabbelte vorwärts, Regal für Regal. Ein paar Meter weiter blieb sie stehen und Nathan mit ihr. Mit einer stoischen Ruhe blickte sie in Richtung Regalecke und wippte mit ihren Fühlern herum. Als Nathan in die Ecke sah, hätte er vor Schreck und Ekel fast laut aufgeschrien. Zwei dicke Maden mit einem grünen Kopf, ebenfalls langen Fühlern und drei kleinen Stummelbeinchen, an jeder Rumpfseite, direkt hinter dem Kopf. Sie hatten keine Fangarme mit

Fächern, sondern ein kräftiges Gebiss mit Kneifzangen und dahinter kleine fransige Lamellen, die sich dauernd über die Bücher bewegten. Da sah er es. Diese Ekeldinger aßen den Staub. Plötzlich ging seine kleine Freundin auf die Maden zu und strich mit den Fächern über den Kopf der einen. Die beugte sich nach vorn und spie eine Art orangenen Tropfen aus, den seine Staubquaste sogleich verschlang. Eine Symbiose, dachte Nathan fasziniert und hätte in diesem Moment wohl sogar den Weltuntergang verpasst, weil er nichts weiter tun konnte, als auf diese drei Wesen zu starren. Als er es schaffte seinen Mund wieder zu schließen und sich auf seine komplette Umwelt zu besinnen, ließ er die drei allein und putzte weiter in der anderen Ecke. Engerlingsschnüffler nannte er die anderen. Denn sie sahen wirklich aus wie fette Engerlinge mit ein paar Spezialwerkzeugen.

Und wieder vergingen einige Tage, in denen er weiter angestrengt nachdachte, was hier eigentlich vorging und warum er das in den anderen Bibliotheken noch nie gesehen hatte. Er schlussfolgerte für sich: Sie mochten anscheinend die alten Bücher. Die Neuen waren praktisch immer staubfrei. Irgendwann kamen auch mehr Engerlingsschnüffler zum Vorschein.

Nach und nach wurde er experimentierfreudiger und wollte wissen, warum das ganze System so funktionierte. Er nahm also einen sichtlich protestierenden Engerlingsschnüffler und setzte den zappelnden und sich windenden Gesellen auf einen Stapel geputzter, antiker Bücher. Dann passierte vieles zugleich. Das fette Ding fing unversehens an, diesen alten Schinken zu zerkauen. Keine Fransen, diesmal mit den Zangen, die in die Seiten eindrangen wie in weiche Butter. Nathan selbst war geschockt und panisch, weil er gerade mehr oder minder mutwillig ein Buch aus dem Jahr 1822 geopfert hatte und jedwede Erklärung für dessen Zerstörung wohl sichtlich schwer fallen dürfte. Die Staubquasten jedoch reagierten blitzschnell und versorgten den Schnüffler mit frischem Staub, so dass er sich gerne wieder ablenken ließ.

Gut, somit wäre auch geklärt, warum die Staubquasten die Flusen verteilten. Sie schützten damit die Bücher vor Unheil. Nathan erkannte, dass dies wohl schon seit Ewigkeiten so funktionierte. Also beschloss er es so hinzunehmen und ihre Gesellschaft zu genießen. Schließlich war er ja auch zum Putzen hier und nicht zum Krabbeldinger verjagen, man konnte ihm also keinen Vorwurf machen. Abgesehen davon war er sicher, dass niemand sonst von ihnen wusste und man ihn selbst nicht nur für dumm, sondern auch vollkommen irre halten würde, wenn er diese Geschichte jemand anderem erzählte.

So lebten und arbeiteten sie einige Zeit nebeneinander her und Nathan begann sich wirklich fast wie in einer Familie zu fühlen. Sie nahmen ihm seine Befangenheit, wie auch immer die Kleinen das anstellten. Das erste Mal wägte er sich zufrieden mit sich selbst und genau an dem richtigen Ort.

Sein Idyll wurde jedoch jäh beendet, als an einem Mittwochabend zu Schichtbeginn die Aufforderung an ihn kam, die Regalreihen 83 und 84 gründlich zu reinigen, damit wieder neu eingeräumt werden konnte. Natürlich wusste er sofort, dass sich dort die alten Bücher befanden. Auf seine Frage, wo denn die Bücher abgeblieben wären, reagierte man erst stutzig, so viel Redseligkeit war man von ihm gar nicht gewohnt.

Noch entsetzt über sich selbst, fügte er dezent hinzu, er wüsste gern, wo er sie suchen soll, um sie nach dem Putzen wieder vorsichtig einzuräumen.

Man erklärte ihm, die Bücher sollen aus Platzgründen in ein unterirdisches Archiv in einer anderen Stadt gebracht werden. So bestätigte sich Nathans Befürchtung.

Die Quasten, die Schnüffler, wo waren sie gerade? Bei den Büchern? Würde man alle lebendig begraben? Nathan zog mit seinem Putzwagen wie betäubt an die Regalreihen, um es mit eigenen Augen zu sehen. Weg, alles weg. Nur feine Linien von Staub in den Ecken des Regales erinnerten daran, dass die Böden einst gänzlich von Büchern bedeckt gewesen waren. Er sah sich um, fühlte sich einsamer denn je und hoffte inständig, seinen kleinen Freunden ginge es gut. Es musste ihnen einfach gut gehen. Zu seiner Erleichterung tauchten bald die ersten auf. Die Staubquasten, sie kletterten zaghaft von oberhalb des Regales in seine Richtung. Dann bemerkte er ein paar Schnüffler am Fußboden. Sie alle blieben in etwas Entfernung vor ihm stehen und verweilten still. Nathan konnte förmlich fühlen, wie alle ihn umringenden Augenpaare auf eine Regung von ihm warteten. So exponiert wie in diesem Augenblick, hatte er sich noch nie zuvor gefühlt. Alle warteten auf die vom Himmel fallende Lösung, die Nathan herausschütteln sollte. Plötzlich fiel ihm zumindest etwas zum Wedeln ein. Die alten Staublappen von seinem Nachmittags-Putzjob. Er ging zu dem Plastikbeutel mit den dreckigen Tüchern und verteilte sie zwischen den Regalen auf dem Boden. Beide, sowohl die Schnüffler, als auch die Quastengruppe, gingen an die Tücher heran und prüften zögerlich alle Einzelheiten dieser neuen Bodenbedeckung. Schließlich jedoch fingen die Engerlingsschnüffler unmotiviert an zu knabbern und die Staubquasten kämmten an den Flusen herum. Er wurde das Gefühl nicht los, dass sie ihn noch immer hilflos anschauten und hofften, dass diese Lumpen nicht die gesamte Lösung waren. Nathan ging vorerst seinen normalen Putztätigkeiten in den anderen Reihen nach, um sich abzulenken und weiter zu überlegen. Später am Abend saßen noch immer alle Krabbelwesen um seinen Wagen im Regal verteilt, als wäre es die rettende Insel in dem tobenden Wasser. Nathan schlug die Hände vors Gesicht und rieb über seine Haut, sodass es ihn hoffentlich beleben würde, und das Nachdenken einfacher ging.

Was folgte, war etwas, das Nathan erst richtig realisierte, als er zu Hause die Wohnungstür hinter sich geschlossen hatte. Er hatte sie mitgenommen. Alle, die er fand. Zusammen mit den Staubtüchern wanderten sie in den kleinen, alten Van, mit dem Nathan seine Putzutensilien von Job zu Job transportierte. Diesmal jedoch, war es die Premiere, dass er seine vollen Putzsäcke mit in die Wohnung nahm. Im Flur verharrte er einen Augenblick still und sah die beiden großen und zugebundenen Plastiksäcke an. Er hörte es in ihrer blauen Hülle rascheln. Er entschied die Säcke im Wohnzimmer zu öffnen und die Putzlappen sowie seine eingesammelten Freunde dort vorsichtig auszukippen. Gesagt, getan. Nach kurzer Zeit kroch und krabbelte sein komplettes Zimmer. Es schien fast, als würden die Möbel sich bewegen. Nathan holte alle alten Bücher, die er selbst besaß, auf den Fußboden. Alsbald waren alle okkupiert und verschwanden unter einem Haufen beider Arten, welche sich emsig um die Bücher kümmerten. Leider war seine Büchersammlung nicht gerade üppig. Er las einfach zu wenig, es machte ihm irgendwie keinen Spaß. Nachdem er eine Weile mucksmäuschenstill auf der Couch saß und das Treiben beobachtete, beruhigten sie sich schließlich. Seine kleine Freundin mit dem kaputten Flügel kletterte das erste Mal an seinem Hosenbein hoch und schien sich dann auf seinem Schenkel entspannt niederzulassen. Und aus einem Impuls heraus tat er etwas, was ihm an sich selbst ziemlich fremd erschien. Er griff nach dem nächstbesten Buch vom Boden und begann, seinen Freunden daraus vorzulesen.

Wieder tätschelte er Isoldes Fächer, welche erheitert mit seinen Fingern zu spielen schien.

Ja, so hatte er angefangen, ihnen Namen zu geben. Den ersten Namen bestimmte er für sie aus dem damals gegriffenen Buch. Tristan und Isolde. So ging es seitdem fast jede Nacht. Immer las er ein paar Seiten vor. Und bei jedem Buch benannte er mehr der Quasten und Schnüffler. Es gab Othello, Hannibal, Elisabeth und Balthasar. Ja, es gab sogar eine Mary Poppins, auch wenn diese Figur aus einer nicht ganz so alten Geschichte stammte. Dafür war Aristoteles umso älter und wenn man ehrlich war, sahen die Bartfusseln des so benannten Schnüfflers auch aus, als hätten sie Jahrhunderte überdauert. Doch schon ein paar Tage nach Einzug seiner neuen Untermieter merkte er, wie unzufrieden sie diese Aktion doch machte. Ihnen fehlten einfach die Bücher. Jeden Abend, wenn Nathan von seinen Jobs nach Hause kam, brachte er die gebrauchten Staubtücher mit, doch waren sie kein adäquater Ersatz. Was sollte er denn tun? Er konnte diesen Anblick nicht ertragen, aber er konnte sich auch nicht leisten, eine gesamte Bibliothek zusammenzukaufen. Und sie wieder zurückbringen? In ein öffentliches Terrain mit vielen alten Büchern und Schriften? Nein. Nein, das konnte er ihnen doch nicht antun! Oder vielleicht nicht sich selbst? Jedenfalls überlegte er sich etwas anderes, für das er sich damals mehr als einmal beinahe geohrfeigt hatte. Aber es musste doch sein. Für sie. Das wiederholte er ständig. Den ganzen Weg zum Lagerhaus im Industriegebiet. An der Tür, als er sie – natürlich getarnt mit seinen besten und grasgrünen Putz-Gummihandschuhen – aufbrach. Im Lager selbst, als er zwei große, versiegelte Bücherkisten aus dem Regal holte. Ja, er erzählte sich sogar beim unordentlich machen der Halle, damit der gezielte Diebstahl nicht so auffiel, dass das alles dringend sein musste. Wie ein Kind freute er sich zu Hause über seinen Erfolg, als er gemeinsam mit den Kleinen die Kisten öffnete, und kaum eine Chance hatte, die Bücher herauszuholen, weil alle um ihn herum in die Kisten hineindrängten. Natürlich war es nur ein Bruchteil dessen, was in der Bibliothek einst in den Regalen zu bewundern gewesen war. Nur ein kleiner Stapel, dachte Nathan weiter.

Heute – blickte er sich um – würde die Bibliothek im Vergleich zu seiner Sammlung fast lächerlich aussehen. Keine zwei langen Regale, sondern eine ganze Wohnung voll. So viele, dass sein anfängliches Ordnungssystem mittlerweile zusammengebrochen war und er nicht einmal mehr wusste, welche Bücher er bereits doppelt hatte. Bestimmt waren es einige. Aber er musste das tun. Nach den ersten zwei Kisten seinerzeit, ging er sporadisch, aber immer öfter auf die Suche nach alten Büchern. Manchmal kaufte er sich welche in Antiquariaten. Aber viele suchte er in Lagerhäusern, angemieteten Räumen zur Lagerung von Privatsachen und nach den Schließungszeiten in Fundgruben und Pfandleihen. Kisten voll mit Büchern wären wohl der Jackpot, aber meist war es nur eine Hand voll. Über die Jahre wuchsen seine Gerissenheit und der Blick für die Verstecke, so wie er es nannte. Diebesgut wollte er auf keinen Fall hören. Er suchte ja nur Sachen, die keinem wirklich fehlen und auffallen würden. Wer interessierte sich denn außer ihm schon ernsthaft für die Schönheit und vor allem den Nutzen alter Bücher? Leider empfanden es die Medien und die Polizei anders, und bald war von einem hinterhältigen Dieb die Rede, der sich an antiken Schriften und Sammlerstücken vergriff. Nathan hasste diese Berichte. So war es gar nicht schlimm, dass er aus Platzgründen seinen Fernseher nicht mehr sehen konnte. Und die Zeitung würde er wohl auch nicht wieder lesen. Da ließ man sich im Regionalteil gerne über ihn aus.

Allerdings, so die Medien, hätte man noch keine heiße Spur von dem Verbrecher. Verbrecher. Wie das Nathan bedrückte. Da liefen Mörder draußen herum, Brandstifter und Schläger. Und er, der nur für seine krabbelnde Familie sorgte, sollte ein Verbrecher sein? Er empfand es als große Ungerechtigkeit und es schnürte ihm noch immer die Kehle zu.

Abgesehen davon wusste er selbst, dass es nicht ewig so weitergehen konnte. Auch wenn seine Streifzüge ihn immer weiter weg führten und die Zeitabstände wuchsen, so zog sich die gedankliche Schlinge immer enger um seinen Hals. Er musste damit aufhören. Er hatte auch jetzt schon genügend Bücher für sie. Ja, mittlerweile schleppte er sogar wieder den aufgewischten Staub seiner Arbeitsplätze mit in die Wohnung, denn es reichte nicht mehr für den Schutz aller Bücher aus. Manchmal fragte er sich wirklich, wieso um Himmels Willen sie die Bücher eigentlich brauchten. Auf dem Sofa schüttelte Nathan den Kopf, so dass Isolde ihn neugierig beäugte. Beide betrachteten einander schweigend. Was spielt es für eine Rolle, wozu genau die Dinger gut sind, dachte Nathan. Es machte seine Familie glücklicher. Endlich hatte er auch jemanden, den er glücklich machen konnte, nur er. Die sich freuten, wenn er nach Hause kam und Zeit mit ihnen verbrachte. Denen es reichte, wenn er einfach da war, mit ihnen sprach und etwas vorlas. Wenn er hier war, vergaß er die Menschen und die Probleme da draußen. Er konnte jetzt auch entspannter mit allem umgehen, denn es fühlte sich nicht mehr an, als ob er alleine gegen Windmühlen kämpfte. Nur eine große Sorge kam mit dem Einzug der Quasten und Schnüffler. Er durfte nicht weggehen, krank werden oder gar diese Welt verlassen. Niemand wäre da, um sich um sie und die Bücher zu kümmern. Sollte er verhaftet werden, dann konnte er doch unmöglich diese Geschichte erzählen. Man würde ihm nicht glauben, ihn verurteilen und einsperren oder noch schlimmer, einem Psychiater überlassen. Nach ein paar Wochen würde man im Internet seine Geschichte bei den verrücktesten Alibis aller Zeiten lesen können. Alle würden lachen und das Ganze, inklusive ihm hinter Gittern, einfach wieder vergessen. So wie es immer passiert.

Nathan stoppte sich und seinen Wehmut. Heute nicht. Heute war sein Geburtstag! Er beugte sich vor und trank einen Schluck von dem Rotwein. Das Glas wieder auf der einzig freien Tischecke abgestellt, griff er nach dem schon bereit gelegten Buch. Er mummte sich in seine Bettdecke, die stets bereit lag, um sein Wohnzimmer sofort in sein Schlafzimmer umzuwandeln, und vergrub sich bis zur Hüfte. Höher war kaum möglich, denn schließlich hatte Isolde seinen Brustkorb noch immer in Beschlag und hielt sich eisern an seinem Pullover fest. Heute, zu seinem Ehrentag, wollte er etwas Erhabenes lesen. Shakespeare. Passenderweise kroch Schnüffler Hamlet auch gerade über die Sofalehne und insgesamt wurde es leiser, denn alle wussten, Nathan würde ihnen jetzt vorlesen. So viele Geschichten hatte er mittlerweile im Kopf, er wusste gar nicht, wie er früher ohne sie hatte auskommen können. Eine Firma zur Entrümpelung hatte die Wohnung der verstorbenen alten Dame vom Nachbarhochhaus ausgeräumt. Und morgen würde Nathan sich die Bücher holen, um sie ebenfalls zu behüten. Nathan bedachte alle mit einem strahlenden Lächeln und in seinen Augen explodierte das Vergnügen eines kleinen Jungen, der seinen Eltern eine tolle Weihnachtsüberraschung basteln würde. Ein Mal noch, dann würde er mit dem Sammeln aufhören. Aber diese Chance musste er noch nutzen. Nur dieses eine Mal noch, dachte er.

Er schlug das Buch auf, lehnte sich zurück und begann mit sanfter Stimme den Raum mit einer Geschichte zu füllen.

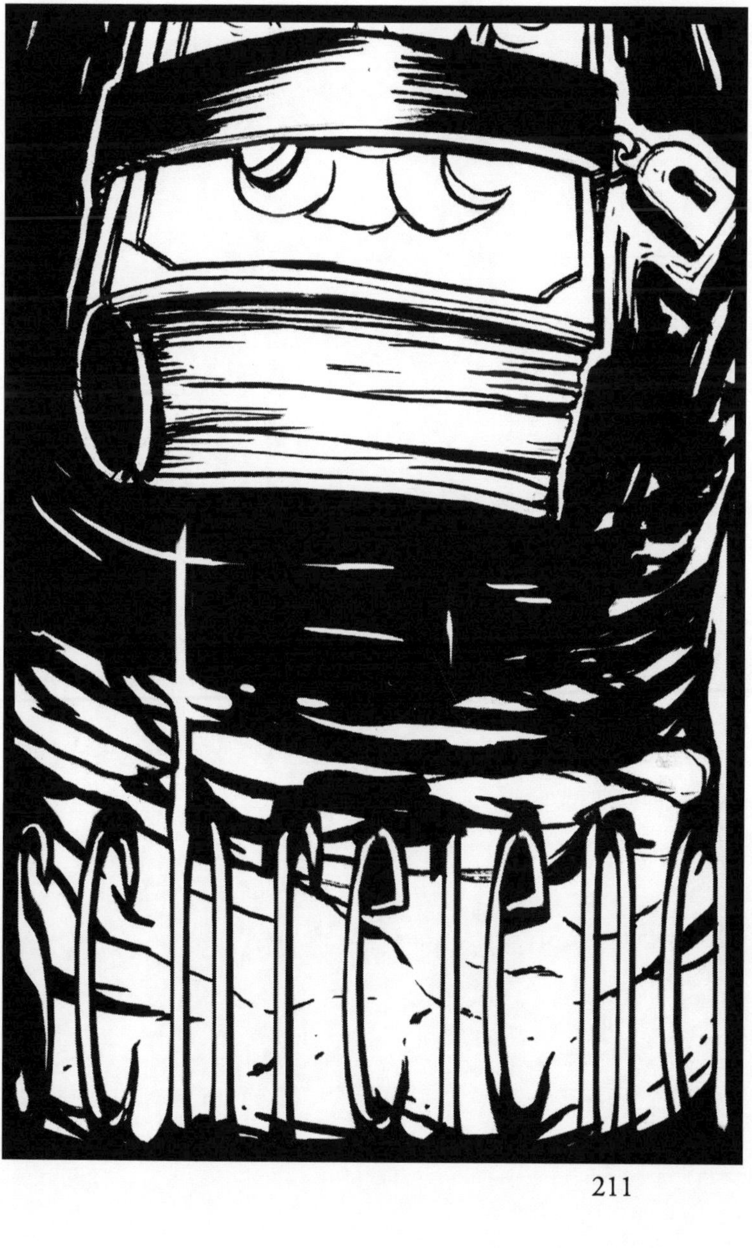

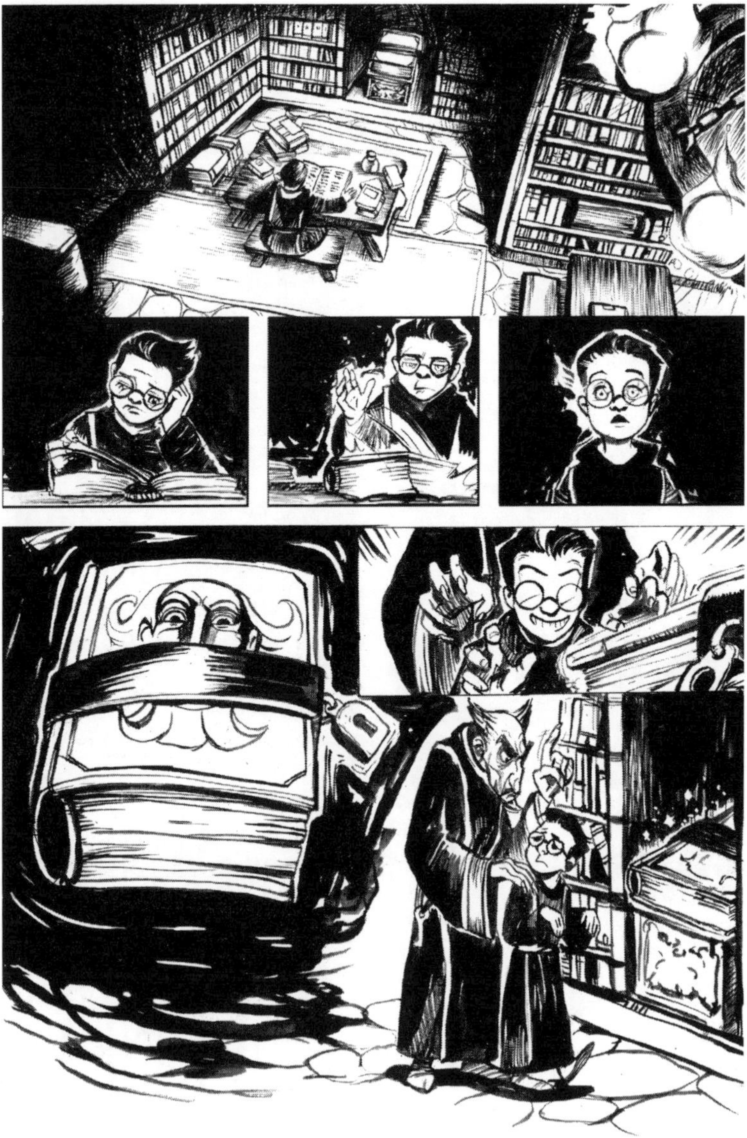

213

214

215

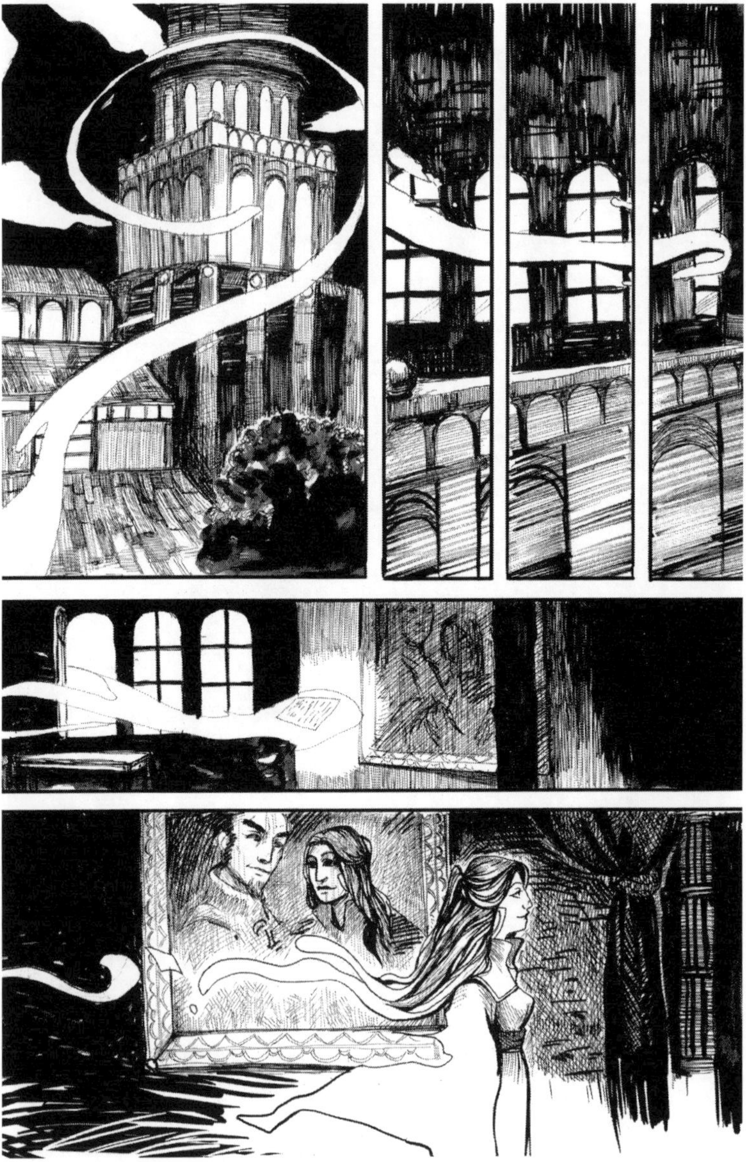

ENDE

Allein zwischen Regalen

Andrea Spille

Schon als ganz kleines Kind hatte Markus Bücher geliebt. Er hatte sie sich aus dem Bücherregal im Wohnzimmer seines Elternhauses geholt, und es war ihm dabei egal gewesen, ob ihm die alten Karl-May-Bände aus der Jugendzeit seines Vaters in die Hände fielen oder aber die Thriller und Liebesromane, welche seine Mutter bevorzugte. Mit seiner Beute setzte er sich in eine Ecke auf den Boden seines Kinderzimmers und blätterte stundenlang in den Seiten.

»Ein Bücherwurm!«, meinte seine Mutter zunächst erfreut und wollte damit sagen, dass das Kind ganz nach ihr kam. Sie brachte ihm stapelweise Bilderbücher, die für sein Alter geeignet waren, doch er ließ sie links liegen. Was sollte er mit bunten Bildern anfangen? Er mochte es auch nicht, wenn sie sich neben ihn setzte, während er sich ein Buch ansah, oder wenn sie ihm etwas vorlesen wollte. Bald gab sie es auf.

Markus´ Leidenschaft galt den Buchstaben. Er liebte es, wie die schwarzen Lettern in Romanen ordentlich aufgereiht standen, in Sätze und Absätze unterteilt. Und er liebte den Geruch, den die Buchseiten ausströmten. Genussvoll schnüffelte er an jeder einzelnen davon, bevor er sie umblätterte und sich die nächste anschaute.

»Er steckt schon wieder die Nase in ein Buch«, sagte seine Mutter, wenn sein Vater von der Arbeit nach Hause kam und fragte, wo Markus sei. Die Frage war rhetorisch gemeint, die Antwort war jedoch wörtlich zu nehmen.

Thomas Conradi schüttelte dann den Kopf, setzte sich an den Abendbrottisch und überließ es seiner Frau, den widerstrebenden Jungen aus seinem Zimmer und seiner eigenen Welt zu holen, damit er etwas aß.

Markus war dünn, denn Essen bedeutete ihm wenig. Und still war er. Conradi hatte sich immer einen Sohn gewünscht. Er hatte sich darauf gefreut, Leben im Haus zu haben, Kinderlachen zu hören, mit dem Jungen im Garten herumzutoben und ihm das Fußballspielen beizubringen. Aber seit Markus zwei Jahre alt war und die Bücher entdeckt hatte, war es im Haus ruhiger statt lauter geworden. Oft hatte Conradi den Eindruck, dass er und Evelyn auf Zehenspitzen herumschlichen, um Markus nicht beim ›Lesen‹ zu stören.

»Gut«, dachte er manchmal resigniert, »dann wird aus dem Jungen eben ein Literaturprofessor!« Doch mit dieser Einschätzung irrte er.

Markus tat sich schwer in der Schule. Die Bücher, mit denen er dort Lesen lernen sollte, gefielen ihm nicht. Die Sätze darin waren zu kurz und es gab viel zu viele störende Illustrationen. Das Schreibenlernen war mühsam für ihn. Niemals schaffte er es, mit seinen kleinen, ungelenken Fingern solche Kunstwerke zu erzeugen, wie es die gedruckten Bücherseiten für ihn waren. Und er verstand nicht, dass er das auch keineswegs sollte. Schreibschrift empfand er als Hohn. Mathematik war ihm zu abstrakt, Zahlen sagten ihm nichts.

»Ihr Sohn ist eigentlich noch zu unreif für die Schule, zu verträumt«, bekamen seine Eltern anfangs von den Lehrern zu hören. Und später hieß es, er sei ein Fall für die Sonderschule. Mit zehn Jahren konnte er endlich lesen, auch mit der Mathematik und anderen Schulfächern arrangierte er sich einigermaßen, und so schaffte er den Wechsel auf die Hauptschule.

Als er es schließlich beherrschte, wusste er zunächst nicht so recht, ob ihm das ›richtige‹ Lesen überhaupt gefiel. Vorher hatte er hinter den Anordnungen von Buchstaben, Wörtern und Sätzen die wunderbarsten Geschichten *sehen* können. Auch wenn er sich mehrmals dasselbe Buch vornahm, fielen sie immer unterschiedlich aus. Aus einem einzigen Buch konnte er mit Hilfe seiner Fantasie unendlich viele machen!

Doch jetzt war alles festgelegt: Ein Buch erzählte nun stets nur *eine* Geschichte, immer die gleiche, ohne Variationen. Als er das begriff, bekam er Angst, dass durch diese Festlegung die Anzahl der Geschichten, die es in der Welt gab, nicht mehr unendlich sei. Dass er irgendwann alle gelesen haben würde und danach nur noch ein großes Nichts kam.

Irgendwann hatte er seiner Mutter von seinen Befürchtungen erzählt, und sie hatte gelacht. »Es gibt Millionen von Büchern, Markus! Und täglich kommen tausende und abertausende neue dazu! Selbst du wirst niemals alle davon in deinem Leben lesen können. Oder auch nur anschauen!«

Er hatte ihr zunächst nicht geglaubt. Doch dann, als er zwölf Jahre alt war, fuhr sie mit ihm in die nächstgelegene Großstadt. Sie zeigte ihm zwei riesige Buchhandlungen, die ihn aber mehr verwirrten als erfreuten. Zu viele Menschen liefen dort herum, sie redeten und verbreiteten Hektik. In dem ganzen Tohuwabohu gab es zahllose noch ungelesene Bücher in bunter Aufmachung, die sich in Regalen aneinander drängten oder in mehreren Exemplaren auf Tischen gestapelt waren. Sie sagten ihm nichts.

Schließlich führte ihn die Mutter in das ehemalige Schloss der Stadt, in dem sich nun eine Bibliothek befand. Sie hängten ihre Jacken in Spinde und betraten dann leise einen großen Saal, der ihm sofort gefiel. An den Wänden standen deckenhohe Regale, in denen sich zumeist alte Bücher mit brüchigen Ledereinbänden befanden. Auf dem glänzenden Parkett des Raumes standen etliche Tische. Viele davon waren mit Büchern bedeckt, hinter denen Menschen saßen, die darin blätterten und sich Notizen auf weißen Blättern machten, ohne ein Wort zu sagen. Eine andächtige Ruhe herrschte hier, die ihn an die einsamen, glücklichen Lesestunden in seinem Kinderzimmer erinnerte.

»Hier siehst du nur einen Teil der Bücher, die es in diesem Gebäude gibt«, flüsterte ihm seine Mutter zu. »Der größte Teil aber steht in Büchermagazinen mit kilometerlangen Regalen, zu denen nur Bibliotheksangestellte Zugang haben. Die Leser können Bücher bestellen und mit nach Hause nehmen, aber die wertvolleren Werke müssen sie hier im Lesesaal lesen.« Sie hatte am Wochenende einen Artikel über die Bibliothek in der Zeitung gelesen und freute sich, ihr neues Wissen gleich an ihren Sohn weitergeben zu können.

Markus stellte sich kilometerlange Regale vor, alle mit Büchern bepackt, zu denen nur wenigen Auserwählten ein direkter Zugang gewährt war. Regale, in denen die Bücher geduldig auf ihn warteten. Er war begeistert.

»Er will Bibliothekar werden«, sagte Evelyn Conradi zu ihrem Mann am Abend dieses Tages. Markus war, wie immer, gleich nach dem Essen in seinem Zimmer verschwunden.

»Okay«, antwortete Thomas. Früher hatte er noch gehofft, dass Markus irgendwann seine Baufirma übernehmen würde, aber diese Hoffnung war im Laufe der Jahre immer weiter geschrumpft. »Das ist wohl die ideale Tätigkeit für ihn. Und wir wissen endlich, was aus dem Jungen werden soll!«

Leider irrte er aber auch hier: Aus dem Jungen konnte kein Bibliothekar werden, denn ein Hauptschulabschluss reichte dafür nicht aus.

Markus war am Boden zerstört, als er davon erfuhr. Widerwillig fügte er sich schließlich dem Wunsch seiner Eltern und machte eine Lehre zum Buchbinder.

»Das ist ein schöner Beruf, und du hast dabei so richtig mit Büchern zu tun!«, argumentierten sie. Dass nichts davon schön und richtig für ihn war, konnten sie nicht verstehen. Er quälte sich durch die Ausbildung und wurde danach von seinem Ausbildungsbetrieb nicht übernommen. Ab und zu verfasste er Bewerbungen, denen man die Lustlosigkeit ansah und auf die er stets Absagen bekam.

Endlich hatte er wieder seine Ruhe! Markus wandte sich erneut dem elterlichen Bücherregal zu, nahm ein Buch nach dem anderen mit auf sein Zimmer und las es, diesmal auf die richtige Weise. Da er ein langsamer Leser war, hatte er eine monate- oder sogar jahrelange Beschäftigung vor sich, die ihn vollauf befriedigte.

Seine Eltern waren jedoch mit der Situation alles andere als zufrieden. Schließlich entdeckte seine Mutter in der Zeitung ein Stellenangebot, das ihrer Meinung nach perfekt auf ihn zugeschnitten war. Für die Bibliothek in der Großstadt, die sie mit ihm vor einigen Jahren besichtigt hatte, wurde ein Mitarbeiter im Magazindienst gesucht. Die Voraussetzungen dafür waren mindestens ein Hauptschulabschluss, wenn möglich eine abgeschlossene Lehre, Zuverlässigkeit, ein sorgfältiger Umgang mit Büchern und einige Dinge mehr, die alle auf Markus zutrafen. Evelyn beschloss, ihn aus seiner Lethargie zu holen und ihn wenn nötig zu einer Bewerbung zu zwingen. Doch zu ihrem Erstaunen war keinerlei Zwang dafür erforderlich.

Markus bewarb sich, und er bekam die Stelle. Vielleicht war es seine Ausbildung zum Buchbinder gewesen, die für ihn gesprochen hatte, vielleicht auch sein ruhiges Wesen – oder aber seine leuchtenden Augen, die dem Personalchef nicht verborgen geblieben waren, als er die Bewerber auf einen Rundgang durch die Bibliothek führte. Markus Conradi wurde also Magaziner.

Er war es nun schon seit über zwanzig Jahren, und er mochte seine Arbeit sehr. Vor allem aber liebte er die Zeit nach Dienstschluss.

Jeden Morgen pünktlich um sieben Uhr trat er seinen Dienst an. Die frühe Uhrzeit machte ihm nichts aus. In den ersten Jahren musste er schon um halb fünf Uhr aufstehen, um es vom Haus seiner Eltern rechtzeitig bis zu seinem Arbeitsplatz zu schaffen, doch dann hatte er eine winzige Wohnung in der Nähe der Bibliothek gefunden und so konnte er zu Fuß schnell zur Arbeit gelangen.

Als erstes holte er morgens in der Ausleihe einen der nach Bücherstandorten vorsortierten Packen mit Leihscheinen ab. Dann nahm er seinen gummibereiften Bücherwagen, fuhr mit dem Aufzug ins Magazin im dritten Obergeschoss und zog dort die bestellten Bücher aus den Regalen. Jedes davon schlug er kurz auf, steckte den Leihschein hinein, und legte es in seinen Wagen.

Bevor die Bibliothek für den Publikumsverkehr geöffnet wurde, brachte er seine Wagenladung zur Ausleihe, und dann machte er Frühstückspause. Im Laufe des Tages holte er immer wieder neue Bestellungen ab oder aber er sortierte Bücher, die zurückgegeben wurden, wieder in die Regale ein.

Es war eine anspruchslose Arbeit, die Markus jedoch gerne verrichtete und die ihm nie langweilig wurde. Hunderte von Büchern gingen im Laufe eines Tages durch seine Hände. Und noch immer, auch nach all den Jahren der Routine, verspürte er bei manchen von ihnen ein inneres Ziehen. »Lies mich!«, schienen sie zu sagen und ihn zu locken, in sie einzutauchen. Er hatte es sich jedoch von Anfang an untersagt, diesem Locken nachzugeben, denn wenn er während der Arbeit mit dem Lesen begonnen hätte, wäre er verloren gewesen.

»Später«, sagte er in solchen Momenten leise. Später.

Nach sechzehn Uhr, wenn die anderen Magaziner nach Hause gegangen waren, begann für ihn sein wahres Leben. Unten im Hauptgeschoss waren die Flure noch hell erleuchtet. In der Ausleihe, dem Katalograum und an der Informationstheke herrschte reger Betrieb. Im großen Lesesaal waren die meisten Tische belegt. Auch in vielen der internen Abteilungen wurde noch gearbeitet. Doch die Buchmagazine lagen still im Dunkel. Markus war dort ganz allein.

Er suchte sich ein Magazin heraus, auf das er gerade Lust hatte, schaltete das Licht ein und schlenderte langsam den Hauptgang entlang. Dann trat er zwischen die Regale und besah sich die Buchrücken, bis ihn irgendein Werk ansprach. Oder aber er kehrte zurück zu einem Buch, das er an einem der Vorabende zu lesen begonnen hatte. Er nahm es heraus, setzte sich damit auf einen der Tritthocker und tauchte ein in fremde, faszinierende Welten.

Ein paar Mal war er so ins Lesen versunken gewesen, dass er über Nacht im Gebäude eingeschlossen worden war. Natürlich hätte er in einem solchen Fall nach draußen telefonieren und darum bitten können, dass man ihn befreie, aber das wollte er nicht. Niemand sollte wissen, dass er sich zu so später Stunde noch hier aufhielt.

In jenen Nächten, die er gezwungenermaßen in der Bibliothek verbrachte, las er so lange weiter, bis ihn die Müdigkeit überwältigte. Dann legte er sich für ein paar wenige Stunden auf den harten Dielenboden zwischen den Regalen. Am nächsten Morgen fühlte er sich wie gerädert, aber er versah trotzdem wieder zuverlässig seinen Dienst.

Für Markus war die Bibliothek – und vor allem dieser Bereich, in den kein Benutzer seinen Fuß setzen durfte – ein Paradies. Er wäre mit seinem Job rundum glücklich gewesen, wenn es das Kompaktmagazin nicht gegeben hätte.

Wenn andere Kollegen wegen Urlaub oder Krankheit für eine Weile ausfielen, wurde ihr Arbeitsbereich auf die verbliebenen Mitarbeiter aufgeteilt. Und das bedeutete, dass es ihn manchmal erwischte und er in diesen Teil der Magazinanlagen gehen musste, der für ihn wie ein Stück Hölle war. Er befand sich im Kellergeschoss der Bibliothek und war auf vier Räume verteilt, die durch offene Durchgänge miteinander verbunden waren. Trotz der Neonleuchten wirkten die Räume düster. Statt der alten Dielenböden der anderen Magazinbereiche hatten sie einen grauen Zementfußboden, sie rochen nach Chemie statt nach Bücherstaub, und die Luft darin war so trocken, dass Markus oft Hustenanfälle plagten, wenn er sich dort aufhielt.

Im Kellergeschoss gab es keine interessanten Bücher. Hier waren hauptsächlich die gebundenen Jahrgänge zahlreicher wissenschaftlicher Zeitschriften untergebracht, die die Bibliothek abonnierte. Markus hasste es, die schweren Bände aus den Regalen zu ziehen und in den Bücherwagen zu wuchten. Nach einem Arbeitstag dort hatte er regelmäßig Rückenschmerzen.

Am unangenehmsten waren jedoch für ihn die fahrbaren Kompaktregale. In jedem der vier Kellerräume stand links und rechts vom Mittelgang je ein grauer Stahlblock, der aus Regalen bestand, die ohne die üblichen schmalen Gänge dazwischen eng aneinander gepresst waren. Nur *eine* Lücke gab es jeweils, die man betreten konnte, eine Wanderlücke, die durch die Betätigung von Hebeln verschoben wurde. Man bekam Zugang zu den benötigten Bänden, indem man an dem Hebel zog, der sich an der Außenseite des entsprechenden Regals befand. Schwerfällig bewegte sich dann die Anlage auf Schienen. Die vorhandene Lücke schloss sich und eine neue tat sich an der gewünschten Stelle auf.

Markus zitterten immer die Beine, wenn er zwischen diese Regale trat. Was, wenn jemand an einem anderen Hebel zog und sich die Lücke schloss, in der er gerade stand? Oder aber die Anlage bewegte sich aus irgendeinem Grund von alleine? Er wusste, dass dies unwahrscheinlich war, und doch weckte die Vorstellung tiefe Ängste in ihm.

Das Problem beschäftigte ihn so sehr, dass er es einmal während der täglichen Frühstücksrunde mit den Kollegen zur Sprache brachte. Selten beteiligte er sich dort an den Gesprächen, und meistens hörte er sowieso nur mit halbem Ohr zu, wenn die anderen redeten.

»Die Kompaktanlage«, sagte er. »Wie sicher ist die eigentlich? Könnte man da drin zerdrückt werden?«

Die vier Magaziner, die mit ihm an dem Tisch im kleinen Aufenthaltsraum saßen, schauten ihn verblüfft an.

»Sieh an, Conradi kann sprechen!«, spöttelte Olaf Heintze.

Jens Brinkmann, dessen Arbeitsbereich das Kellergeschoss war, sagte bedächtig: »Ich hab´s mal ausgerechnet: jedes volle Regal in der Kompaktanlage wiegt über zweieinhalb Tonnen. Das heißt, wenn zwei davon gegeneinander stoßen und du bist dazwischen, dann zerquetschen dich mehr als fünf Tonnen. Aus die Maus!« Er schüttelte sich.

»Warum haben wir eigentlich keine elektronische Anlage da unten?«, fragte Heintze. »In anderen Bibliotheken funktionieren die Dinger auf Knopfdruck, nicht mit manuellen Hebeln, hab ich gehört. Und es gibt Kontaktleisten in Fußhöhe, die stellen den Motor ab, wenn sich was zwischen den Regalen befindet!«

»Das scheitert an den finanziellen Mitteln, wie alles hier«, erwiderte Brinkmann. »Fahrbare Kompaktregale sind enorm Platz sparend – aber *Sparen* ist nun wieder das Stichwort in diesem Saftladen. Die Gelder reichten nur für die Anschaffung handbetriebener Anlagen. Ich hab mich damals nach den Sicherheitsvorkehrungen erkundigt, als ich dafür eingeteilt wurde. Man solle halt immer in die vorhandene Lücke gucken, ob da jemand ist, bevor man sie per Hebel schließt und eine neue aufmacht, wurde mir gesagt. Und wenn sich die Dinger mal von allein bewegen, wenn man dazwischen steht?, hab ich gefragt. Das passiert nicht, ist noch nirgendwo passiert, hieß es dann.«

Brinkmann knüllte das Einwickelpapier seines Pausenbrotes zusammen und warf es von seinem Platz aus in den Papierkorb. »In diesem Sinn, Leute, auf zur nächsten Arbeitsrunde!«, sagte er und grinste schief.

Etwa eine Woche nach diesem Gespräch saß Markus spät abends zwischen den Regalen im dritten Obergeschoss und las. Diesmal hatte er ein sehr dickes Buch aus einem Regal gezogen, das ihn schon seit mehreren Tagen gelockt hatte. Er wusste nicht, warum, aber er hatte zunächst versucht, ihm aus dem Weg zu gehen. Doch heute konnte er nicht mehr widerstehen. Schon auf der ersten Seite stellte er fest, dass er an einen Horrorroman geraten war.

Im Laufe der Jahre hatte er unzählige Romane gelesen. Er kannte auch viele Werke Shakespeares, er mochte Biografien und Geschichtsbücher. Sogar Werke über Architektur, Gartenbau, Medizin, Biologie, Raumfahrt und Kunst konnten ihn inzwischen faszinieren und seine Fantasie beflügeln. Bilder störten ihn dabei nicht mehr, er sah sie sich sogar gerne an, solange sie in einem Buch nicht überwogen. Horror dagegen hatte ihn noch nie interessiert.

Diese Geschichte fesselte ihn jedoch sofort. Sie hatte etwas Magisches an sich, dem sich Markus, als er einmal damit begonnen hatte, nicht entziehen konnte. Das Buch umfasste über neunhundert Seiten, und obwohl er inzwischen wesentlich schneller las als früher, schaffte er an diesem ersten Abend nicht einmal ein Viertel davon. Am nächsten Tag konnte er es kaum erwarten, damit fortzufahren.

Erneut versenkte er sich am Abend in eine alptraumhafte Parallelwelt und begleitete den Helden bei seinen schrecklichen Abenteuern, von denen er nicht wusste, ob er sie am Ende überleben würde. Da glaubte er plötzlich, im Augenwinkel etwas Weißes auf dem Hauptgang an seinem Regal vorbeihuschen zu sehen. Vorsichtig legte er den Roman auf den Boden und stand auf, um nachzusehen. Er streckte seinen Kopf zwischen den Regalenden hervor, sah den Gang hinauf und hinunter, konnte aber nichts entdecken.

»Das kommt davon, wenn man sich mit Horror befasst«, seufzte er und las gierig weiter.

Als er am vierten Abend mit dem Buch fertig war, fühlte er sich leer. Nicht, dass ihn das Ende enttäuscht hätte! Aber irgendwie fehlte ihm nun etwas. Es war, als sei er diesmal während des Lesens ein Teil der Geschichte geworden, in sie hineingesogen worden, wogegen er sich früher beim Lesen stets nur als faszinierter Beobachter empfunden hatte. Nun war er zurückgestoßen worden in sein reales Leben, und es fühlte sich auf einmal seltsam irreal an. Traurig ging er nach Hause.

Am folgenden Abend rief ihn der nächste Horrorroman zu sich. Er nahm ihn aus dem Regal und stürzte sich dankbar hinein.

Mehrere Wochen lang las er eine Horrorgeschichte nach der anderen, und während dieser Zeit hatte er immer wieder mal den Eindruck, dass ein weißes Etwas an seinem Leseversteck vorbeihuschte. Anfangs stand er noch manchmal auf, um nachzuschauen, aber dann ließ er es bleiben. Reine Einbildung, dachte er.

Irgendwann jedoch huschte es nicht vorbei. Es blieb stehen und sah ihm zu, wie er da auf seinem Hocker saß und ins Lesen vertieft war.

Nach einer Weile fühlte er, dass er beobachtet wurde. Zuerst kroch eine Gänsehaut seine Arme hoch, danach sträubten sich ihm die Nackenhaare. Erst dann riss er sich von seiner Lektüre los, blickte auf – und sah in die dunklen Augen eines kleinen Mädchens. Sie war etwa fünf oder sechs Jahre alt, trug ein altmodisches weißes Kleidchen mit Rüschen, weiße Söckchen und schwarze Lackschuhe. Ihre hellbraunen Haare waren in der Mitte gescheitelt und fielen ihr glatt bis auf die Schultern. Wortlos starrte ihn die Kleine an.

»He!«, rief Markus. »Was machst du denn hier? Dieser Bereich ist für Unbefugte verboten!«

Weg war sie. Er hörte kurz das Klacken ihrer Schuhe auf dem Holzboden, dann nichts mehr. Sie musste irgendwo zwischen den Regalen verschwunden sein. Markus suchte eine Weile nach ihr, konnte sie aber nicht finden. Es gefiel ihm ganz und gar nicht, dass sich jemand im Magazin aufhielt, noch dazu ein Kind, aber er beschloss, es nicht zu melden. Er hätte wiederum erklären müssen, was er selbst um diese Uhrzeit hier tat, und darauf hatte er überhaupt keine Lust.

Offensichtlich hatte er sich während der letzten Wochen doch nichts eingebildet und die Kleine trieb sich öfter hier herum. Wahrscheinlich war sie die Tochter einer Bibliotheksangestellten, die ihr Kind nachmittags zur Arbeit mitbrachte und es dann unbeaufsichtigt im Haus herumstreunen ließ. Unverantwortlich, so etwas! Er wusste, dass er das unterbinden musste, um sich wieder in Frieden seinen Büchern widmen zu können.

Am folgenden Abend erschien sie wieder. Ruhig stand sie da und beobachtete ihn beim Lesen. Er spürte ihre Anwesenheit, hob langsam den Blick von seinem Buch und stand auf. Wieder lief sie davon, aber diesmal war er vorbereitet und sprintete hinter ihr her. Sie lief den Gang entlang, vorbei an den Regalreihen, und hüpfte in den Aufzug, der auf dem Stockwerk gewartet hatte. Die Türen schlossen sich vor seiner Nase.

Markus kannte den Aufzug gut genug, um hören zu können, wo er sich im Laufe seiner Fahrt gerade befand. Zweiter Stock, erster Stock, Hauptgeschoss. Hinter dem öffentlich zugänglichen Bereich befand sich dort die Katalogisierungsabteilung, wo seiner Vermutung nach ihre Mutter arbeitete. Doch der Aufzug glitt weiter abwärts. Erstes Untergeschoss. Keller. Dort blieb er stehen. Aus dem Schacht hallte das Öffnen und Schließen der Türen empor.

Markus drückte auf den Rufknopf und holte den Aufzug nach oben. Wenn sich das Kind im Kellergeschoss verstecken wollte, würde er es finden. Und dann? Darüber hatte er sich noch keine Gedanken gemacht. Er wollte es nur endlich fangen und aus den Magazinen hinausbefördern, das war alles, woran er denken konnte.

Als er im Keller aus der Kabine trat, brannte nur die Notbeleuchtung im Kompaktmagazin. Markus betätigte den Hauptschalter, doch die Neonröhren reagierten nicht. »Sparmaßnahmen«, dachte er. Wenn die Magaziner abends weg waren, hatte niemand mehr etwas hier unten verloren.

Im Halbdunkel ging er langsam durch die verhassten Kellerräume, vorbei an den düsteren Regalblöcken aus massivem Stahl. K-1 lag leer und verlassen da. K-2 ebenfalls. Als er jedoch K-3 betrat, sah er den Zipfel eines weißen Kleidchens im Durchgang zu K-4 verschwinden. Markus lächelte grimmig und eilte hinterher.

Im vierten Kellerraum blieb der Kleinen nur noch jeweils ein offener schmaler Gang zwischen den beiden Kompaktanlagen als Versteck. Weiter nach vorne flüchten ging nicht, da war der Keller zu Ende. Und wenn sie zurück wollte, lief sie ihm geradewegs in die Arme. Siegessicher bewegte er sich auf die Lücke zu, die sich in dem Block auf der rechten Seite befand.

»Komm raus, komm raus, wo immer du bist!«, sang er dabei leise. Wenn sie spielen wollte, dann würde er eben noch ein bisschen mit ihr spielen. Ein letzter Schritt, dann konnte er in die Öffnung schauen: Nichts.

Markus ging zum linken Regalblock hinüber. Hier war es noch viel dunkler als auf der anderen Seite. Schon stand er vor der Lücke und spähte hinein, doch auf den ersten Blick konnte er nichts entdecken. Vielleicht kauerte sie aber ganz hinten in der Ecke? Es war dort stockfinster. Vorsichtig trat er zwischen die Regale. Der Gang war so eng, dass auch ein Kind nicht unbemerkt an ihm hätte vorbeischlüpfen können. Noch ein paar Schritte, dann hatte er die Wand erreicht. Da war niemand außer ihm.

Und dann, während er tief im Bauch der Kompaktanlage stand, hörte er das grässliche Geräusch, vor dem er viele Jahre lang Angst gehabt hatte: Metall schabte auf Metall. Die Regale bewegten sich unglaublich schnell auf ihren Schienen und schoben sich zusammen. Markus gelang es nur noch, sich rasch umzudrehen, doch für ein Entkommen war es bereits zu spät.

»Ein kleines Mädchen kann unmöglich diesen Hebel so kraftvoll betätigen!«, war sein letzter klarer Gedanke. Er hörte noch seinen eigenen entsetzlichen Schrei, dann prallten fünf Tonnen Stahl und Papier mit Schwung aufeinander und zerdrückten dabei alles, was ihnen im Weg stand.

Nach einer Weile war es wieder still im Kellergeschoss. Dann ertönte ein leises Kichern. »Komm raus, komm raus, wo immer du bist!«, sang ein helles Stimmchen.

Die Türen des Aufzugs öffneten sich, und ein kleines Wesen in einem weißen Kleid betrat die Kabine. Im dritten Stockwerk stieg es aus, schlenderte gemächlich den Gang des Magazins entlang, entschied sich für ein Regal und kletterte hinein. Es wurde dabei immer kleiner, und schließlich verschwand es zwischen den Seiten eines dünnen Romans. Er handelte von einem Mann, der allein zwischen Bücherregalen lebte und am Ende auch zwischen ihnen starb.

Elly

Jan-Christoph Prüfer

Eigentlich hatte er keine Zeit zum Lesen, aber *Elly* schien regelrecht in ihm zu blättern, nicht umgekehrt. Hannes hatte den Roman zwischen Nachschlagewerken über Statistik und die Matrix der Boston Consulting Group gefunden, also da, wo er eigentlich nicht hingehörte. Als hätte *Elly* dort auf ihn gewartet, ihm in seinem Revier aufgelauert. Ihm, Hannes, dem Studenten der Betriebswirtschaft, der schon lange keine Bücher mehr gelesen hatte, die sich nicht mehr oder weniger direkt mit der Vermehrung von Geld beschäftigten. Etwas an *Elly* hatte ihn von der ersten Seite an gefangen genommen. Der simple Einband vielleicht, der als Titel nur den Namen der Hauptfigur trug, ohne den des Autoren zu nennen. Oder die ersten Sätze des ersten Kapitels, das mit Ellys Geburt in einem südirischen Dorf begann.

Hannes war zurückgekehrt zu seinem Tischapparat, eine Promotion über das Controlling in mittelständischen Unternehmen achtlos unter den Arm geklemmt, *Elly* lesend. Als Kind hatte er gern und viel gelesen, *TKKG*, *Die drei Fragezeichen*, *Die Abenteuer des Tom Sawyer*. Er hatte es sich abgewöhnt, als er bemerkt hatte, dass Geschichten ihn nicht weiterbrachten. Hannes war früh klar geworden, dass er weit kommen wollte, und als er das begriffen hatte, verließ er die Welt der Worte und widmete sich fortan den Zahlen. Auf die kam es schließlich an, da brauchte er nur die eingetragenen Werte in den Gehaltstabellen des Manager-Magazins mit der lächerlichen Aufwandsentschädigung vergleichen, die sein Vater als Realschullehrer für Deutsch und Englisch nach Hause brachte.

Wenn Hannes' Leseleidenschaft die vertrocknete Pflanze in einer Junggesellenbude war, dann war *Elly* wie Regen, der diese Pflanze benetzte. Da er den Kontakt zur Literatur etwa mit der Pubertät verloren hatte, hätte er nicht recht in Worte fassen können, was mit ihm passierte, während er las. Alles, was er wusste, war, dass die Irin innerhalb weniger Absätze so echt in seine Gedanken Einzug gehalten hatte, dass sie ihm realer schien als manche tatsächlich existierende Person.

Elly passierten nicht einmal besonders spannende Dinge. Das Buch war kein Krimi, keine Gruselgeschichte, es gab nicht mehr und nicht weniger zum Lachen oder Weinen als im wahren Leben. Im Kino sah Hannes am liebsten schwertschwingende Vampir- und kampfsportgestählte Zombiejäger, er mochte Horror mit viel Action. *Elly* ließ eindeutig beides vermissen. Sie bastelte im Kindergarten, sie sah fern, Elly hatte Freundinnen, mit denen sie manchmal stritt. Ihr Talent für das Zeichnen zeigte sich früh. In der Schule malte sie ein Pferd, das den Betrachter aus dem Papier heraus anzuspringen schien. Ihre Kunstlehrerin ließ es mit offen stehendem Mund auf den Stuhl hinter ihrem Pult sinken.

All diese scheinbaren Banalitäten waren so wahrhaftig, dass Hannes die Vampire gar nicht vermisste, das Buch wahrscheinlich sogar enttäuscht zur Seite gelegt hätte, wären sie plötzlich aufgetaucht und hätten Ellys Geschichte damit trivialisiert.

Nur aus einer Nebenfigur namens Lalique wurde er nicht schlau. Es schien sich um eine Art imaginäre Freundin Ellys zu handeln. Hannes' eingestaubte Englischkenntnisse machten ihm hier zu schaffen, denn *Elly* war in der Muttersprache der Protagonistin verfasst.

In einem benachbarten Saal polterte etwas zu Boden. Hannes fuhr zusammen. Er ließ *Elly* fallen und zog die übereinandergeschlagenen Beine so ruckartig vom Tisch, dass er fast vom Stuhl gefallen wäre. Er hatte in den Gängen und zwischen den Regalen niemanden gesehen, es war zu früh im Semester, um sich über Nacht zum Lernen in der Bibliothek einschließen zu lassen. Kurz vor den Prüfungen machten das viele, aber jetzt, drei Wochen nach Vorlesungsbeginn? Nein, er war sicher, allein zumindest in diesem Teil der Bibliothek zu sein. Der Einzige, der nicht erst kurz vor den Prüfungen nächtliche Lernmarathons einlegte. Der, der es weit bringen wollte.

Hannes blickte den Gang hinunter. Er konnte durch vier große Lesesäle bis zum Bereich für Soziologie sehen, doch da war niemand.

Gegen die aufkommende Müdigkeit steckte er sich einen Kaugummi in den Mund. Die Fachliteratur lag vor ihm auf dem Tisch, zugeschlagen und anklagend. Er hob *Elly* auf, mit der Absicht, es an die Seite zu legen und eine Taschenbuchversion bei Amazon zu bestellen. Doch bevor er es zuklappen konnte, fiel sein Blick auf die Überschrift des Kapitels, das durch das Herunterfallen zufällig aufgeschlagen worden war: *Elly geht nach Bielefeld.*

Hannes unterdrückte ein Auflachen. Nach Bielefeld. Selbstverständlich verstand es Ellys Verfasser, Alltägliches unterhaltsam und lesenswert, gar faszinierend zu verpacken. Aber Bielefeld? Wenn ein Schreiber seine irische Hauptfigur nach Deutschland schickt, gab es da nicht etwa drei Dutzend Orte, die aufregender waren als Bielefeld? Hannes fluchte leise. Wieder hatte er einen Grund gefunden, weiterzulesen. Ein lautes »Das gibt's doch nicht« entfuhr ihm, als er feststellte, dass Elly, mittlerweile zwanzig und Literaturstudentin, sich aus einem ganz bestimmten Grund nach Bielefeld begab. Sie absolvierte nämlich an der dortigen Universität ein Auslandssemester, also an eben der Bildungsstätte, in deren Bibliothek Hannes sich heute hatte einsperren lassen.

Elly wohnte zusammen mit einem portugiesischen Biologen und einer deutschen Sportstudentin in einem Wohnheim an der August-Bebel-Straße, das Hannes kannte und in dem er schon einmal besoffen ins Treppenhaus gekotzt hatte. Die Beschreibungen waren so wirklich, dass er die schwitzigen Tennissocken der Mitbewohnerin ebenso zu riechen glaubte wie den Kirschkaugummi, den der Portugiese unablässig kaute und nach dem er ständig roch, obwohl er starker Raucher war. Hatte Hannes zu Beginn noch gerätselt, ob es sich bei *Elly* um das Werk eines Autoren oder einer Autorin handelte, war er inzwischen zum dem Schluss gelangt, dass die Geschichte einem weiblichen Kopf entsprungen sein musste. Wenn Elly masturbierte oder ein Freund in sie eindrang, hatte die Darstellung ihrer weiblichen Lust rein gar nichts von verschriftlichten Männerfantasien. Wer auch immer über Ellys Klitoris schrieb, verfügte entweder selbst über eine oder er war der größte Frauenversteher aller Zeiten.

Als Elly sich eine Woche vor einer Klausur über die Bedeutung der Kurzgeschichten William Faulkners für das Genre der US-amerikanischen Short Story über Nacht in der Bibliothek einschließen ließ, hatte Hannes kurz das Gefühl, die Temperatur im Raum würde um einige Grad sinken. Nicht, weil jemand seinen Ehrgeiz an einen solchen Blödsinn verschwendete, anstatt etwas Anständiges zu studieren, sondern weil Elly ihm inzwischen so nah gekommen war, dass er fürchtete, die kleine, etwas pummelige Irin mit der blonden Kurzhaarfrisur könnte vor ihm stehen, wenn er sich umdrehte.

Er sah auf das Display seines Handys. Fast vier Uhr morgens. Er hatte die Nacht mit unnötigem Lesen verschwendet, aber so vorwurfsvoll ihn die Boston-Consulting-Matrix auch vom Umschlag des Buches anzustarren schien, es war unmöglich, jetzt von Ellys Seite zu weichen.

»Nun ist es auch egal«, flüsterte Hannes und riss die Verpackung eines Schokoriegels mit den Zähnen auf, während er weiterlas. Er fühlte sich wie eine Matroschka, saß in der Bielefelder Universitätsbibliothek bei Nacht und las ein Buch über jemanden, der in der Bielefelder Universitätsbibliothek bei Nacht ein Buch las. Hannes fragte sich, ob es eine Geschichte von William Faulkner gab, in der jemand bei Nacht in der Bielefelder Universitätsbibliothek eine Geschichte über jemanden las ... Der Gedanke brachte ihn zum Schmunzeln. Seine nächste Eingebung jedoch nahm ihm dieses Lächeln wieder. Wahrscheinlich lag es an den viel zu langen, wachen Stunden, an der Einsamkeit und der Dunkelheit, aber was, fragte Hannes sich, was, wenn ich selbst nur eine Figur in einer Geschichte bin?

Er ohrfeigte sich leicht und lachte laut, was durch die Gänge hallte und sich furchtbar anhörte, bedrohlich geradezu. Dieses Gefühl, war das Angst? »Quatsch«, flüsterte er und bat Elly, ihn noch einmal abzulenken, bis die Putzfrau aufschloss.

Sie hatte sich nicht auf *Two Soldiers* konzentrieren können und deshalb Lalique auf ihren Notizzettel gezeichnet. All ihre Freunde fragten sie noch immer ständig, warum sie nicht Kunst studierte, bei ihrem Talent. Die Wahrheit war, dass Elly nichts von den großen Pinsel-Propheten wissen wollte, was über die Inspiration hinausging, die ihr deren Bilder gaben. Sie brauchte niemanden, der ihr etwas über das Zeichnen erzählte, ihr angeborenes Können reichte aus, um mit regelmäßigem Training etwas weit mehr als Passables auf das Papier zu bringen. Sie wollte Bildergeschichten erzählen, und Bilder zeichnen konnte sie bereits. Worüber sie mehr erfahren musste, waren die Techniken des Geschichtenerzählens. Es galt, die Meister zu studieren, um mit der Hilfe ihrer Lehren die Geschichte von Lalique aufs Papier zu bringen, was ihr bisher nur unzureichend gelungen war. Lalique, eine schwarze Vampirin aus dem amerikanischen Hinterland, die sich in den frühen sechziger Jahren aufmacht, den Ku-Klux-Klan auszurotten. Vielleicht war Lalique auch weiß oder asiatischer Abstammung, und sie lebte in New York und biss sich durch im Kampf gegen die ukrainische Mafia. Das alles war noch nicht entschieden, nur die Eckpfeiler der erdachten Existenz standen: Lalique, Vampirin, USA, beißt nur die Bösen. Das, und *Für Elise*. Lalique liebte das Stück, sie hatte Klavierspielen lernen müssen, nachdem sie es das erste Mal gehört hatte. Vielleicht war *Für Elise* sogar die einzige wirkliche Konstante in Laliques Charakterisierung. Sie hatte es als junge Frau aus dem Haus ihrer Besitzer klingen hören, während sie Baumwolle gepflückt und versucht hatte, das Brennen der frischen Peitschenstriemen auf ihrem Rücken zu ignorieren. So oder anders mochte es sein.

Elly schob es auf ihre Müdigkeit, ihr fast schon meditatives Malen, als sie Beethovens vielleicht populärstes Stück leise durch die Bibliothek zu hallen hören glaubte. Lalique lächelte sie von ihrem Notizblock an. Die spitzen Eckzähne der Vampirin schoben sich dabei über ihre Lippen. Elly hatte Lalique mit schwarzem Kugelschreiber gezeichnet und das Porträt mit roten Buntstift-Blutspritzern ergänzt.

Der Halbschlaf also, oder eine merkwürdige Tinnitus-Variante. Draußen wehte ein frostiger Novemberwind. Elly stand auf und zog die Schuhe an. Sie hatte ihre in grünen Wollsocken steckenden Füße direkt an die Heizung gehalten. Es hatte sie gewärmt, aber jetzt war ihr wieder kalt, und es wurde kälter. Fast erwartete sie, jeden Moment ihren Atem kondensieren zu sehen.

Die Universität Bielefeld war ein Bau aus den Sechzigern. Die Bibliothek bestand aus schnörkellosen Gängen und großen Räumen, in denen die Bücher einsortiert in unspektakuläre Regale aufbewahrt wurden. Keine Verzierungen, keine Fratzen, kein Chic vergangener Jahrhunderte, der im Halblicht Grimassen schnitt und zum Leben zu erwachen schien. Stattdessen ein bodenständiger Klotz ohne jede Romantik. Doch das Piano hallte weiter durch eben jene unspektakulären Gänge und verwandelte sie in etwas, das sich gut auf den Seiten eines gotischen Schauerromans gemacht hätte.

Elly folgte der Musik. Als das Stück so laut erklang, dass sie das Gefühl hatte, sie könnte jeden Moment hinter einem der dicht zugestellten Regale auf ein Klavier stoßen, nahm sie ein Buch, das ihr besonders massiv zu sein schien. Sie testete es kurz auf seine Tauglichkeit als Schlagwaffe. Da sie sich in Höhe der Geografie befand, handelte es sich um ein Werk über Vulkane.

Statt eines Pianos entdeckte sie ein Loch in der Wand. Nein, kein Loch – jedenfalls keines wie die, in denen Mäuse in Zeichentrickfilmen verschwanden. Eher schon war es ein kleiner Tunnel. Er befand sich etwa einen Meter über dem Boden in der Wand und wenn es der Zugang zur Behausung einer Maus war, hätte dieses Nagetier mindestens so groß wie ein Schäferhund sein müssen. Wahrscheinlich war es die Hinterlassenschaft unvollendeter Arbeiten an irgendwelchen Rohren. Merkwürdig war nur, dass der Bereich nicht abgesperrt war.

»Was gibt's da abzusperren?«, flüsterte Elly zu sich selbst. »Es ist in der Wand, da kann schlecht jemand reinfallen.«

Die Musik erklang eindeutig aus dem Tunnel. Elly quittierte das mit einem zweifelnden »Ts«. Sie schüttelte den Kopf und sah sich um, eine Sekunde lang davon überzeugt, in Gesichter von Kommilitonen zu blicken, die die Hände vor den Mund gepresst hatten, damit sie nicht laut loslachten.

Es war niemand dort. Elly schluckte unwillkürlich. Sie steckte den Kopf in den Tunnel, schob den Oberkörper hinterher. Als sie noch ein Kind gewesen war, hatte ihr Vater sie einmal mit einer Leiter aus der Krone eines Baumes holen müssen. Sie hatte beim Abstieg ihre Arme um seinen Hals gelegt und den ganzen Weg nach unten geschluchzt. Nicht aus Scham, sondern aus Wut. Schon auf der Hälfte ihres Weges hatte sie beim Blick nach unten gespürt, dass sie sich nicht zurücktrauen würde. Trotzdem war sie weiter geklettert, Ast für Ast, als hätte ein intriganter kleiner Leprechaun ihr ins Ohr geflüstert: *Weiter, weiter, Elly, es gibt noch so viel zu entdecken, dreh dich nicht um, klettere einfach weiter!*

Weil sie diesen Leprechaun nie los geworden war, kroch Elly in den Tunnel. Spitze Steine stachen in ihre Handflächen und Knie. Die Musik wurde lauter.

Papa ist tot.

Ein widerlicher Gedanke, der plötzlich und unerwartet in ihrem Kopf aufblitzte.

Papa ist tot.

Vor sechs Jahren gestorben an Blasenkrebs.

Diesmal holt dich niemand zurück, Elly.

Sie drehte sich um und zuckte zusammen, fühlte, wie ihre Organe sich zusammenzogen. Die Öffnung, die zurück in den Geografie-Saal führte, schien Kilometer entfernt, ein winziger Lichtpunkt am Horizont, als wäre sie schon seit Stunden unterwegs. Jetzt erst bemerkte sie, in welcher Dunkelheit sie kauerte.

»Alles okay«, flüsterte sie mit zitternder Stimme. Dieser Tunnel, die Musik, das aus den Fugen geratene Zeitgefühl – das alles waren eindeutig die Merkmale eines Traums. Die Dinge, mit denen sie sich beschäftigte, hielten ihr Gehirn bei der Arbeit, während ihr Körper sich ausruhte. Sie war eingeschlafen, saß am Tisch und hatte darunter die schuhlosen Füße direkt an die Heizung gelegt. So musste es sein. Anders konnte es nicht sein. Ihr Kopfkissen war eine Anthologie mit sämtlichen Kurzgeschichten William Faulkners, aufgeschlagen bei *Two Soldiers*. »Wach schon auf, Elly«, flüsterte sie, bemüht, ihre Stimme streng und nicht verängstigt klingen zu lassen. »Wach auf, du dumme Nuss. Du hast bald Prüfung und –«

Sie schrie auf. Ihr Name hallte durch den Tunnel. Jemand auf der anderen Seite hatte ihn gerufen, von dort, wo *Für Elise* plötzlich abrupt verstummt war.

»Elly, wir sind hier!«

Sie drehte sich langsam um, das Vulkan-Buch schützend vor sich gehalten wie einen Schild. Am anderen Ende des Tunnels sah sie einen Mann, der aus der Entfernung den Eindruck eines zum Leben erwachten Yin-Yang-Zeichens machte. Er war weiß und doch schwarz, aber es waren keine Hautfarben. Er war *wirklich* weiß, und er war *wirklich* schwarz. Es musste sich um eine optische Täuschung handeln, dem diffusen Licht geschuldet, das aus beiden Seiten in den Tunnel strömte.

»Elly, komm jetzt, wir warten«, sagte er und winkte sie heran. Er klang freundlich ungeduldig, wie ein Mann, der sich viel Mühe mit den Vorbereitungen zu einem Empfang gegeben hatte und der es nun nicht erwarten konnte, seine Gäste endlich zu bewirten.

»Nimm meine Hand, Elly.« Sie wollte wieder schreien, doch der Laut des Entsetzens verkümmerte in ihrer Kehle. Zu phantastisch und deshalb atemberaubend war es, den Arm des Mannes den Tunnel herunter auf sich zu *wachsen* zu sehen. Als er sie erreicht hatte, sah sie, das seine Haut wirklich weiß war, weiß wie Papier, und das Schwarze darauf waren Buchstaben. Nein, nicht einfach Buchstaben, es waren Worte, Sätze, die sich bewegten wie Ameisen. Einen Augenblick lang glaubte Elly, einen kurzen Absatz aus *Die Abenteuer des Tom Sawyer* in der Handfläche lesen zu können, dann barsten die Letter auseinander und setz-ten sich zu etwas zusammen, an das sie sich aus dem Lateinunterricht zu erinnern glaubte, irgendeine antike Sage.

»Du musst keine Angst haben, Elly«, sagte der Yin-Yang-Mann. »Wir freuen uns auf deine Geschichten.«

Elly nahm die Hand, die sofort so fest zugriff, dass sie aufschrie, nicht einmal aus Angst, sondern eher aus

Wut über ihre eigene Dummheit. Die Freundlichkeit des Greifers war ein Stück Käse gewesen, und sie eine Maus, die nun in die Falle getappt war. Der Besitzer des Arms zog ihn teleskopartig wieder zurück, während Elly sich wehrte, wimmerte und um Hilfe schrie. Obwohl er ihr immer wieder versicherte, dass sie keine Angst zu haben brauche, dass es nur um ihre Geschichten ginge, auf die sie sich freuten – wer auch immer *sie* waren – blieb sein Griff unbarmherzig. Seine Finger krallten sich fester um ihr Handgelenk, je mehr sie sich wehrte, es war wie die Umarmung einer Würgeschlange.

Auf der anderen Seite des Tunnels fiel Elly schließlich in eine andere Bielefelder Universitätsbibliothek. Die Regale mit den Büchern waren aus Menschenknochen, aber ebenso aus rot-weißen Zuckerstangen gefertigt. Auf den Holzboden hatte jemand den Kreideumriss eines Menschen gemalt, in Höhe des Kopfes war ein blutiger Fleck. Von einem der Regale starrte eine Eule Elly neugierig an. Es war ein Tier, von dem sie deutlich spürte, dass es in Hogwarts zu Hause war. Der Traum-Raum, in dem sie sich befand, schien von einem guten Dutzend Autoren aller Genres erdacht. Er wirkte *durcheinander*, als hätten sie sich nicht auf eine einheitliche Vision einigen können.

»Wo bin ich?«, wollte Elly wissen. Sie sah jetzt, wer *sie* waren. Vier weitere Yin-Yang-Männer hatten sie in der anderen Bibliothek erwartet. Männer oder Frauen, das war schwer zu sagen, ihre Nacktheit gab ihre Geschlechtslosigkeit preis. Dennoch blieben sie Männer in Ellys Kopf, denn der Griff, der sie in diese andere Bibliothek gezogen hatte, war fest gewesen wie der ihres Vaters, wenn sie ihn wütend gemacht hatte. Das war vor dem Krebs gewesen. Nach der Chemotherapie hatte er nicht einmal mehr einen Pappbecher mit Wasser halten können, und sein Kopf war kahl gewesen wie die Köpfe der Yin-Yang-Männer. In diesen nackten Köpfen steckten als Augen einfarbige Kugeln, die ebenso weiß waren wie die Haut.

Dieser Ort und die Yin-Yang-Männer ließen viele Fragen in Ellys Kopf aufflammen, unter anderem die danach, wer die junge, irgendwie kränklich wirkende Schwarze war, die schwer atmend an einem Klavier saß und die Elly hilfesuchend anstarrte.

»Wo bin ich?«, wiederholte Elly.

Der Yin-Yang-Mann, der sie durch den Tunnel gezogen hatte, sagte: »Ist das noch wichtig, wenn wir dir sagen, dass du hier willkommen bist?«

Einige der Aufschriften auf den Buchrücken lenkten Elly kurz ab. Sie las fast ausschließlich Namen von Autoren, die sie nicht kannte. Nur einer war darunter, von dem sie nicht nur gehört, sondern alles gelesen hatte. Elly mochte Deutschland und die Achtziger, deshalb mochte sie Florian Illies. Von dem Buch im Regal vor sich allerdings hatte sie noch nie etwas gehört. Es hieß *Sportwerbewoche*.

»Wer ist das?«, fragte Elly und zeigte auf die Farbige.

»Du weißt, wer das ist, Elly«, sagte der Yin-Yang-Mann. »Sie ist schwach, weil du dir nie die Zeit genommen hast, sie zu Ende zu denken.«

Die Frau am Klavier sah Elly mit erschöpft offen stehendem Mund an, ihre oberen Eckzähne waren lang und spitz.

»Aber Lalique gibt es nicht«, sagte Elly und schüttelte den Kopf. Mit dem erbärmlichen Zustand der jungen Frau wollte sie nichts zu tun haben. »Nicht in Wirklichkeit.«

»Ist das so wichtig, ob sie wirklich ist?«, fragte der Yin-Yang-Mann. Über seine Zähne tanzten ebenso Buchstaben wie über seine Haut. Kurz las Elly den Namen Tyler Durden.

Die anderen Yin-Yang-Männer kamen näher, bildeten einen Halbkreis um Elly. Als sie sich umdrehte, stellte sie fest, dass der Tunnel hinter ihr verschwunden war.

»Was wollt ihr von mir?«, fragte Elly.

Der, der sie durch den Tunnel gezogen hatte, strich ihr über die Wange. »Wir sind die Erzähler, Elly«, sagte er. »Wir wollen dich und deine Geschichten. Wir nehmen sie auf und geben sie weiter, ob wahr oder unwahr, ist völlig unwichtig. Nur selbst haben wir keine.«

Elly schlug panisch die Hand weg, die ihr Gesicht streichelte. Ihr Blick blieb an ihren eigenen Fingern haften. Sie spürte keinen Schmerz, aber aus ihrer Haut waren Stücke in Form von Buchstaben verschwunden, überall hatte sie blutige Flecken, Es und Ls und Ypsilons.

»Ich bin echt!«, schrie Elly. »Lasst mich in Ruhe, verdammt, ich bin echt!« Die Erzähler hatten sich bereits so dicht um sie versammelt, dass Elly Lalique nicht mehr sehen konnte, als *Für Elise* wieder erklang.

Hannes überlegte kurz, ob er vielleicht eingeschlafen war und die letzten zwanzig Seiten nur geträumt hatte. Er klappte *Elly* zu und legte es auf den Tisch. Ein ablehnendes Aufstöhnen entfuhr ihm, er stieß Luft durch die Zähne. Draußen war die Sonne zwar noch nicht zu sehen, aber es war bereits deutlich heller als noch vor einer Stunde. Hannes fuhr zusammen, als die Bibliothekstür aufgeschlossen wurde und eine Putzfrau ihren

Wagen mit Scheuermitteln und Lappen vor sich her in den Raum schob.

Hannes suchte hastig seine Unterlagen zusammen und ging schnellen Schrittes auf den Ausgang zu. Die schwarze Sklavin in ihrem blauen Hausmeisterkittel ergriff seinen Arm und lächelte ihn mit offenem Mund an.

Ein Auflachen entfuhr Hannes. »Vergiss es!«, rief er. »Das kann nicht sein! Du bist nicht echt!«

Als Hannes auswich, bekam Lalique statt seiner Halsschlagader die Wange zu fassen, die abriss und tropfend zwischen ihren Fangzähnen hängen blieb. Hannes tastete nach der Wunde und spürte seine freigelegten Backenzähne. Er schrie, denn ob Lalique nun echt war oder nicht, der Schmerz war es. Ein merkwürdiger Gedanke schoss ihm durch den Kopf: *Ich bin doch kein Böser.*

Hannes schrie noch lauter, als er begriff, dass kein kampfsportgestählter Vampirjäger ihn retten würde, indem er mit einem Roundhouse-Kick den spitzen Pfahl an seinem Stiefel in Laliques Brust rammte. Diese Geschichte gehörte nicht ihnen, weder dem Jäger noch Hannes. Es war Laliques, und das hier war nur ihr Prolog.

Die Bibliothek des Drachen

Christian Endres

»So weit ist es also gekommen?«, frage ich leise, als ich mich schräg gegenüber von Winthrop an einen der Holztische setze. Es sieht wie eine zufällige Begegnung im großen Lesesaal aus. »Wir müssen uns in einer *Bibliothek* treffen?«

»Es sind unsichere Zeiten«, erwidert Winthrop schlicht.

Er ist ein knorriger alter Mann mit weißem Haar, scharf geschnittenen Zügen und wachem, hartem Blick. Wäre er Schauspieler geworden, hätte er sich bestimmt längst als Moriarty mit Sherlock Holmes angelegt oder Dickens' Ebenezer Scrooge gemimt. »Wir können nicht vorsichtig genug sein.« Er nickt in Richtung des kleinen unscheinbaren Büchleins vor mir, das schon auf dem Tisch gelegen hat, bevor ich mich hingesetzt habe. »Vielleicht hätte es die Aufmerksamkeit der falschen Leute geweckt, wenn wir dieses Buch ausgeliehen hätten. So ist es sicherer.«

»Deutsche Spione, die die Verleihverzeichnisse unserer Bibliotheken überwachen?«

Winthrop sieht mich ungerührt an. »Würde Sie das überraschen?«

Statt ihm zu antworten, greife ich nach dem Buch. Es ist in rotbraunes Leder gebunden und liegt angenehm in der Hand. Hat allem Anschein nach schon ein paar Jährchen auf dem Buckel. Ich betrachte den geprägten Titel.

»Noch mehr Märchen?«, frage ich skeptisch.

Winthrops Seufzer zeigt, dass Geheimagenten zu den Menschen gehören, die mit dem Alter nicht unbedingt geduldiger oder gelassener werden. Er streicht sich das Haar glatt – eine Geste, die markanter gewirkt haben dürfte, als es noch voll und schwarz gewesen ist, damals, in der guten alten Zeit, von der er natürlich nie zugeben würde, dass er ihr nachtrauert. Doch wir alle würden sie an seiner Stelle vermissen – und *werden* sie eines Tages missen, vorausgesetzt, dass wir nicht vorher irgendwo da draußen unter falschem Namen sterben. Fragt sich, was besser ist. Winthrop und die anderen Veteranen müssen heute Dossiers über die Machenschaften der Achsenmächte erstellen und Treffen wie dieses arrangieren, während wir Vertreter der neuen Garde im Auftrag der Krone in der Welt herumreisen, um die Zukunft zu einem nicht ganz so finsteren Ort werden zu lassen, wie Hitler und seine Getreuen das gerne hätten.

»Seite zweihundertvierundsiebzig«, sagt Winthrop derweil ohne aufzublicken, blättert die Seite seines Alibi-Buches um und verändert seine Position auf dem unbequemen Holzstuhl.

»Das wird ja immer besser«, murmele ich, als ich die Seite erreiche und die den Text begleitende Illustration begutachte – einen Holzschnitt, der einen Samurai in kunstvoller Rüstung und mit einer beeindruckenden Schwertlanze zeigt. Im hohen Gras hinter dem Krieger sind außerdem ein riesiger schuppiger Schlangenleib und der gewaltige Schädel eines japanischen Drachen zu sehen. Am Boden liegen allerhand tote Samurai. Ich fliege über die Seite. »*Das Gras ist rot vom Blut der vielen Krieger, die sechzig Tage lang auf dem Feld des Drachen gegen Rayurjin gekämpft haben*«, lese ich Winthrop anschließend leise meine Lieblingsstelle vor, ohne mein Amüsement zu verbergen. »*Obwohl dem Wahnsinn anheimgefallen, war der alte Drache noch immer ein mächtiger Gegner.*«

Winthrop nickt bedächtig angesichts dieser zeitlosen Metapher.

»*Krieger um Krieger fiel unter den Klauen und Zähnen und dem Schwanz des Drachen, bis ein junger Samurai eine verwegene Idee hatte, um eine Schwachstelle in Rayurjins Verteidigung auszumachen*«, fahre ich fort, damit Winthrop ein wenig von seiner weißhaarigen Selbstgefälligkeit verliert. »*Während der Drache unter den Kriegern wütete, schlich der tapfere Samurai durch das rote Gras und legte sich zwischen die Leichen seiner Kameraden, die dort bereits in ihrem Blut ertranken. Als der letzte Krieger fiel und der Drache sich aufrichtete, um all den Tod und all das Leid betrachten zu können, die er abermals unter seinen Feinden gesät hatte, rammte ihm der junge Samurai die Lanze von unten ins Herz.*«

Ich sehe Winthrop flüchtig an und lasse den Blick gewohnheitsgemäß durch den großen Raum mit dem breiten Mittelgang schweifen. »Ergreifend.«

»Der Leichnam des Drachen wurde in ein Kloster in den Bergen über dem Schlachtfeld gebracht«, erzählt Winthrop, wobei er nicht von seiner vorgetäuschten Lektüre aufsieht, einer zerlesenen Ausgabe von Stokers *Das Schloss der Schlange*. »Dort wurde der Drache in einem uralten Ritual gehäutet. Auf die Drachenhaut schrieben die Mönche in den nächsten zweihundert Jahren all ihr Wissen und all ihre Geheimnisse – die Buße dafür, dass ihresgleichen den letzten großen Drachen der alten Welt getötet hat. Verrückt oder nicht, das Vieh war ihnen verdammt heilig.«

»Sie haben vermutlich nicht nur das Protokoll für eine Teezeremonie aufgeschrieben?«

Winthrop nickt sorgenvoll. »Es war ein magischer Orden, mit einer langen, dunklen Geschichte voller mystischer Geheimnisse und verbotenem Wissen. Das okkulte Vermächtnis der Mönche könnte die Welt noch heute aus den Angeln heben.«

Das erklärt zumindest mein Hiersein. »Und nun haben die Hunnen ihre Drecksgriffel nach dem Buch ausgestreckt?«

Winthrop lächelt milde. »Der Drache war ziemlich groß. Deshalb sprechen die alten Texte durchgehend von der *Bibliothek des Drachen*.«

»Eine ganze Bibliothek? Großartig.«

»Aus den Schriften ging jedoch nie hervor, um welches Kloster oder auch nur um welche Region es sich handelt. Doch nun hat unser alter Freund Nathaniel Ackerman anscheinend einen konkreten Hinweis auf den Standort des Klosters und die Bibliothek des Drachen entdeckt.«

Nate Ackerman. Ein amerikanischer Abenteurer und Schatzjäger. Sieht sich als einen der letzten draufgängerischen Glücksritter in einer glücklosen Zeit.

Andere würden ihn wohl schlicht einen Grabräuber und Mörder nennen.

»Und auch wenn Mr. Ackerman kein Sympathisant der Nazis ist, fürchten wir doch, dass er die Bücher aus der Bibliothek trotzdem an Himmler verkaufen könnte, wenn das Angebot stimmt«, fährt Winthrop fort. »Oder an Stalins Hofmagier, die noch immer Rasputins Bannsprüche vervollständigen wollen. Was nicht viel besser wäre.« Der alte Mann hebt nur ganz kurz den Blick. »Wenn Sie weiterblättern, finden Sie einen Briefumschlag. Papiere. Passierscheine. Ackerman ist schon seit Dienstag unterwegs. Sie müssen sich beeilen.«

***

Der Tempel kauert sich in die zerklüftete Flanke des Berges, der genauso archaisch wirkt wie der Dschungel, aus dem er sich erhebt. Es fühlt sich großartig an, endlich den drückenden Schatten des Urwalds zu verlassen. Schweiß läuft mir über das Gesicht und hat meine Kleidung durchtränkt. Als ich über den Kontrast der unverkennbaren japanischen Architektur inmitten so viel unberührter Wildnis nachdenke, frage ich mich, ob allein dieser Anblick die strapaziöse, gefährliche Reise wert gewesen ist.

Der Gedanke stirbt, als ich den Tempelhof betrete und die erste Leiche entdecke.

Der Mönch liegt auf den breiten Holzstufen vor dem Haupteingang und starrt mit leerem Blick gen Himmel. Noch krabbeln nicht allzu viele Fliegen über sein faltiges Gesicht und die blutige Schusswunde in der Stirn.

Nate ist also nur knapp vor mir hier angekommen – dank eines äußerst fähigen Führers habe ich die letzten Tage im schwülen Dschungel viel Zeit gutgemacht. Allerdings hat sich der Mann geweigert, mich weiter zu begleiten, und hätte sich dem alten Tempel für kein Geld der Welt weiter genähert.

Damit sind Nate und ich die einzigen Eindringlinge im Tempel, in dem die Bibliothek des Drachen angeblich seit Jahrhunderten darauf wartet, entdeckt zu werden.

Nate wäre aufgrund seiner Erfahrung und Skrupellosigkeit genau der richtige Mann dafür.

Auf seinem Gebiet ist er durchaus eine Koryphäe. Auf dem politischen Parkett ist er im Moment allerdings einzig und allein eine Gefahr, die ich nach besten Kräften neutralisieren muss. Zur Not hätte ich dafür sogar die Lizenz zu einer endgültigen Lösung des Problems Nathaniel Ackerman, obgleich ich diese Option lieber vermeiden würde. Nate und ich hatten '34 in New York eine Menge Spaß, und ich würde ihm nur ungern eine Kugel verpassen, bloß weil er in seiner Gier bereit ist, arkane Schätze an Deutschland und seine Verbündeten zu verkaufen, was zugegebenermaßen leichter sein dürfte als die Bücher aus Japan herauszuschmuggeln und anderen Interessenten anzubieten.

Nicht, dass das Nate abgehalten hätte.

Ich betrete den Tempel mit gezogener Waffe. Die Außenwände der alten Anlage sind aus massivem dunklen Holz. Die Wände im Inneren bestehen dagegen aus Holzrahmen, die mit dünnem Papier bespannt sind. Drinnen ist es vergleichsweise kühl; es riecht leicht muffig nach dem alten Stroh der vielen Matten, übertüncht vom Geruch des Lampenöls in den vielen Laternen und dem Duft der Räucherstäbchen.

Ich folge der Spur aus Blut und toten Mönchen.

Schließlich treffe ich Nate, der wohl beim Nachladen in die Bredouille geraten ist – er hat einem alten Mönch mit Halbglatze und grauem Spitzbart gerade erst die Schwertlanze abgenommen und in den Bauch gerammt, wie es aussieht.

Wie gesagt: Ein Mann ohne Skrupel.

»Hilfst du mir beim Suchen, Jay?«, begrüßt Nate mich mit einem verwegenen Grinsen, sobald er einmal tief durchgeatmet hat. Die Automatik, die ich auf ihn gerichtet habe, scheint ihn nicht zu kümmern. Verdammter Yankee. »Was schaust du denn so grimmig? Wegen des alten Spitzbarts? Na komm. Du kennst mich. Ich bin 'ne friedsame Seele. Hab' höflich gefragt, wo's hier zur Bibliothek geht, und schon sind diese Irren über mich hergefallen. Ich muss mich doch verteidigen, oder?«

»Der Mönch im Hof hatte keine Waffe.«

Nate quittiert diese Bemerkung mit einem Schulterzucken, das nicht viel Reue erkennen lässt.

»Leg die Lanze weg, Nate«, sage ich fest.

Er zögert kurz. Dann lässt er die blutige Lanze los, die klappernd zu Boden fällt.

»Hier gibt's keine Bibliothek, Jay. Hab alles abgesucht. Bis in den letzten Winkel. Keine Bibliothek. Nicht mal ein einzelnes gottverdammtes Buch.«

»Der falsche Tempel?«, frage ich mit gerunzelter Stirn, ohne die Waffe zu senken.

Nate schüttelt den Kopf. »Die Adresse stimmt«, knurrt er, und ich kann seine Enttäuschung und Frustration deutlich hören. Als er in die Innentasche seiner ärmellosen Weste greift, gebe ich ein warnendes Geräusch von mir. Nate sieht mich belustigt an und zieht übertrieben langsam ein Sturmfeuerzeug und eine Schachtel Zigaretten hervor.

Er hält mir die Packung hin, aber ich lehne ab.

»Was jetzt?«, frage ich stattdessen.

Nate reibt seinen Daumen lautstark über das Rädchen des Feuerzeugs. Durch die Rauchwolke vor seinem Gesicht sagt er kurz darauf: »Ihr dachtet wirklich, ich verkaufe an die Japsen oder die Krauts, oder?« Das Ende der Zigarette glüht, als er einen weiteren Zug nimmt. »Ich mach dir keinen Ärger, falls du das meinst. Das Ganze hier ist auch so schon ein Riesenreinfall. Ich hab genug von Moskitos und Reis. Ich will nur noch nach Hause. In Boston wartet außerdem eine Lady auf mich.«

Ich entspanne mich ein wenig und nehme die Automatik herunter.

Nate quittiert es mir, indem er das noch immer brennende Sturmfeuerzeug fallen lässt. So entzündet er das Öl auf dem Tempelboden, das aus einer Laterne stammt, die bei Nates Gerangel mit dem wehrhaften Mönch zu Bruch gegangen ist.

Die blauen Flammen erwachen fauchend zum Leben.

Ich reiße die Waffe hoch, doch anscheinend kennt mich Nate besser als ich mich selbst, denn er tippt sich lediglich an die Stirn und verschwindet mit unerwarteter Geschmeidigkeit durch einen Spalt zwischen zwei der halbdurchsichtigen Papierwände, den ich vorher nicht wahrgenommen habe. Ich könnte seinem sich rasch entfernenden Schatten natürlich noch immer eine Kugel durch die dünnen Wände hinterherjagen, doch bringe ich es einfach nicht über mich, abzudrücken, obwohl ein Teil von mir das gerade wirklich nur zu gern möchte. Ich überlege kurz, ob ich Nate verfolgen soll, bis mir das Stöhnen des Mönchs mit der hässlichen Bauchwunde endgültig die Entscheidung abnimmt.

Der alte Mann erinnert mich ein wenig an Winthrop. Ich packe ihn an den nackten Fußgelenken und will ihn von den Flammen wegziehen, damit er nicht noch mehr leiden muss. Zum Dank tritt er mir gegen das Kinn. Ich gehe rücklings zu Boden und krache mit dem Kopf durch eine der Papierwände, die ein reißendes Geräusch von sich gibt; der Mönch wirft sich indes mit seinem letzten Atemzug auf die Flammen, um sie mit seinem Körper zu ersticken.

Es gelingt ihm nicht.

Trotzdem wird mir einiges klar, und ich lösche die Flammen eilig mit meinem Hemd, bevor sie auf die übrigen Tempelwände übergreifen können. Anschließend starre ich nachdenklich auf eben diese Wände, für die ein sterbender Mönch seine Todesqualen ignoriert und seine letzten Kräfte mobilisiert hat. Ich gehe vor der Wand in die Hocke, die ich beschädigt habe. Vorsichtig fahre ich mit der Hand über die Stelle um das gezackte Loch. Ziemlich rau.

Das ist kein *Papier*, so viel ist klar. Aus der Nähe bemerke ich nun auch, dass mit blasser Tinte kleine Kolonnen japanischer Schriftzeichen auf den hellen Untergrund zwischen den Holzrahmen geschrieben wurden – mit Sicherheit mehr als ein beliebiges Muster oder ein frommes Gebet.

Ich blicke auf die vielen Wände ringsum und spüre ein ehrfürchtiges Kribbeln in mir aufsteigen. Wie viele dieser Wandteile aus konservierter Drachenhaut könnte man wohl herstellen, wenn man sie hauchdünn schneidet und spaltet? Und wie viele alte Geheimnisse könnte man darauf verewigen?

Draußen ertönt ein Schuss.

Nate schießt sich wohl bereits seinen Weg zurück in die Staaten. Ich beschließe, ihn ziehen zu lassen, und hoffe, dass ich beim Rausgehen genauso viel Glück wie bisher habe und nicht an einen der kämpferischen Mönche gerate, der dann wohl der Sprachbarriere zwischen uns zum Opfer fallen würde.

Mein Auftrag hier ist erfüllt.

Ich bin gespannt, ob Winthrop und den anderen schlauen Köpfen daheim etwas einfällt, wie wir die Bibliothek des Drachen nach London schaffen sollen.

Der Bibliothekar

Charlotte Erpenbeck

Unbehaglich trat Ferris von einem Bein aufs andere, während er seine klammen Finger unter den zerschlissenen Wollmantel schob. Einen Moment lang umfasste er Meister Timons Amulett mit beiden Händen. Ob es ihn wirklich schützen würde, wenn jetzt ein Eisdämon auftauchte? Aber auch ohne Eisdämon war es hier draußen mächtig kalt. Völlig idiotisch, ausgerechnet hier oben in den Bergen eine Bibliothek zu bauen. Idiotisch, jedoch, wie er zugeben musste, genau deshalb absolut typisch für die Magier.

Die schwere Eichentür vor seiner Nase rührte sich nicht. Eisiger Gletscherwind strich über die kalten Steinmauern und fuhr ihm unter den Mantel. Über ihm krächzte ein Eishäher. Es klang, als ob der Vogel ihn verspottete. Ferris verzog mürrisch die Lippen und schlug erneut gegen das Tor. Es hallte dumpf.

Eine gefühlte Ewigkeit später schlurften endlich Schritte heran. Eine Kette rasselte, Riegel wurden zurückgeschoben. Die Tür öffnete sich einen Spalt. Aus kurzsichtigen Augen blinzelte ihn ein hagerer alter Mann an. Ferris war schon klein, aber der Alte musste trotzdem noch zu ihm aufsehen. Sein schlohweißer Spitzbart zitterte im Wind. »Wer bist du, und was willst du hier?«

»Ich bin Ferris, Lehrling bei Meister Timon, zu Euren Diensten, Meister, und ich soll hier nach einem Buch suchen, Meister.«

»Dummes Zeug, ich bin kein Meister, ich bin der Bibliothekar«, knurrte der Spitzbart. »Kannst mich einfach Belioz nennen. Das tun alle Besucher.«

»Ja, Meister Bibliothekar Belioz.«

Ein schwerer Seufzer entfuhr der kleinen Gestalt. »Dorfjunge, was?«

Ferris sparte sich die Antwort.

Belioz öffnete die Tür eine Winzigkeit weiter. »Komm rein. Nun beweg dich schon, Junge. Ich hol mir sonst noch den Tod bei der Kälte.«

Ferris schlüpfte dankbar durch die Tür ins Warme. Nun, nicht direkt ins Warme, wie er feststellen musste. Drinnen war es nur geringfügig wärmer als draußen. Nur dass es keinen Wind gab. Dafür war es duster. Die blakende Öllampe, die am Boden stand, reichte mit ihrem Schein kaum bis an die Decke des steinernen Gewölbes. Belioz' Schatten tanzte merkwürdig verzerrt über die graue Wand. Der alte Mann bückte sich, nahm die Lampe auf und schlurfte auf einen schwarzen Tunnel am Ende des Gewölbes zu. Jetzt erkannte Ferris, warum der Alte einen so merkwürdigen Schatten warf. Belioz hatte einen Buckel. Einen Moment lang musste Ferris grinsen. Wenn der im Dorf aufgetaucht wäre, hätte er sich mit seinen Freunden bestimmt einen guten Spaß mit dem alten Narren machen können. Im nächsten Moment fuhr er entgeistert zusammen. Hatten ihn da gerade zwei eisblaue Augen aus dem Buckel heraus angesehen? Aber so schnell das Aufleuchten gekommen war, so schnell war es wieder verschwunden. Er musste sich getäuscht haben, die Kälte hatte ihm wohl mehr zugesetzt, als er gedacht hatte. Trotzdem ...

Er hielt sicherheitshalber etwas Abstand.

Der Weg führte langsam, aber stetig nach oben. Ganz am Ende hellte sich der Tunnel auf, und die Luft fühlte sich tatsächlich etwas wärmer an. Am Ende des Ganges blieb Belioz stehen. Mit schwungvoller Geste, die so gar nicht zu seinem klapprigen Körper passen wollte, zeigte er in den Raum. »Meine Bibliothek!«

Ferris trat in einen großen, saalartigen Raum und blieb überwältigt stehen. Reihe um Reihe erstreckten sich zum Bersten volle Bücherregale vor seinen Augen. Nur notdürftig von sporadisch angebrachten Leuchtkugeln erhellt, zogen sie sich in gleichmäßigen, parallelen Reihen durch die ganze Länge des Saales, dessen Ende im Zwielicht verschwamm. Ein Geruch nach Papier und altem Leder erfüllte die Luft. In einer kleinen Wandnische standen einige Schränke, ein Bett, ein Tisch und ein bequemer Lehnstuhl um einen riesigen Kamin, in dem ein kleines Feuer glomm. Offenbar Belioz' Wohnstätte. Es roch ein wenig angebrannt. Ferris ignorierte den Geruch und trat an das erste Regal. Majestätisch thronten dicke Bände auf den Brettern, mit Papierlagen so mächtig wie sein Unterarm. Rückenbünde dick wie sein kleiner Finger wölbten sich darüber. Er griff nach einem Band, wagte aber nicht, ihn wirklich zu berühren.

Belioz gab ein meckerndes Lachen von sich. »Pack ruhig zu, Junge. Bücher beißen nicht!«

Ferris zog den schmalsten Band heraus. Er war immer noch so schwer, dass er ihn fast fallen gelassen hätte. Behutsam öffnete er ihn. Seite um Seite war eng mit krakeliger Schrift beschrieben. Ferris sackte das Herz in die Hose. Dieses eine Buch durchzulesen würde ihn bereits Wochen kosten. Und hier gab es tausende von Büchern. Wie sollte er da jemals das Buch finden, das seinem Meister die dringend gesuchte Antwort auf seine Frage gab? Beklommen stellte er das Buch an seinen Platz zurück.

Belioz schien seine Gedanken zu lesen. Er kicherte leise. »Bist wohl noch nie in einer richtigen Bibliothek gewesen, was, Junge?« Langsam schlurfte er in Richtung des Kamins. Dort wandte er sich dem größten Schrank zu und öffnete ihn. Stapel von Papier lagen dort, säuberlich geordnet, an mehreren Stellen von herausragenden Papierstreifen unterbrochen, die in der Luft leicht zitterten.

»Das nennt man ein Register, Junge. Hier sind alle Bücher und ihre Themen verzeichnet. Nur mit dem Register kannst du finden, was du hier suchst. Und jetzt sag mir, was Wichtiges passiert ist, dass die Narren im Tal sich nach vierhundert Jahren wieder an ihre Bibliothek erinnern.«

Ferris fuhr erneut zusammen. Vierhundert Jahre! Normale Menschen lebten nicht so lange. Belioz war ganz offensichtlich doch ein Zauberer! Mit doppeltem Respekt sah er den buckligen Alten an. »Das Reich hat ein großes Problem«, begann er.

»Klar«, murrte Belioz. »Wenn die Probleme haben, sind sie immer groß.«

»Aber es stimmt!«, beharrte Ferris. »Es ist ein großes Problem! Das Reich verschwindet!«

»Verschwindet?« Belioz schob seine Nase interessiert näher. »Wie darf ich das verstehen?«

»Nun, wir bekommen alarmierende Berichte von den Grenzen. Das Land hinter den Grenzen verschwindet. Einfach so. Es löst sich in eine Art grauen Nebel auf.«

»Wie lange geht das schon so?«

»Mindestens seit einhundertfünfzig Jahren.«

»Und dann schicken sie erst jetzt jemanden zu mir?«

»Na ja«, druckste Ferris. »Das Verschwinden hat erst in diesem Jahr angefangen, über die Grenzen zu greifen.«

Belioz kniff die Augen zusammen und blinzelte ihn einige endlos scheinende Minuten schweigend an. Dann warf er den Kopf in den Nacken und lachte los. Der meckernde Schall tanzte durch den Saal, bis ihn die schweigenden Bücher verschlangen. »Das ist gut!«, japste er schließlich und ließ sich in den Lehnstuhl fallen. »Das ist einfach köstlich! Sie warten, bis es über die Grenzen greift!« Schlagartig wurde er wieder ernst. »Und was sollst du jetzt hier?«

»Ich soll mit Eurer Hilfe ein Buch finden, das uns sagt, warum das Land verschwindet, und wie man das Verschwinden aufhalten kann.«

»Na, dann werde ich ja für die nächsten Wochen Gesellschaft haben.«

Belioz sollte Recht behalten. Es dauerte trotz seiner unermüdlichen Hilfe volle drei Wochen, bis Ferris auch nur annähernd wusste, wo er überhaupt suchen musste. Belioz hatte Ferris großzügig ein paar Decken gegeben, auf denen er neben dem Kamin schlafen konnte. Lebensmittel schien es in einem nahe gelegenen, eiskalten Gewölbe in Massen zu geben. Nur mit den Mahlzeiten gelang es Ferris überhaupt, die Tage zu zählen, denn das glimmende Licht der Leuchtkugeln veränderte sich nie. Eine kleine, ebenfalls eiskalte Quelle im Vorratsraum lieferte ihnen Wasser. Zuerst kam Ferris nicht dahinter, was das Kaminfeuer am Leben hielt, denn Holz gab es weit und breit nicht. Dann sah er, wie Belioz ein paar arg zerschlissene Bücher heranschleppte, die fast schon beim Ansehen auseinander fielen, und sie in die Flammen warf. Belioz bemerkte seinen erstaunten Blick.

»Die liest schon seit Jahrhunderten keiner mehr!«, erklärte er. »Früher hab ich mir ja noch die Mühe gemacht, die alten Wälzer sauber abzuschreiben, bevor ich die schimmligen Reste verbrannte. Aber das hab' ich schon lange aufgegeben. Nach denen fragt sowieso nie wieder jemand. Ich bezweifele, dass es außer mir auch nur eine Menschenseele im Reich gibt, die überhaupt diese Sprachen noch kennt.« Und mit einem zufriedenen Summen fütterte er die Flammen mit einem weiteren Band. Einen Moment lang schien es Ferris, als ob über dem Rücken des Alten wieder eisglühende Augen auftauchten.

Wochen vergingen. Ferris schleppte Bücher zum Kamin, studierte sie, schleppte die Bücher zurück zu den Regalen. Vergeblich. Nirgends fand er auch nur den kleinsten Anhaltspunkt. Belioz suchte in seinem Register nach Hinweisen und schickte ihn Tag für Tag in andere Ecken des Bücherlabyrinths.

So langsam kam Ferris hinter das System, nach dem die Bibliothek geordnet war. Vorne am Tunnel standen die Bände mit der Geschichte des Reiches. Dahinter folgten die Bücher der Wissenschaften und Technik, gefolgt von den Büchern der Magie. Dann folgten die Werke der Himmelskunde. Den Abschluss bildeten die Atlanten und die Bücher der Geologen und Landvermesser. Das alles wiederholte sich weiter hinten in der Bibliothek, in immer der gleichen Reihenfolge, für jedes auf der Welt bekannte Land.

Und alle Bücher waren gleich unergiebig. Die Geschichtsbücher gaben ihm keine Antworten. Die Wissenschaften kannten sein Problem nicht. Die Magie genauso wenig. Die Sterne waren dem Reich so fern wie seinem Verständnis. Ob ihm wenigstens die Landkarten eine Antwort geben konnten?

Ferris suchte nach einer Karte der gesamten Welt. Regal 719, hatte Belioz gesagt. So weit hinten in der Bibliothek war er bislang noch nie gewesen.

Verblüfft blieb er stehen und starrte auf die Regale. Große, furchteinflößend lange Regale. Leere Regale. Er wagte sich einige Schritte näher. Spuren im fingerdicken Staub verrieten, dass hier einmal Bücher gestanden hatten. Viele Bücher. Ihn schwindelte. Wie lange mochte Belioz bereits Bücher verheizen?

Belioz schnarchte im Lehnstuhl. Auf Zehenspitzen ging Ferris zur Kochecke. Mit festem Griff hob er das große Küchenmesser und wandte sich Belioz zu. Dann drückte er ihm entschlossen die Klinge an die Kehle. Das Schnarchen brach ab. Die wässrigen Augen öffneten sich. »So«, krächzte Belioz. »Du hast es also endlich herausgefunden!«

Ferris hielt das Messer mit bebenden Fingern. Ein kleiner roter Tropfen erschien unter der Klinge und rollte herab. »Wie ...?«, brachte er heiser heraus. »Warum ...?«

»Wie?« Belioz lächelte ein freundliches Großvaterlächeln. »Einfachste sympathische Magie. Die Bücher lösen sich in Rauch auf. Wie das Land, das sie beschreiben. Und warum?« Jäh wurde seine Stimme schneidend. »Seit fast vierhundert Jahren bin ich jetzt schon alleine hier oben. Damals vor neunhundert Jahren, als wir die Eisdämonen besiegten, wurde diese Bibliothek hier errichtet, um die Grenzen des Reiches zu sichern. Ich war ein junger, idealistischer Narr, damals. Ich verpflichtete mich, auf diesem Posten auszuharren. In den ersten Jahrhunderten war es einfach. Viele junge Leute kamen hierher, so jung wie du jetzt, um zu lernen, und meine Magierkollegen kamen, um ihr Wissen niederzuschreiben und die Magie der Bibliothek zu mehren und ihre Schutzmacht mit Zaubern zu stärken. Aber über die Jahrhunderte verloren sie das Interesse daran.« Er schob die Klinge mit überraschender Kraft zur Seite. Ferris ließ es wie gelähmt geschehen. Belioz erhob sich. »Sie sind nicht mehr gekommen, keiner von ihnen. Und ich habe immer nur hier gehockt und alte Bücher abgeschrieben, wieder und wieder und wieder!« Die Stimme des Alten war in immer größere Höhen geklettert und schnappte jetzt fast über. »Und dann sind nicht einmal mehr die Schüler gekommen! Niemand ist mehr gekommen! Alle haben sie mich hier alleine gelassen!« Seine Stimme klang nun weinerlich. »Ganz alleine!« Der Alte stand jetzt direkt vor dem Kamin. »Und ich bin unsterblich!«

Unsterblich? Seit wann waren Magier unsterblich? Ferris starrte in die fiebrig glänzenden Augen des Bibliothekars. Seine Hand krampfte sich so fest um das Messer, dass seine Knöchel schmerzten. Der Mann war ganz klar übergeschnappt. Die Einsamkeit musste ihn um den Verstand gebracht haben.

»Kannst du dir das überhaupt vorstellen? Eine ganze Ewigkeit, alleine, ohne dass sie je zu Ende geht?« Jäh wirbelte Belioz herum und deutete triumphierend in die Glut. »Aber dann habe ich einen Ausweg gefunden! Ich sorge einfach dafür, dass sich alles hier auflöst! Alles, einfach alles. Meine Kollegen, die Leute, das Land, alles. Und am Ende wird sich auch die Bibliothek auflösen, und ich mich mit ihr. Dann habe ich endlich Ruhe.« Sehnsucht klang aus der brüchigen Stimme. Sehnsucht – und ein Fünkchen Unsicherheit.

»Wer hat Euch das gesagt?«, fragte Ferris.

»Ich habe es ihm gesagt!« In den Buckel des Alten kam Leben. Ein unförmiger, halb durchscheinender Kopf wühlte sich auf einem spindeldürren, langen Hals durch den Stoff. Schlagartig wurde es kälter im Raum. Eisblaue Augen starrten Ferris ins Gesicht. Ein Eisdämon! Ferris zuckte zurück, als ihn der Eishauch traf. Kein Wunder, dass es hier nie so richtig warm geworden war. Belioz war von einem Eisdämon besessen!

Der Dämon lachte schrill. »Ihr Menschen seid einfach erbärmlich. Ihr hättet nie gegen uns gewinnen dürfen! Ihr habt uns fast vernichtet, und dann ist einer von euch, einer von den Vernichtern meiner Art, so dumm, meine Gesellschaft zu suchen. Erst haben wir uns nur unterhalten, er auf seiner Seite, und ich auf meiner Seite des Schutzzaubers. Ich gab vor, es würde mir langweilig, und ich würde weggehen. Da hat er mir ein Loch geschaffen, durch das ich schlüpfen konnte. Und das alles nur, weil er sich einsam fühlte!« Der Dämon war jetzt zu doppelter Größe angeschwollen. Die Glut im Kamin erlosch. Die Luft wurde so eisig, dass Ferris das Messer nicht mehr in seinen klammen Fingern halten konnte. Klappernd fiel es zu Boden.

»Aber warum ...?«, presste er zwischen blauen Lippen hervor. Der Dämon beugte sich zu ihm herab. Ferris sah seinen eigenen Atem in der eisigen Luft gefrieren. Eiskristalle bildeten sich an seinen Wimpern.

»Ein Eisdämon alleine ist machtlos – hätten die anderen Zauberer mich bemerkt, ich hätte nicht lange existiert!«, zischte der Dämon. »Deshalb verschmolz ich mit diesem alten Tattergreis und benutzte seinen Körper als Schutzschild, um den Zauber des Feuers nutzen zu können. Und jetzt werde ich dich dazu in Besitz nehmen! Der alte Narr hier hätte es eh nicht mehr lange gemacht.« Der Dämon begann, sich aus Belioz herauszuwinden. Es sah aus, als ob fließendes Eis aus dem zusammensinkenden Körper des alten Mannes hervorbrach.

Mit einem wilden Aufschrei griff Ferris in sein Gewand. Seine vor Kälte fast tauben Finger umschlossen das hölzerne Amulett, rissen es heraus und schleuderten es dem Dämon entgegen.

»Neeeiiiiiiin!« Flammen brachen aus dem Holz, leckten über das Konglomerat aus Mensch und Dämon, fassten um den missgestalteten Körper wie Krallen, fetzten Eis und Fleisch auseinander und verbrannten es gnadenlos. Ein wenig Wasserdampf blieb übrig, der durch den Kamin abzog, und ein kleines Häufchen Asche.

Ferris gestattete sich einen erleichterten Freudentanz. Dann fegte er die Überreste des Bibliothekars zusammen und warf sie in die Feuerstelle. Jetzt gab es nur noch eines zu tun. Die verbrannten Bücher mussten ersetzt werden. Er würde sie neu schreiben, das verschwundene Land neu erfinden müssen. Zum Glück gab es das Register noch, so dass er wenigstens wusste, welche Länder fehlten.

Mit den wichtigsten Dingen sollte er wohl besser sofort beginnen.

Mit klammen Fingern fischte er nach Papier, Federkiel und Tintenfass. Dann tunkte er die Feder ein und begann, mit schwungvollen Buchstaben zu schreiben.

Ganz oben auf der Einkaufsliste des frischgebackenen Bibliothekars Ferris standen vier Fuder Brennholz.

Die älteste Schrift

Daniel Schenkel

»Es lässt sich nicht lesen.«

Edgar Allan Poe
- Der Mann in der Menge

Am Anfang erzählte Carsten von der Bibliothek. Marius saß im Grundkurs Buchwissenschaften neben ihm und bis zu diesem Tag hatten sie nicht mehr als drei zusammenhängende Wörter miteinander gewechselt.

»Ich hätte nie gedacht, dass es hier in der Nähe solche Schätze gibt«, sagte Carsten. »Der Alte hat sogar handgeschriebene Bibeln aus prä-lutherischer Zeit bei sich stehen, elftes oder zwölftes Jahrhundert. Ein Händler könnte sich dumm und dämlich verdienen.«

»Wie bist du auf den Mann gekommen?«, wollte Marius wissen.

Carsten zögerte einen Moment, dann zuckte er die Achseln. »Weiß ich gar nicht mehr. Bestimmt über irgendeinen Bekannten, man lernt hier ja so viele Leute kennen.«

Marius gab sich mit dieser Antwort zufrieden. Ihn interessierte nicht wirklich, wie Carsten auf die Bibliothek gestoßen war, die Bestände der Büchersammlung weckten seine Neugierde jedoch über alle Maßen.

Anders als Carsten rechnete Marius den Wert von Büchern nicht in Geld. Zwar bereitete das Studium der Buchwissenschaften hauptsächlich auf eine gehobene Stellung in der Verlagswirtschaft vor, doch für Marius zählte vor allem der ästhetische Genuss. Teilverblasste Schrift auf brüchigem Pergament, über Jahrhunderte konservierte Gedanken, riefen bei ihm stets heilige Schauer hervor, gaben ihm das Gefühl, einer unerreichbaren Vergangenheit ein Stück näher gerückt zu sein.

Marius musste unbedingt mehr über diese geheimnisvolle Privatbibliothek erfahren und so lud er den Kommilitonen am Ende des Kurses in die Cafeteria ein.

»Der Kerl heißt Woric. Er kommt aus Osteuropa, glaube ich jedenfalls. Er ist ziemlich misstrauisch und hat ständig Angst, dass jemand seine Bücher stehlen könnte. An seiner Stelle hätte ich die wertvollsten Stücke längst in einem Banksafe untergebracht, aber so sind eben die alten Leute.«

Marius verstand Woric. Seine eigene Sammlung bewahrte er ebenfalls in seiner Wohnung auf. Er musste seine Schätze stets um sich wissen, musste sie berühren und sich so seines Besitzes versichern.

Wie konnte Marius den alten Woric dazu bringen, ihn in die Bibliothek zu lassen?

Carsten zuckte die Achseln. »Ich weiß nicht. Der Alte ist ein sturer Knochen. Wir kennen uns noch nicht so lange und ich will es mir mit ihm nicht verderben.«

Marius redete weitere zehn Minuten auf Carsten ein; schließlich rang er dem Kommilitonen die Zusage ab, mit Woric wenigstens über die Angelegenheit zu sprechen.

Carsten hatte gleich im Anschluss noch eine Vorlesung und so verabschiedeten sie sich.

Als Marius kurz nach Carsten die Cafeteria verließ, pfiff er leise vor sich hin. Kaffee und Gespräch waren gute Investitionen gewesen.

Eine Privatbibliothek mit seltenen Büchern, die sonst kaum jemand zu sehen bekam. Die Vorstellung allein verschaffte Marius feuchte Handflächen.

In den nächsten Tagen besuchte Marius Lehrveranstaltungen und schrieb an einer Hausarbeit, seine Gedanken schweiften jedoch stets zu Worics Bibliothek und zu den Schätzen, die dort verborgen liegen mochten.

Am vierten Tag nach der Unterhaltung in der Cafeteria war Marius so weit, die Hoffnung aufzugeben. Carsten hatte nicht mit Woric geredet oder der alte Mann war einfach zu misstrauisch, um einen Fremden hereinzulassen.

Marius bereute seine Bitte an den Kommilitonen. Zwar kannte Carsten den Alten, aber es wäre wohl besser gewesen, Marius hätte persönlich mit Woric gesprochen.

Dem alten Sammler gegenüber hätte er seine bedingungslose Bücherliebe bekundet und Woric hätte ihn verstanden. Im Grunde waren sie ja Brüder im Geiste, beseelt von der Verehrung für das geschriebene Wort.

Gegen Abend des fünften Tages klingelte das Telefon. Marius hastete zum Hörer und ließ dabei fast seine leinengebundene Ausgabe von ›Der arme Mann im Tockenburg‹ fallen.

Tatsächlich war Carsten am Apparat.

»Ich schwöre dir, ich habe fast drei Stunden quatschen müssen, aber Woric wird dich reinlassen.«

Marius verschluckte sich beinahe vor Aufregung. Nachdem er den unvermeidlichen Hustenanfall überwunden hatte, bedankte er sich bei Carsten und war selbst peinlich berührt, wie unbeholfen er die Worte herausstammelte.

»Kannst mir ja mal wieder einen Kaffee ausgeben. Sei morgen um zwanzig Uhr in der Zannstraße, Woric wartet auf dich.«

Obwohl Marius schon einige Jahre in der Stadt lebte, hatte er noch nie von dieser Straße gehört.

Carsten lachte leise. »Ist so ein ganz kleines Gässchen, das nur die echten Eingeborenen kennen. Pass auf, ich sage dir, wie du da hinfindest.«

Marius notierte sich Carstens umfangreiche Wegbeschreibung. Mehrmals ließ er den Kommilitonen unklare Passagen wiederholen, denn er wollte jedes Risiko ausschließen, auf dem Weg die Orientierung zu verlieren und unverrichteter Dinge umkehren zu müssen.

Carsten nahm sich Zeit. Marius' Hartnäckigkeit schien ihn nicht im Geringsten zu stören, er war wirklich ein sehr freundlicher Mensch. Bei der nächsten Gelegenheit, beschloss Marius, würde er sich für diese Hilfe erkenntlich zeigen. Vielleicht sollte er Carsten ein schönes, aber entbehrliches Stück aus seiner Sammlung zum Geschenk machen.

Marius nahm den Bus in die Altstadt, wo er seinen Weg zu Fuß fortsetzte. Carstens Beschreibung führte ihn über schmale Straßen immer tiefer in ein Häusergewirr aus Fachwerk- und Klinkerbauten.

Marius begegnete nur zwei Bewohnern dieses Viertels. Die ärmlich gekleideten alten Frauen standen in einem Torbogen und flüsterten in einer ausländischen Sprache miteinander. Als Marius an ihnen vorüberging, verstummten sie ganz.

Immer schäbiger wurden die Hausfassaden, immer löchriger die gewundenen Straßen und auch der Gestank nach undichten Abwasserleitungen nahm beständig zu.

Aber Marius ließ sich nicht abschrecken. Er hatte ein Ziel vor Augen, eine Bibliothek voller papierener Schätze.

Die Zannstraße erreichte er lange nach Sonnenuntergang.

Der trübe Schein einer Straßenlaterne beleuchtete nur ein einziges intaktes Haus; alle anderen Gebäude waren Trümmerhaufen mit eingestürzten Dächern und porösem Mauerwerk, die ganz sicher keine Buchsammlung beherbergten.

Marius stieg die glitschigen Steinstufen zur Tür des Hauses hinauf und drücke energisch die Klingel.

Kein Glockenton war zu hören. Alle Fenster des Anwesens blieben dunkel und niemand öffnete.

Marius wartete.

Hatte Carsten sich einen üblen Scherz erlaubt? Hatte er Marius für einen Schabernack in diese verlassene Gegend geschickt?

Enttäuschung lastete schwer auf Marius' Schultern. Er wollte sich schon umdrehen um diesem Ort ein für allemal den Rücken zu kehren, da öffnete sich die Tür.

Das Licht aus dem Flur reichte gerade aus, die Gestalt des alten Mannes in seinem zerschlissenen Morgenmantel zu erhellen. Das ungekämmte Haar fiel dem Greis in Strähnen über das altersfleckige Gesicht und der struppige Schnauzbart verlieh ihm das Aussehen eines heruntergekommenen Walrosses.

Der Alte fixierte Marius mit geierähnlichen Augen. Er sprach kein Wort.

»Herr Woric?«, fragte Marius versuchsweise.

Der Alte schnaubte. »Wer soll ich denn sonst sein? Sie sind spät dran, mein Herr.«

Nach dieser Feststellung verfiel Woric erneut in Schweigen.

»Es tut mir sehr leid«, sagte Marius. Seine Stimme zitterte. Der kalte Blick des Alten war nach dem langen Weg fast zu viel für ihn. »Ich hatte Schwierigkeiten herzufinden.«

Woric zuckte lediglich die Achseln.

Marius fuhr sich über die Stirn, auf der trotz der niedrigen Temperaturen Schweißtropfen standen.

»Carsten hat bestimmt mit Ihnen gesprochen. Nun ja, darf ich bitte hereinkommen? Ich würde wirklich sehr gerne Ihre schönen Bücher sehen.«

Woric schnaubte erneut, ein Laut absoluter Missbilligung. Dann gab er sich einen sichtlichen Ruck. »Also schön, wenn Sie schon einmal da sind. Wobei ich nicht weiß, was Sie sich hier erhoffen.«

Marius trat ein. Süßlicher Modergeruch stach in seine Nase und für einen kurzen Moment sah er sich im Inneren eines riesigen, verwesenden Organismus stehen. Eine einzige nackte Glühbirne hing von der Decke und verbreitete flackerndes Licht. Durch eine offene Tür fiel Marius' Blick auf brüchiges Mobiliar und mottenzerfressene Vorhänge. Risse durchzogen alle Wände.

Woric warf die Haustür ins Schloss und legte den Riegel vor. Beim Geräusch der zuschlagenden Tür fuhr Marius zusammen. Etwas grundlegend Falsches beherrschte dieses Haus und seine Umgebung, die ungreifbare Präsenz von etwas Verdorbenem, das an den Grundfesten der Wirklichkeit nagte.

Als Woric eine schmale Treppe hinaufstieg, knarrten die Stufen bei jedem Schritt.

Marius folgte dem Alten nach kurzem Zögern. Er war bis hierhergekommen, jetzt wollte er auch die von

Carsten gepriesene Bibliothek sehen und so verdrängte er seine wachsende Furcht.

Das obere Stockwerk bestand aus einem einzigen, mit Regalen vollgestellten Raum. Spärliche Beleuchtung schuf einen Irrgarten aus Silhouetten, in dem Schatten wie schwarze Tiere durch das Unterholz eines Dschungels huschten.

»Das ist sie«, sagte Woric. »Meine Sammlung.«

Marius' Neugier vertrieb endgültig sein Unwohlsein. Er trat an das nächste Regal und betrachtete die Bücher. Sie trugen keine Signaturen wie in öffentlichen Bibliotheken und auch eine anderweitige Ordnung war nicht erkennbar.

Doch diese Bücher waren alt, sehr alt.

Marius entdeckte auf Anhieb eine exzellent erhaltene Ausgabe der ›Sermones‹ von Tirus neben einer italienischen Ausgabe des Thukydides aus dem 16. Jahrhundert.

Ehrfürchtig nahm Marius den Tirus zur Hand. Auf dem Einband waren keinerlei Flecken zu sehen und als er das Buch aufschlug, fand er die Schrift kaum verblichen, die Illustrationen so kraftvoll, wie wenn sie eben erst gefertigt worden wären. Die Feuchtigkeit des Hauses hatte hier aus unerfindlichen Gründen keinen Schaden anrichten können.

Woric räusperte sich. »Gehen Sie vorsichtig damit um. Wenn Sie alles anfassen wollen, sollten Sie gefälligst Handschuhe anziehen.«

»Natürlich.« Marius nickte eifrig. Das Fieber des Entdeckers fegte seine Ängste endgültig beiseite. »Sie brauchen sich keine Sorgen zu machen.«

Woric musterten Marius von oben bis unten. »Sie sind nur hier, weil Sie einen bedeutenden Fürsprecher haben, aber bilden Sie sich bloß nicht zu viel darauf ein.«

»Ganz bestimmt nicht, Herr Woric.«

In traumähnlicher Euphorie durchwanderte Marius die verschlungenen Pfade von Worics Bücherlabyrinth. Hier und da zog er einen besonders prächtigen Band aus einem Regal, blätterte fast atemlos vor Bewunderung darin, um ihn schließlich zurückzustellen und weiterzuschlendern. Da er keine Handschuhe bei sich hatte, behalf er sich mit Taschentüchern, die er sich um die Hände wickelte.

Marius bog um eine weitere Ecke und erreichte eine Art Lichtung inmitten der Regale; im Zentrum der Lichtung lag ein Buch auf einem Lesepult. In den Einband aus schwarzem Leder war ein lachendes Gesicht eingestanzt, dessen Mund viel zu groß war, um es nicht deformiert wirken zu lassen.

Ein Verlangen, stärker als alles, was er jemals bei einer Frau gefühlt hatte, stieg in Marius auf.

Dieses Buch war der größte Schatz der Bibliothek. Marius wusste dies von einem Augenblick auf den anderen und wenn man darüber nachdachte, lag diese Einschätzung mehr als nahe. Woric hatte diesem Folianten bestimmt nicht umsonst den Ehrenplatz auf dem Lesepult zugestanden.

Als Marius das Buch aufschlug, zitterte seine Hand.

Der Gewürzgeruch alten Pergaments, vermischt mit etwas anderem, das er nicht einordnen konnte, drang in seine Nase.

Beinahe jede Seite enthielt farbige Abbildungen, die Menschen und merkwürdige Geschöpfe zeigten. Der Illuminator hatte sich bei der Darstellung der Fabelwesen offenbar an Gottesanbeterinnen orientiert, nur dass die von ihm geschaffenen Kreaturen groß wie Menschen waren und robenähnliche Gewänder als Kleidung trugen. Der zugehörige Text bestand aus verschnörkelten Buchstaben, die Marius nicht einmal ansatzweise entziffern konnte.

Trotzdem meinte er, die Bedeutung der Schrift zu verstehen. Auf unbegreifliche Art sprachen die unlesbaren Symbole zu ihm, übermittelten ihren Sinn direkt in seinen Kopf.

Die Schrift erzählte von dampfenden Dschungeln unter einer roten Riesensonne, von Städten aus schwarzem Basalt, für deren Bewohner es in der menschlichen Sprache keine Namen gab.

Von Schätzen und unergründlichen Geheimnissen berichtete die Schrift, von Zeiten, in denen der Mensch noch nicht einmal ein Traum gewesen war und von zukünftigen Äonen, die sich des Homo sapiens nicht mehr würden entsinnen können.

Die Schrift schilderte außerdem eine Wesenheit, zu der die Bewohner der Basaltstädte in mondlosen Nächten heulten und zu deren Ehren sie zum Klang knöcherner Instrumente tanzten; eine Abbildung zeigte die Entität als gigantischen Mann mit grell geschminktem Gesicht, monströs breitem Mund und schwarzen Augen voll boshafter Belustigung.

Eine Hand legte sich auf Marius' Schulter.

»Sie sollten doch vorsichtig mit meinem Besitz umgehen«, flüsterte eine heisere Stimme.

Marius fuhr herum. Für einen Moment wusste er nicht, wer der alte Mann mit dem zerzausten Schnauzbart war, dann kehrten seine Gedanken aus der Welt des Buches zurück.

»Tut mir sehr leid«, stieß er hervor. »Ich wollte nichts beschädigen.«

Worics Geieraugen verengten sich zu bedrohlichen Schlitzen. »Dieses Buch muss mit äußerster Sorgfalt behandelt werden. Die Konsequenzen einer Unachtsamkeit wären schwerwiegender als Sie sich vorstellen können.«

Marius leckte sich die trockenen Lippen. Er wollte schlucken, fand aber nicht genug Speichel.

Wie die Antwort auf seine nächste Frage lauten würde, wusste er bereits. Aussprechen musste er die Worte dennoch. Er konnte nicht anders.

»Herr Woric, bitte verzeihen Sie meine Unverschämtheit, aber dürfte ich mir dieses Buch ausleihen? Ich verspreche Ihnen, gut darauf achtzugeben.«

»Sind Sie völlig verrückt geworden?« Worics Schnauzbart zitterte vor Empörung. Eine Ader auf seiner Stirn pulsierte.

»Herr Woric, ich flehe Sie an!«

Marius musste dieses Buch haben. Dieses einzigartige Buch.

Er musste es besitzen. Musste all seine Geheimnisse ergründen. Niemals würde er es diesem verrückten Alten zurückgeben, aber das durfte er jetzt natürlich nicht sagen.

»Ausgeschlossen!« Woric schüttelte so heftig den Kopf, dass seine zauseligen Haare flogen. »Was denken Sie sich eigentlich? Dieses Buch enthält die Kopie eines Dokumentes aus der verlorenen Bibliothek Alexandrias und auch dieses war bloß die Abschrift eines noch älteren, in Stein gemeißelten Textes. Simon Magus versuchte seine Geheimnisse zu entschlüsseln und scheiterte, ebenso erging es Wilhelm von Ockham und

Meister Eckehart. Glauben Sie mir, es ist die älteste Schrift, die auf dieser Welt existiert.

Und jetzt kommen Sie angeschlichen und wollen diesen Ursprung aller Mysterien einfach davontragen. Es war eine dumme Idee, Sie überhaupt hereinzulassen ... es ... ich ...«

Marius packte Woric bei der Kehle. In seinem Kopf flüsterte das Buch, flüsterte die älteste Schrift der Welt. Der Alte schnappte nach Luft. Seine Augäpfel traten hervor, schienen aus den Höhlen kullern zu wollen. Sein Gesicht lief blaurot an. Die Zunge quoll ihm aus dem Mund, Speichel tropfte auf den Morgenmantel.

Woric ging zu Boden. Der Körper zuckte noch einige Male, dann lag er still.

Marius betrachtete seine Hände.

Wie seltsam. War wirklich er das gewesen? Hatte er tatsächlich gerade einen Mord begangen?

Unmöglich! Er war kein Mörder, das konnte einfach nicht sein.

Worics vormals so stechende Geieraugen starrten blicklos ins Leere. Marius machte Anstalten, den Puls des Alten zu fühlen, scheute aber davor zurück, Woric zu berühren. Zu grässlich verzerrt war dieses Gesicht mit der aus dem Mund hängenden Zunge.

Das Buch! Der Gedanke schrie in Marius' Verstand.

Er klemmte sich das Buch unter den Arm, der Kodex wog schwer und ließ ihn taumeln.

Marius stieß gegen ein Regal.

Uraltes Holz ächzte. Das Möbel kippte. Mit einem Krachen prallte das Regal gegen das nächststehende Büchergestell und riss es mit sich.

Die Bibliothek brach zusammen.

Unersetzbare Buchschätze fielen auf den Boden, wurden von umstürzenden Regalen begraben und zerdrückt.

Marius stürmte durch die Tür. Er übersah eine Stufe, verlor den Halt und stürzte. Unfähig, sich festzuhalten, überschlug er sich, bevor er unten gegen die Haustür prallte.

Mühsam und schwer atmend kam er auf die Beine. Sein Körper war nur Schmerz. In seinen Ohren rauschte es. Eine warme Flüssigkeit lief über Marius' Gesicht und er schmeckte Salz.

Fort von hier! Nur fort von diesem Ort, an dem Unaussprechliches geschehen war!

Marius zerrte an der Haustür, bis er begriff, dass er zuerst den Riegel beiseiteschieben musste.

Endlich war die Tür offen.

Marius stürmte hinaus in die Finsternis der Zannstraße, das Buch mit der ältesten aller Schriften immer noch unter den Arm geklemmt.

Die älteste Schrift, die selbst durch den geschlossenen Buchdeckel zu ihm sprach.

Die älteste Schrift, die von all jenen Geheimnissen erzählte, die ihre verschnörkelten Lettern verbargen.

Marius erwachte mit Kopfschmerzen. Er öffnete die Augen und fand sich vollständig bekleidet auf seinem Bett liegend wieder. Wie war er hierher gekommen? Er wusste es nicht. Die Zeitanzeige des Weckers auf dem Nachtkästchen stand auf null und blinkte.

Marius betastete seine Stirn und fühlte eine verschorfte Wunde, die Erinnerung an die Bibliothek und an das, was dort passiert war, existierte nur noch als verschwommener Schatten.

Ein Geräusch, das Musik hätte sein können, drang an Marius' Ohren.

Er tappte zum Fenster und sah die Stadt unter einer roten Sonne liegen, der Lichtball war riesig und erinnerte an einen bis zum Platzen angeschwollenen Furunkel.

Die musikähnlichen Laute kamen von draußen. Irritiert öffnete Marius das Fenster und atmete Luft, die nach Metall und Salz roch.

Die Musik dröhnte in seinen Gehörgängen. Eine atonale Melodie, in der nie gehörte Rhythmen klangen. Die Quelle der beunruhigenden Töne war nirgends zu entdecken.

Marius kehrte zum Bett zurück. Er war entsetzlich müde und sicher konnte es nicht schaden, dem geschundenen Leib noch ein wenig Ruhe zu gönnen.

Der Boden erzitterte. Putz bröckelte von der Decke. Die Fensterscheiben klirrten, bekamen Risse und zersprangen. Glassplitter regneten ins Zimmer.

Panik verschlang Marius' Müdigkeit. Er sprang aus dem Bett. Die Ereignisse der vergangenen Nacht kehrten schlagartig in sein Gedächtnis zurück.

Das Buch! Wenn das Gebäude einstürzte, musste Marius das Buch retten!

Aber das Buch, das die älteste Schrift der Welt beherbergte, war verschwunden.

Das Haus schwankte immer stärker und Marius rannte aus seiner Wohnung, raste das Treppenhaus hinunter, floh wie er vor seinem Verbrechen an Woric geflohen war.

Unten war die Straße menschenleer. Das Mietshaus stand unbeweglich da, von einem Erdbeben war nicht das Geringste zu spüren.

Trotzdem wollte Marius nicht in seine Wohnung zurück. Zwar befand sich seine Büchersammlung dort, aber was bedeutete sie schon?

Marius brauchte die älteste Schrift. Im Vergleich zu ihr waren all die Wälzer, die er über viele Jahre zusammengetragen hatte, nicht mehr als Plunder.

Möglicherweise konnte Carsten helfen. Das war die Idee. Der Kommilitone wusste bestimmt auch einen Weg, die Sache mit Woric wieder ins Lot zu bringen.

Der alte Sammler konnte unmöglich tot sein. Allein der Gedanke, er, Marius sei tatsächlich zu einem Mord fähig, war absurd.

Jawohl, albern war das! Ganz und gar grotesk!

Marius lachte auf und das schrille Geräusch hallte durch die verwaiste Straße.

Marius wanderte der Musik entgegen; unter der roten Sonne durchquerte er verlassene Straßen, passierte liegen gebliebene Autos und Häuser, deren Fenster an leere Augenhöhlen erinnerten.

In der Parkanlage vor der Universität war die Musik ohrenbetäubend. Marius hatte den Ursprung des Höllenlärms erreicht.

Auf dem matschigen Rasen tanzten nackte Männer und Frauen in einem wilden Reigen, Irrsinn verzerrte ihre Gesichter zu Fratzen, Schaum tropfte von ihren Lippen.

Marius sah einige Tänzer aus der Horde ausscheren. Wie Raubtiere fielen sie übereinander her, rissen sich gegenseitig das Fleisch in Fetzen vom Körper, um anschließend in einer blutigen Orgie zu kopulieren.

Die Tanzmusik stammte von mannsgroßen Gottesanbeterinnen. Sie spielten auf Instrumenten, die dem Aussehen nach aus Menschenknochen gefertigt waren.

Eine Tänzerin kam einer Gottesanbeterin zu nahe. Prompt ließ das Monster sein Instrument fallen und packte die Frau mit seinen Fangbeinen. Das Opfer zappelte wild, versuchte verzweifelt, sich loszureißen.

Aber die Gottesanbeterin war zu stark. Mit einem einzigen Ruck riss sie den Frauenkörper in zwei Hälften.

Marius umging die wilde Meute und das Gemetzel.

Er spürte das Pochen des Wahnsinns in seinem Hinterkopf, einen scharlachroten Strudel, der jedes klare Denken zu verschlingen drohte.

Carsten würde Rat wissen. Er war ein sehr freundlicher Mensch und würde Marius sagen, wo er das Buch, Marius' Buch, wiederfinden konnte.

Carsten sah vom Fenster eines Seminarraums in den Park hinunter; die Musik der Gottesanbeterinnen war auch hier deutlich zu hören. Er stand mit dem Rücken zur Tür und wenn er Marius' Eintreten bemerkt hatte, so zeigte er es nicht.

»Hilf mir«, war alles, was Marius herausbrachte. Tränen liefen ihm in dicken Tropfen über Wangen und Kinn.

Der Kommilitone hätte in seiner Reglosigkeit eine Statue sein können.

»Das Buch«, flüsterte Marius, seine Stimme versagte beinahe. »Bitte, sag mir, wo es ist.«

Carsten drehte sich um.

Marius wich zurück.

Ein grellbunt geschminktes Gesicht, schwarze Augen ohne Pupillen, der viel zu breite Mund ein höhnisches Grinsen, Marius stand dem Gott der ältesten Schrift gegenüber.

Das Ding setzte sich in Bewegung, trippelte ihm mit steifen, mechanischen Schritten entgegen.

Alles in Marius schrie nach Flucht, doch das Grauen lähmte seine Beine.

Er konnte nur dastehen und den Puppengott anstarren.

Die Obszönität, die einmal Carsten gewesen war, klappte ihr überdimensionales Maul auf. Ein Quietschen wie von rostigen Scharnieren ertönte.

Marius sah in den widernatürlich aufgerissenen Rachen und erblicke Dunkelheit, ein Universum absoluter Finsternis, bereit alles Existierende zu vertilgen.

»Das neue Zeitalter.« Die Stimme des Puppengottes dröhnte wie Glockenschläge einer Kathedrale, gleichzeitig schien sie von sehr weit her zu kommen, als spräche das Wesen aus einem tiefen Schacht.

»Alle Materie muss weichen. Die Vernunft tanzt ihren Totentanz. Die Zeit selbst stirbt und nur noch das Nichts wird sein.«

Der Puppengott wuchs. Sein gewaltiger Schädel stieß gegen die Decke und brach binnen Augenblicken durch den Beton.

Das Universitätsgebäude schwankte. Unter Marius riss der Boden auf.

Bevor er in den Spalt stürzen konnte, packte ihn eine titanische Hand. Der Puppengott hob Marius hoch, dem Maul entgegen, in dem die ultimative Schwärze lauerte, dem Maul, aus dem kreischendes Gelächter ertönte, das Heulen all der Verlorenen, die dem scharlachroten Wahnwitz dieser Welt verfallen waren.

»Am Ende wird auch das Nichts nicht mehr sein.«

Marius schrie. Er wand sich, setzte seine ganze verbliebe Kraft ein, um den Griff der Gottheit zu sprengen.

Die Riesenhand ließ Marius fallen. Brüllend und um sich schlagend stürzte er in den überdimensionalen Rachen.

Alle Schöpfung war nichts.

Alle Gedanken waren nichts.

Alle Zeit war nichts.

Das Nichts hüllte Marius ein, zersetzte jedes Molekül seines Körpers, löschte alles aus, was er gewesen war und was er hätte sein können und schließlich war er ganz und gar nicht mehr.

In einer dunklen Bibliothek lag ein altes Buch auf einem Lesepult. Die Hand eines Greises strich liebkosend über das lachende Gesicht auf dem Einband.

»Ich tue, was du befiehlst«, murmelte Woric. »Denn letzten Endes bist du Herr und Meister von uns allen.«

Dann wandte sich der Alte ab, um an anderen Stellen seiner Bibliothek Ordnung zu schaffen. Der Fremde hatte in Worics Büchersammlung einiges durcheinander gebracht, aber schon bald würde alles wieder sein, wie es schon immer gewesen war.

Zwei Kisten Weisheit

Christian von Aster

Tapfer trotzte das kleine Feuer der Kälte, vermochte dabei aber doch keinen der drei Männer zu wärmen.

Sie hatten ihr Lager in dieser Felsschlucht knapp unterhalb des Gebirgspasses aufgeschlagen, wo sie zumindest gegen den Wind geschützt waren. Der kalte Atem des Nordens war unerbittlich. Grollend tobte der Schnee um die Berge, und alles um sie herum war bloß noch kalt und weiß. Selbst hier, noch eine gute Tagesreise von den Eisweiten entfernt, ahnte man, wie die Kälte an diesem Ort einst ein Bündnis mit der Ewigkeit eingegangen war, und wie die beiden nun beieinander lagen, um jene fürchterlichen Stürme zu zeugen, in denen man erfror. Und Frostholdt, das Ziel ihrer Reise, galt als eine der unwirtlichsten Städte des Reiches.

Die Strapazen waren den Männern anzumerken. Vor allem der Alte hätte vermutlich keine zwei Tage mehr durchgehalten. Seine Robe, die ihn als Gelehrten auswies, hatte auf der Reise gelitten und eines seiner Augengläser war im bitteren Frost des Nordens gesprungen.

Längst hatte die Kälte einen Weg durch ihre Kleidung gefunden. Und seit ihnen vor zwei Tagen das letzte Pferd weggestorben war, war es noch schlimmer geworden.

Es gab nur wenige Gründe, eine Reise bis an den Rand der Eisweiten auf sich zu nehmen. Und wohl keiner seiner beiden Begleiter hätte es getan, wäre ihnen nicht seitens des Alten ein üppiger Lohn versprochen worden.

Und so hockten sie nun alle, der Söldner, der Gelehrte und ihr rothaariger Führer gemeinsam an diesem kläglichen Zerrbild eines Lagerfeuers und froren.

Der einzige Trost war, dass dies ihr letzter Abend in dieser beißenden Kälte war. Am folgenden würden sie entweder an ihrem Ziel angelangt oder tot sein.

Mürrisch schaute Ragk, ein bärbeißiger Hüne, zu den beiden wuchtigen, mit Trageriemen versehenen Kisten hinüber. Sie waren mit Kupferbeschlägen verziert und gerade so groß, dass ein ausgewachsener Mann sie mit etwas Mühe tragen konnte. Seit einem Monat, seit Beginn ihrer Reise schleppten sie darin einen Haufen Bücher, die diesen mickrigen Flämmchen ohne weiteres zu beachtlicher Größe hätten verhelfen können.

Das glimmende Häufchen Zweige, das sie aus den Felsennischen geklaubt und dem Schnee abgetrotzt hatten, war jämmerlich und spendete nicht einmal ausreichend Wärme für die Flöhe in ihren Bärten.

Seufzend warf der Hüne noch einen weiteren mickrigen Zweig ins Feuer. Aber selbst wenn er noch so sehr fror, von den Büchern würde er die Finger lassen. Jedoch nicht, weil sie ihm etwas bedeutet hätten. Er konnte weder lesen noch schreiben. Aber für jedes einzelne Buch, das mit ihnen am Ziel ihrer Reise angelangte, würde der Greis ihn gut bezahlen. Was den alten Gelehrten bewegt hatte, diese Schriften zusammenzuraffen und ans Ende der Welt schaffen zu wollen, spielte für den Söldner keine Rolle. Auch dass der Alte ständig von irgendeiner geheimen Bibliothek faselte, scherte ihn nicht. Das einzige was zählte, war dass er gut zahlte, was für jemanden wie Ragk, der jahrelang in den Sümpfen gekämpft, dabei zwei Finger verloren und überhaupt noch nicht viel Glück im Leben gehabt hatte, ein echter Glücksfall war.

Sein Blick schweifte weiter. Er hätte natürlich auch den Alten selbst ins Feuer werfen können. Ruach T'hinn Darr. Der erste Mann mit dem Titel eines T'hinn, für den der Söldner jemals gearbeitet hatte. Der schmächtige Greis wäre zwar in den Flammen sicher einfach so verpufft, aber danach hätte er problemlos auch noch die Bücher nachlegen können. Dann wäre er jetzt schon reich gewesen. Der Söldner wusste, dass der Alte das Gold bei sich hatte. Und hätte er sich nicht für ein Leben als ehrbarer Söldner entschieden ... Aber wenn ein Mann schon sonst nichts mehr zu verlieren hatte, dann war sein Ruf das einzige, worauf er noch Acht geben konnte. Egal, ob er eine Kehle durchschnitt oder gegen irgendeinen Schurken zog. Ragk war bekannt dafür, seine Aufträge stets zu Ende zu bringen. Es war eine Art Kodex, von dem er wusste, dass er für die meisten anderen nicht galt. Aus diesem Grund hatte er Gwerrin auch seit Beginn der Reise die ganze Zeit über im Auge behalten.

Auch den hätte er nicht ins Feuer werfen können. Obwohl der kleine rothaarige Kerl gewiss ein Stündchen Wärme gegeben hätte. Bedauerlicherweise war Gwerrin ihr Führer, der nahe der Eisweiten unerlässlich war. Unter dem Schnee gähnten Gletscherspalten, die Fallen der Eisreiter und Kreaturen, die sich an den Eingeweiden der Reisenden zu wärmen trachteten. So sagte man jedenfalls. Vor allem natürlich die Führer, die schlussendlich von den Bedrohungen des Khorghenpasses lebten.

Doch auch wenn er Gwerrin brauchte, trauen tat er ihm nicht. Er kannte Männer wie ihn. Solche mit Wieselblick und Natternherz, die sich vom Verrat ernährten und an der Lüge berauschten. Rote Haare und grüne Augen. Nein, so einem konnte er nicht trauen. Zumal sein Interesse an den Büchern des Alten verdächtig war.

Ragk kniff die Augen zusammen. Statt irgendjemanden ins Feuer zu werfen, würde er wohl oder übel frieren müssen. Und dabei diesen schmierigen Gwerrin beobachten, während der den Alten ausfragte, wobei selbst seine Stimme etwas wieselhaftes ...

»Aber sagt, ehrwürdiger T'hinn, was ist so besonderes an dieser Bibliothek?«

Der Angesprochene beschaute sein gesprungenes Augenglas und antwortete dann mit leiser Stimme: »In ihr, so sagt man, liegt das Wissen der größten aller Gelehrten. Für die meisten ist sie allerdings nicht mehr als eine Legende. Sie ist ein Geheimnis. Vermutlich das größte, das Frostholdt zu bieten hat.«

»Und diese Bücher ...?« Gwerrin deutete auf die beiden beschlagenen Lederkisten.

»Es sind all die, die ich im Lauf meines Lebens geschrieben habe. Und sie beinhalten Wahrheiten über den Wandel der Metalle, den Lauf der Gestirne und den der Geschichte ...«

»Ach?«

»Nun ja, Geschichte hat meist mehrere Versionen. Die Lehre des Vergangenen ist eine sehr diffizile Angelegenheit. Einige dieser Bücher musste ich jahrelang verbergen, da manch ein Fürst sie ungern im Umlauf gewusst hätte.«

Der Alte zog seine Handschuhe aus und stopfte sich mit zitternden Fingern eine Pfeife, die er mühsam an der Glut entzündete, bevor er fortfuhr: »Ein großer Teil dieses Wissens ist beinahe ebenso geheim wie die Bibliothek von Frostholdt. So habe ich unter anderem die Versuche Hekrons des Weisen dokumentiert, unedle Metalle in Gold verwandeln. Versuche, die offiziell wohlgemerkt niemals stattgefunden haben ...«. Von dem Moment als das Wort Gold gefallen war, sah Ragk ihren Führer förmlich an den Lippen des Alten hängen, als ob das Wiesel sich daran festgebissen hatte.

Der Gelehrte nahm einen Zug aus seiner Pfeife.

»Ich habe sogar sechs Jahre in den verbotenen Wüsten von S'dhun zugebracht, um dort von den Sterndeutern des Ostens die Geheimnisse der Astrologie zu erlernen.«

Einen Moment lang schien er wie in Gedanken versunken, bevor er seufzend zu den beiden Kisten hinüberblickte.

»Einige dieser Bücher musste ich zurückkaufen. Andere hatte ich nie fortgegeben. Nur eines, das ›Tetramalion‹, ging verloren. Die anderen vermochte ich ausnahmslos wieder in meinen Besitz zu bringen.«

Wieder widmete er sich einen Moment lang seiner Pfeife, was Gwerrin für eine weitere Frage nutzte: »Aber weshalb wollt Ihr Eure Bücher nun in jene geheime Bibliothek bringen?«

»Wenn in ihr tatsächlich das gesammelte Wissen der großen Gelehrten ruht, gehört auch das meine dort hin. Vielleicht ist es Ehrgeiz. Ein wenig Eitelkeit womöglich. Aber ich denke, in meinem Alter ist das verzeihlich.«

»Habt Ihr denn keine Angst?«

Ragk wusste genau, was Gwerrin meinte. Für einige wenige Menschen waren derartige Schriften mehr wert als Gold und Edelsteine und auf den Soldlisten der großen Bibliotheken standen Männer, die für das entsprechende Buch mehr als nur einen Mord begingen.

Er sah den Alten schwach lächeln und zu sich hinüberdeuten.

»Dafür habe ich ihn dabei. Und bezahle euch so gut. Wisst Ihr, Gwerrin, ich habe vierzig Jahre gebraucht, all diese Bücher zu schreiben und zuletzt ganze zehn, sie wieder zusammenzubekommen. Da werde ich sie jetzt nicht irgendwelchen Schurken überlassen.«

Durch sein geborstenes Augenglas zwinkerte er dem Führer zu.

Und dann brach plötzlich die Hölle los: zeitgleich sprangen aus dem Schatten der umliegenden Felsen drei Vermummte hervor. Ihr Angriff erfolgte so schnell, wie die Kälte es eben zuließ. Nicht einmal Ragk hatte sie bemerkt. Dennoch erreichte der erste Angreifer ihn nicht einmal. Sein Ansturm endete in der Klinge des Söldners, der einen Wimpernschlag später einen Wurfdolch in Richtung des Mannes schleuderte, der gerade sein Schwert über dem Kopf des Gelehrten erhob.

Als er gleich darauf nach einem weiteren Dolch griff, sann er kurz nach, ob er auch Gwerrin von seinem Angreifer befreien sollte. Doch er wollte es ihm nicht zu einfach machen. Zumal er ihren Führer lange genug beobachtet hatte, um zu wissen, dass er ein vergiftetes Messer in seinem Stiefel hatte. Und womöglich war es besser, wenn jemand anders dieses Gift abbekam. Bevor er noch eine Entscheidung fällen konnte, bemerkte er plötzlich den vierten Vermummten, der gerade mit einer der beiden Kisten zwischen den Felsen verschwand.

Fluchend hastete er ihm nach.

Als der Söldner wenig später wieder an das kleine Feuer trat und die Kiste von seiner Schulter gleiten ließ, hatten der Alte und der Führer die Leichen der Angreifer bereits untersucht. Der Gelehrte rückte seine Augengläser zurecht und wies auf die Tätowierung auf dem Hals eines der Männer. Dort waren zwei Elefanten zu erkennen, die auf den Hinterbeinen stehend ein Buch hielten, über dem ein weißer Adler seine Schwingen ausbreitete.

»Das Wappen der Bibliothek der Grafen von Rhaal«, murmelte der Alte.

»Und was wollen die mit den Büchern?«, fragte Gwerrin neugierig.

»Die wollen sie tatsächlich bloß besitzen. Vor allem ›Die letzte Transmutation‹, weil sie als verlässlichstes Goldmachbuch der Gegenwart gilt ...«

Nachdenklich betrachtete der Gelehrte die drei Toten zu ihren Füßen. Das waren nun also die Häscher von Rhaal. Zusammen mit den vorangegangenen Überfällen hatten sie jetzt beinahe alle namhaften Bibliotheken durch.

Und während die Gedanken ihres rothaarigen Führers einmal mehr Richtung Gold abschweiften, interessierte den Söldner derlei doch nicht. Gold machte man nicht. Man verdiente es sich.

»Haben wir damit endlich alle hinter uns?«, fragte er unwirsch und deutete auf die Leichen.

»Es fehlen eigentlich bloß noch zwei. Die Sammlung des Fürsten von Windegg und die Bibliothek des Bhal von Hrodbharr. Aber deren Häscher haben vielleicht nicht einmal mitbekommen, dass wir auf dem Weg nach Frostholdt sind.«

»Gut. Den da drüben hat der Rotschopf erledigt. Die anderen beiden und einen weiteren dort hinter den Felsen ich.« Der Söldner nickte dem Alten zu und der notierte es geflissentlich. Ragk stand für jeden toten Buchbeuter ein Extrasold zu. Misstrauisch beäugte er den Alten, während dieser die Opfer ihrer bisherigen Reise addierte.

»Nimm dich in Acht, Alter. Zählen kann ich nämlich ...«

Der Gelehrte betrachtete ihn abschätzig über den Rand seiner Augengläser hinweg. Der Söldner grinste.

»Abgesehen davon haben wir neue Pferde.«

Er verschwieg, dass er in dem Scharmützel in den Felsen verwundet worden war und der letzte Vermummte ihm einen Dolch in die Schulter gerammt hatte. Obwohl er die Wunde gut versorgt hatte, schmerzte sie. Doch es war besser, wenn seine Begleiter nichts davon wussten. Er wollte den Rotschopf nicht ermutigen. Zu was auch immer. Und nicht zuletzt darum schlief Ragk auch in dieser Nacht mit nur halb geschlossenen Augen.

Früh am nächsten Morgen machten die drei Männer sich wieder auf den Weg. Das Begraben der Toten überließen sie dem Schnee, aßen nur wenig, sprachen nicht mehr als nötig und führten schließlich die Pferde auf den Pass empor.

Kaum, dass sie aus dem Schutz der Schlucht auf den Gebirgskamm trabten, begann der Schnee die Wärme aus ihren Körpern zu treiben. Doch dafür konnten sie tief unten inmitten des weißen Treibens bereits Frostholdt, das Ziel ihrer Reise, erahnen. Mit den Pferden würde es bis dort hin allenfalls noch einen halben Tag dauern ...

Auch während des gesamten Ritts ließ Ragk den Blick nicht von ihrem Führer, der jedoch nicht einmal versuchte, sie irgendwie hereinzulegen.

Erst als sie schließlich an den vereisten Toren der Stadt anlangten, zügelte Gwerrin Pferd und wendete sich dem Alten zu.

»Ich habe Euch, wie abgemacht, bis an die Tore Frostholdts geführt.«

»Fürwahr, das habt Ihr, guter Gwerrin«, nickte der Alte zufrieden.

»Eure geheime Bibliothek werdet ihr jedoch allein finden müssen. Ich habe eigene Geschäfte zu tätigen, und würde, wenn es Euch recht ist, nun gern meinen Lohn bekommen.«

Umständlich fingerte der Gelehrte seine Börse hervor, öffnete sie mit zitternden Händen und warf dem Rothaarigen einen kleinen Lederbeutel zu.

Der fing die dunkle Börse, verneigte sich knapp und trieb dann eilig sein Pferd durch das Tor.

Der Söldner, der sich seine schmerzende Schulter hielt, konnte noch immer nicht glauben, dass dieser Kerl sie nicht übers Ohr gehauen hatte. Sollte er sich tatsächlich getäuscht haben? Nachdenklich blickte er ihm nach. Aber es gab natürlich noch eine andere Möglichkeit, wie ... Hastig wandte Ragk seinen Kopf und betrachtete die beiden ledernen Kisten auf dem Rücken des vierten Pferdes. Und tatsächlich: die Verschlussriemen der einen schienen lockerer als am Abend zuvor ...

Im nächsten Moment spornte der Söldner sein Pferd an, folgte Gwerrin ins Innere der Stadt und ließ den Alten verwundert vor dem Stadttor zurück.

Der große Gelehrte Ruach T'hinn Darr aber musste nicht lange warten. Als der Söldner wenige Minuten später, zwei Pferde am Halfter führend, wieder aus dem Tor trat, hatte er ein schweres, in Leder gebundenes Buch in der Hand. Der Alte erkannte es gleich. Es war ›Die letzte Transmutation‹.

Ragk warf dem Gelehrten den Lederbeutel zu.

»Er wird ihn nicht mehr brauchen.« Und lächelnd meinte er noch: »Und für diesen Lumpen müsst ihr mir nichts bezahlen. Das habe ich gern gemacht.« Dann nickte er dem Gelehrten ernst zu. »Aber nun lasst uns Eure Bibliothek suchen.«

Das ungleiche Paar war bereits einige Stunden durch die kalten Gassen Frostholdts geirrt. Zwei der Pferde hatten sie verkauft um mit dem Gold die Zungen der Leute zu lösen. Doch es war sonderbar gewesen: sobald der Alte nach der Bibliothek gefragt hatte, hatten die Blicke der Menschen sich verändert. Die Tatsache, dass ein Gelehrter sein Wissen selbst nach Frostholdt trug, schien den Menschen hier auf eine seltsame Art unvorstellbar.

In den Straßen der Stadt ernteten der Gelehrte und der Söldner bloß Unverständnis, bestenfalls seltsames Gemurmel, und einige der Leute leugneten ihnen gegenüber sogar die Existenz der Bibliothek. Das aber konnte nicht sein. Es durfte nicht sein. Denn es war schlichtweg nicht möglich, dass der T'hinn die letzten zehn Jahre seines Lebens damit verbracht haben sollte, seine Bücher für eine Bibliothek zusammenzutragen die es nicht gab. Das wäre fatal gewesen. Zumal der größte Teil seiner Ersparnisse an den Söldner ging. Wenn der ihn jetzt mit seinen Büchern in dieser Stadt zurückließ, würde er vermutlich keine Woche überleben. Wie Geier auf die Toten der Wüste würden die Buchbeuter sich auf ihn stürzen und seine Bücher in alle Teile der bekannten Welt verteilen.

Nein, die Bibliothek musste einfach existieren. Aber ebenso musste es auch einen Grund dafür geben, dass die Leute ihnen nichts von ihr zu erzählen wagten ...

Schlussendlich waren der Gelehrte und sein Söldner nach ihrer erfolglosen Runde durch diese ungastliche Stadt in der Taverne ›Zum glühenden Federkiel‹ gelandet, wo sie insgeheim noch immer darauf hofften, irgendetwas zu erfahren.

Als ihnen schließlich eine scheinbar überwiegend aus Brüsten bestehende Schankmagd zwei Humpen brennenden Khov auf den Tisch knallte, öffnete der Alte beiläufig die Kisten und begann, gemächlich seine Bücher vor sich auf den Tisch zu stapeln.

Sich unauffällig an die verwundete Schulter greifend fragte Ragk leise:

»Wollt Ihr nachschauen, ob womöglich noch mehr weggekommen sind?«

»Oh nein«, entgegnete der Alte und lächelte, so dass sein weißer Bart sich sachte hob. »Ich will nur ein wenig Aufmerksamkeit erregen ...«

Der Söldner begriff. Wenn sich herumsprach, was für Bücher in Frostholdt kursierten, würden hier bald mehr Buchbeuter auftauchen, als der Stadt lieb sein konnte. Wenn sie eine Woche hier blieben, würde jede Bibliothek des Reiches ihre Schergen schicken, die bereit waren alles zu tun, um diese Bücher in ihren Besitz zu bringen. Und bevor ihnen das gefrierende Blut in den Straßen bis zum Knöchel reichte, würden die Leute ihnen vermutlich doch etwas über die Bibliothek erzählen ...

Die beiden Männer saßen noch keine zwei Stunden im glühenden Federkiel, die übrigen Gäste betrachteten die Bücherstapel mit wachsendem Unmut, als plötzlich die Tür aufschwang und drei Fremde den Schankraum betraten, die nicht so wirkten, als ob sie trinken wollten. Waren der Rothaarige, der Söldner und ihr Gelehrter schon ein seltsames Gespann gewesen, so muteten doch diese hier noch weit merkwürdiger an.

Der erste, ein grobschlächtiger Kerl, der nicht den Eindruck erweckte, als ob er mit Büchern etwas anzufangen wüsste, trug ein schwarzes Gewand, das entfernt an die rituellen Roben der älteren Kulte erinnerte. Am bemerkenswertesten jedoch war sein aus dünnen Stricken geflochtener Gürtel, aus dem ein gutes Dutzend grob geknoteter, etwa einen halben Meter langer Kordeln baumelte. An zweien davon hielten seine beiden Begleiter sich fest. Die beiden waren hochgewachsen, ungewöhnlich hager, in weite dünne Gewänder gehüllt und trugen keine Schuhe. Für gewöhnlich hätte allein dieser Umstand die Aufmerksamkeit des Betrachters gefesselt, wäre nicht ein anderer noch weit bemerkenswerter gewesen: über ihrem Gesicht trugen die beiden Männer Binden aus dicht gewebtem, rot gefärbtem Leinen. Diese verdeckten nicht nur ihre Augen, sondern waren darüber hinaus in der Höhe von Stirn und Wangen durch grobe schwarze Fäden mit ihrer Haut vernäht, was schauerlich anzusehen war.

Und noch während diese drei an den Tisch des Gelehrten traten, leerte die Taverne sich bis auf den letzten Mann. Als schließlich der Grobschlächtige den Alten ansprach, war sogar der Wirt verschwunden.

»Ihr seid der ehrwürdige Ruach T'hinn Darr?«

»Eben der«, entgegnete der Alte, gemächlich seine Pfeife schmauchend und sichtlich zufrieden, dass sein Plan aufgegangen schien. Sein Gegenüber aber ließ sich von seiner Haltung nicht beeindrucken.

»Verzeiht das Verhalten dieser einfachen Leute. Aber Ihr seid tatsächlich der erste, der den Rand der Welt bereist, um uns sein Wissen selbst zu offerieren. Derlei verstört solch einfache Gemüter, die den Wert der Weisheit doch bloß ahnen können.«

Er machte eine kurze Pause um sich der Aufmerksamkeit des Alten zu versichern. »Aber sagt, was wisst Ihr über die verborgene Bibliothek von Frostholdt?«

»Nun, nicht eben mehr, als dass in ihr das bedeutendste Wissen unserer Zeit ruht«, antwortete der Gelehrte, wobei er sich nicht einmal die Mühe machte, den begeisterten Glanz seiner Augen zu verbergen. Der Grobschlächtige nickte versonnen.

»Oh ja. Alles das. Wahrlich. Das gesammelte Wissen der großen Gelehrten. Anaxis von Gwell, Merribas Ghalan und selbst der erste der T'hinn. Sie alle sind hier vertreten.«

Die Aufregung des Gelehrten war deutlich zu spüren. Auch für den Söldner, der das Geschehen stumm verfolgte.

»Selbst die verschollenen Schriften? Das Oktamerone? Die fünf Bücher Thul?«, ereiferte sich der Alte, und die Neugier triefte schier aus seinem Bart.

»Alles, was die großen Geister je ersonnen haben.«

Stolz wies der T'hinn auf die Bücherstapel neben sich.

»Famos. Da ist es doch nur recht, wenn ich mich einreihe. Sie sind alle hier. Jedes einzelne. Bis auf das

›Tetramalion‹ freilich, das zu meinem Bedauern bei einem Brand vernichtet wurde.«

»Das ist uns freilich bekannt. Aber sorgt Euch nicht. Auch das werden wir bekommen«, flüsterte der Mann und lächelte vielsagend.

Fassungslos blickte der Alte ihn an.

»Aber ... aber das ist vollkommen unmöglich. Ich habe doch selbst gesehen, wie ...«

»Lasst das unsere Sorge sein.« Dieser letzte Satz des Fremden hatte etwas eigentümlich Endgültiges, sodass der Alte ihm nichts zu entgegnen wagte. Und so wie er diesen Satz aussprach, war er beinahe sogar geneigt, ihm zu glauben.

Nun legte sich ein kurzes Schweigen über den Tisch. Der Gelehrte schmauchte grübelnd seine Pfeife und der Mann in Schwarz stand, flankiert von seinen beiden unheimlichen Begleitern, schweigend daneben, während der Söldner sie alle misstrauisch beobachtete.

Bis schließlich der Grobschlächtige die Stille brach und sich dem Alten zuwandte.

»So sagt mir, Ruach T'hinn Darr: ist es wahrhaft Euer Wunsch, Euren Platz inmitten der großen Gelehrten der Vergangenheit einzunehmen?«

Der Alte nickte feierlich. Sein Gegenüber zeigte auf den Söldner, mit dem er bis jetzt kein einziges Wort gewechselt hatte.

»Dieser Mann. Ich nehme an, Ihr bezahlt ihn dafür, damit er Euch sicher bis zur Bibliothek geleitet?«

»Oh ja, und er hat gute Arbeit geleistet, allein wenn man bedenkt ...« hob er an, doch der Fremde ließ ihn nicht einmal ausreden.

»Dann entlohnt ihn jetzt und entlasst ihn aus Euren Diensten. Denn Ihr seid an Eurem Ziel angekommen.«

Der alte Mann tat wie geheißen, öffnete seinen Lederbeutel, entnahm ihm eine weitere Börse mit abgezählten Münzen und schob sie dem Söldner hin.

»Ich danke Euch für Eure Dienste. Es war mir eine Ehre, unter dem Schutz Eurer Klinge zu reisen.«

Nachdenklich betrachtete der Angesprochene den kleinen Beutel, hob seinen Blick und betrachtete die Umstehenden. Ihm war nicht wohl bei der Angelegenheit. Nicht nur, weil es um Bücher ging.

»Seid Ihr sicher?«, fragte er den Alten eindringlich. Doch der klopfte ihm freundlich auf die Schulter und zwinkerte ihm müde zu.

»Diese Männer, mein Freund, sprechen die Sprache des Wissens. Ich bin unter meinesgleichen, wo ich nichts zu befürchten habe.«

Mit diesen Worten begann er, seine Bücher zusammen zu sammeln und sie zurück in die Kisten zu packen. Kaum, dass er sie wenig später umständlich geschlossen hatte erhob er sich langsam, rückte seine Augengläser zurecht und nickte dem Bibliothekar zu.

»Ich bin bereit. Lasst uns gehen.«

Der Mann tat einen Schritt auf ihn zu. Es schien fast, als ob er ihn stützen wollte. Die Kordeln in den bleichen Händen seiner Begleiter strafften sich, und was dann geschah, passierte zu schnell, als dass irgendjemand auch nur daran hätte denken können es zu verhindern. Von einem Moment auf den anderen blitzte zwischen den Falten seines schwarzen Gewandes ein Dolch auf, den er, ohne auch nur mit der Wimper zu zucken, zwischen die morschen Rippen direkt in das schlaffe Herz des Alten trieb.

Ein letztes Mal weiteten die Augen des Gelehrten sich fassungslos. Ragk griff nach seiner Waffe. Doch ein einziger Blick des Schwarzen ließ ihn innehalten.

»Beruhige dich. Es ist seine freie Entscheidung gewesen.« Teilnahmslos deutete der Bibliothekar auf die ledernen Kisten und den toten Körper zu seinen Füßen. »Aber wir wären dir verbunden, wenn du uns ein wenig zur Hand gehen könntest. Allein werden wir das alles nicht tragen können ...«

Eine gute halbe Stunde hatte Ragk den schlaffen Körper des Alten auf seiner Schulter durch die kalten Gassen von Frostholdt schleppen müssen. Es war ein merkwürdiges Gefühl gewesen, hätte doch keiner von ihnen damit gerechnet, dass ihre gemeinsame Reise so enden würde.

Die ganze Zeit über hatte der Söldner grübelnd die beiden Männer mit den unheimlichen Augenbinden gemustert, die sich, jeder eine der ledernen Kisten auf dem Rücken, noch immer an die Knotenkordeln am Gürtel des Schwarzgewandeten klammerten.

Der Bibliothekar war vorangegangen, gefolgt von Ragk und seinen seltsamen Begleitern. Schließlich hatte er sie am Ende einer verwinkelten zu einer Tür in jenem Felsen geführt, auf dem der größte Teil der Stadt errichtet worden war.

Nachdem er die Tür mit zwei schweren rostigen Schlüsseln geöffnet hatte, standen sie nun alle inmitten einer steinernen Halle, die sich, von Dutzenden schmucklosen Säulen getragen, direkt unterhalb der Stadt über vier Etagen erstreckte.

Staunend drehte Ragk sich einmal um seine eigene Achse. Das musste sie sein. Die Bibliothek, von der der Alte während der ganzen Reise so ehrfürchtig gesprochen hatte. Er blickte sich um. Den toten T'hinn noch immer über der Schulter suchte er nach Regalen, in denen Bücher doch gewöhnlich ruhten. Der Gedanke an eine Bibliothek ohne Regale schien ihm vollkommen absurd. Und doch sah er keine. Nicht ein einziges. Stattdessen standen dort in einigem Abstand zueinander steinerne Blöcke, etwa hüfthoch, auf denen anstelle von Büchern etwas vollkommen anderes lag. Zunächst wollte er seinen Augen nicht trauen. Doch es waren tatsächlich mumifizierte, in Binden eingeschlagene menschliche Körper. Auf jedem Block einer. Einer neben dem anderen. Auf vier Etagen. Dem Söldner lief es kalt den Rücken hinab. Dies war ein verdammtes Mausoleum.

»Willkommen in der Bibliothek von Frostholdt!«

Der Schwarzgewandete wendete sich ihm zu und breitete die Arme aus. Für einen kurzen Moment stand er so dort, dann deutete er auf einen leeren Steinblock im Zentrum der Halle.

»Leg ihn dort hin.«

Wortlos legte Ragk den Toten ab und sah dabei aus den Augenwinkeln, wie sich die beiden hageren Gestalten vom Gürtel ihres Führers lösten und zur Stirnseite der Halle schritten, wo in einem mächtigen Kamin ein Feuer brannte. Dort angekommen öffneten sie die Kisten, die sie ohne Zögern in das gierig zuckende Feuer entleerten.

Verstört sah Ragk die Bücher des Alten in Flammen aufgehen, und der Bibliothekar begann langsam den Leichnam des Gelehrten zu entkleiden.

»Ich kann deine Verwirrung verstehen. Siehst du diese Toten?« Er deutete auf die Blöcke. »Das sind sie, die größten Geister der Vergangenheit. Astronomen, Alchemisten und Ärzte. Die Autoren der bedeutendsten Bücher, die jemals geschrieben wurden. Und sie alle sind hier.«

Beiläufig arrangierte er auf dem Block einige tönerne Gefäße und eine Reihe medizinischer Instrumente.

»Sie sind nicht alle leicht zu beschaffen gewesen. Manche kauften wir, manche ließen wir stehlen.« Nachdenklich blickte er auf den Leichnam vor sich. »Aber dein Begleiter ist tatsächlich der erste, der auf eigenen Füßen seinen Weg hierher fand.« Er blickte den Söldner kühl an. »Für gewöhnlich kommen sie in Kisten voller Eis.«

Ragk blickte sich noch einmal um. Stumm betrachtete er die Blöcke mit den Leichen darauf und fragte sich, wie viele es wohl sein mochten.

Doch er verstand noch immer nicht, warum dieses Mausoleum eine Bibliothek sein sollte.

»Ich sehe schon, du verstehst noch immer nicht. Bücher, mein Freund, sind eine schlechte Methode um Wissen weiterzugeben. Es braucht eine Hand sie zu schreiben und ein Auge sie zu lesen. Das Auge aber trügt. So wie auch das Wort. Wirkliches Wissen bedarf beider nicht.«

Der Bibliothekar tat einen Schritt zur Seite und deutete auf einen der mumifizierten Körper.

»Nimm zum Beispiel diesen dort. Urbal T'hinn Wharr, der seine Lehre über die Wirkung der Metalle auf das Gemüt in insgesamt acht Büchern niederlegte. Glaub mir, das bisschen Wissen darin hätte in ein einziges gepasst. Doch sein Bedürfnis Bücher zu verkaufen war größer als das, sein Wissen zu teilen. Nein, glaub mir, auf Bücher ist kein Verlass ...«

Mit diesen Worten beugte er sich wieder hinab und begann die Binden bereitzulegen.

»Oder nehmt Graumher von Thorre. Ich nehme an, selbst du kennst seine ›Hysteriade‹. Schließlich gilt sie als bedeutendste Dichtung der Gegenwart. Aber glaube mir, sie ist nichts, im Vergleich mit den Werken die er noch zu verfassen gedachte, als er im Alter von sechsundzwanzig Jahren am Biss einer Natter verstarb ...«

Der Bibliothekar lächelte vielsagend. Er schaute dem Söldner in die Augen.

»In ihren Büchern logen und verschwiegen sie. Alle. Egal wie gelehrt sie waren. Aus hunderten verschiedenen Gründen. Hier aber, an diesem Ort, vermögen sie ihr Wissen nicht länger zu verbergen ...«

Nun kamen vom Kamin her die beiden Hageren, die sich hier augenscheinlich an der Stimme des Bibliothekars orientierten, zu ihnen hinüber. Und nicht nur sie. Mit Schaudern gewahrte der Söldner, wie mehr und mehr Männer hinter den Säulen hervor und aus dem Dunkel traten. Allesamt nicht sehend, die roten Augenbinden vernäht mit ihren blassen Gesichtern. Immer näher kamen sie. Langsam. Schweigend. Eine unheimliche Prozession in dieser Halle der Toten, die zitternd ihre geisterhaften hageren Hände nach dem toten Leib des Alten ausstreckte.

Als die ersten ihn berührten, konnte der Söldner sie seufzen hören. Dann, als die nächsten ihre Hände auf den kalten Körper legten, vernahm er leise Ausrufe der Begeisterung und des Erstaunens.

Die Gier, mit der jene seltsamen Gestalten nach dem Alten tasteten, hatte etwas beinahe Lüsternes. Und obwohl es ihn anwiderte, vermochte Ragk sich doch nicht abzuwenden.

»Sie lesen ihn«, erklärte der Bibliothekar. Und jetzt begriff der Söldner, was hier vor sich ging. Wer diese Männer waren. Er hatte von ihnen gehört. Obwohl er es, wie die meisten anderen wohl auch, immer für eine

Legende gehalten hatte. Totenleser. Man munkelte, dass sie einst den großen Herrschern des Westens als Spione und Berater gedient hatten. Dass sie ihre sehenden Hände auf die toten Leiber von Feinden, Verrätern und Vertrauten fremder Fürsten gelegt hatten, um diesen im Namen ihrer Herren ihre Geheimnisse abzutrotzen. Jeden Gedanke, jedes Wort, jede Erkenntnis, alles was jemals im Bewusstsein jener Toten gewesen war, hatten sie betrachtet. Bis sie irgendwann einfach verschwunden waren. Sie waren fortgegangen. Allesamt miteinander. Und niemand wusste wohin ...

Den Söldner schauderte es. Er hatte das Gefühl, diese Männer mit ihren dünnen Fingern in den Erinnerungen des Alten blättern zu hören.

Unterdessen kamen aus den Schatten immer noch mehr von ihnen, ihre Hände nach dem toten Gelehrten ausstreckend, begierig, die Fülle seines Wissens zu erfahren.

Hier also verbargen sich die letzten verbliebenen Totenleser. In der geheimen Bibliothek von Frostholdt, wo sie lange schon niemandem mehr dienten, sondern sich berauschten am Wissen der Welt, ohne sich von Worten oder Augen trügen zu lassen ...

Als der Söldner die Stadt bald darauf verließ, tat er es mit voller Börse und gemischten Gefühlen. Dabei jedoch war er froh, zum einen der Schrift nicht mächtig und zum anderen nicht sonders gelehrt zu sein. Andernfalls hätte der Bibliothekar ihn auch womöglich gleich dort behalten.

Alles war gut so wie es war, dachte er bei sich. Sollten jene, die die Sprache des Wissens sprachen, nur unter sich bleiben.

Er würde sich derweil anderswo herumtreiben.

Das letzte Pergament

Paul Sanker

Ich sah eine wundersame Welt, in der die Menschen in lauten und stinkenden Maschinen durch das Land fuhren und in gigantischen Vögeln aus Metall durch die Luft flogen. Ich sah Menschen rastlos durch die Straßen hetzen, wie sie sich drängten, schoben und beschimpften. Viele hielten kleine wundersame Kästen an ihr Ohr, in die sie aufgeregt plapperten und schwatzten. In ihren Wohnungen standen viereckige Fenster, aus denen drang unentwegt höllischer Lärm und schreckliche Bilder tanzten auf dem Glas. Männer und Frauen waren hinter diesem Fenster gefangen und taten deswegen verzweifelt sinnlose und schreckliche Dinge. Doch die Menschen setzten sich davor, betrachteten die Bilder schweigend oder lachten und weinten nur ...

Zu der Zeit, als der fromme Patriarch Kyrill Bischof von Alexandria war, lebte eine bemerkenswerte Frau namens Hypatia. Sie wurde von ihren Bewunderern auch die Mathematikerin genannt.

Ihre Weisheit und Gelehrsamkeit machten nicht nur in Ägypten, sondern im gesamten römischen Weltreich von sich reden.

Obwohl die Wissenschaften zu der Zeit eine Männerdomäne waren, wurde sie zur Leiterin des Museion ernannt, der Forschungsstätte der Stadt, zu der auch die Bibliothek von Alexandria gehörte. Hypatia konnte die Bahnen von Himmelskörpern vorausberechnen und mittels des von ihr entwickelten Astrolabiums die Position der Sterne und der Sonne bestimmen. Von ihren Studenten und Schülern wurde sie verehrt, doch von den Christen, die immer mehr an Macht und Einfluss gewannen, wurde sie gehasst. Philosophie, Astronomie und Mathematik galten für sie als Wissenschaften des Satans.

Wenn sie nicht Vorlesungen in der Gelehrtenschule von Alexandria hielt, verbrachte Hypatia fast jede freie Minute in der Bibliothek, die mit mehr als 700.000 Pergamentrollen die größte der damaligen Zeit war.

Ihr eifrigster und bester Schüler war der junge Orestus, gleichzeitig war er auch ihr einziger Freund. Orestus machte sich große Sorgen um seine Lehrerin, denn er wusste, dass Hypatia viele einflussreiche Feinde hatte, die ihr aus Neid und Angst vor ihrem messerscharfen Verstand nach dem Leben trachteten. »Die beste Frau ist die, von der man am wenigsten spricht!«, mahnte er eindringlich, als er sie eines Tages in der Bibliothek aufsuchte. Er warnte sie vor radikalen Christen, die in Versammlungen die Bevölkerung der Stadt gegen die heidnische Gelehrsamkeit aufwiegelten und Hypatia war für sie das liebste Feindbild und Symbolfigur für ihren Hass.

Doch Hypatia lachte nur abfällig über Orestus' Befürchtungen. »Ich habe keine Angst vor diesem dummen Christen-Pöbel und ihrem ans Kreuz geschlagenen Jesus. Ich glaube nur an das, was ich sehe und mit Hilfe der Mathematik beweisen kann!«

»Unterschätze nicht die Macht der Straße. Bischof Kyrill unterstützt den Pöbel und stiftet ihn zu Ausschreitungen gegen unbequeme Kritiker und Freidenker an. Die Spatzen pfeifen es von den Dächern, dass er in der Nacht seine Privatmiliz ausschickt, um Andersdenkende als Ketzer in ihren Häusern zu überfallen und umzubringen.« Orestus' Stimme überschlug sich fast vor Sorge um seine Lehrerin.

»Ich diene dem Geist und der Wissenschaft. Ich habe nichts im Sinn mit einem Gott oder irgendwelchen

Götzen. Die Vernunft ist meine Religion.« Damit war für sie das Gespräch beendet und sie vertiefte sich wieder in eine Schriftrolle über die Aritmetica des Diophant. So verließ Orestus betrübt und mit gesenktem Haupt die Bibliothek.

Alles angeblich Übersinnliche und Übernatürliche lehnte sie als hysterischen und abergläubischen Unsinn ab. Doch ausgerechnet sie hatte in dieser Nacht einen verblüffend realistischen Traum, den sie nicht wieder vergessen konnte.

Ihr erschien ein Engel in einem strahlend gleißendem Licht und der sprach zu ihr: »Deine unvergleichliche Weisheit und dein scharfer Verstand sind eine Gabe Gottes, die du nach dem Willen des Allmächtigen zum Wohle der Menschen einsetzen sollst. Du sagst, du glaubst nicht an den Herrn? Trotzdem ist er es, der es dir allein überlässt zu wählen, wie die Zukunft der Erde dereinst aussehen wird.

Ab sofort wirst du jede Nacht im Traum eine mögliche Zukunft der Menschheit erleben. Viele dieser Visionen werden dich erschrecken, andere dein Herz erfreuen. Damit du sie am nächsten Morgen nicht wieder vergisst, schreibe sie dir sorgfältig auf Pergament auf. Die schlechten Träume sollst du zur Zeit des Neumondes verbrennen, damit sie nicht Wirklichkeit werden können. Die Vision, die du für die Menschheit als die beste und segensreichste erachtest, benetze mit deinem Blut, damit sie sich erfülle.«

Der Engel verschwand. Hypatia schreckte aus dem Schlaf, als sei neben ihr der Blitz eingeschlagen. Auf ihrer Stirn perlten Schweißtropfen. Ihr Puls raste, der Atem ging hechelnd. Was war das für ein verrückter Traum? Ein Engel war ihr erschienen. Ausgerechnet ihr, die nie irgendetwas glaubte sondern immer nur wusste. Allmählich beruhigte sich ihr Herzschlag wieder. Hypatia musste sogar lächeln. Dieser Orestus!, dachte sie amüsiert. Sein Geschwätz hatte es geschafft, sogar sie zu verunsichern – zumindest in dieser Nacht.

Am nächsten Morgen war der nächtliche Spuk schon wieder vergessen. Hypatia hatte viel zu tun. Sie war vom hohen Rat der Stadt eingeladen worden, über die Werke des Platon und des Aristoteles zu reden. Viele ihrer Schüler sahen darin eine hohe Ehre, dass eine Frau zu den Ältesten Alexandrias reden durfte. Doch andere – unter ihnen vor allem Orestus – argwöhnten eine Falle. Man munkelte, dass die Einladung von Bischof Kyrill eingefädelt worden war, der nur darauf lauerte, Hypatia als Ketzerin bloßstellen zu können.

Doch zunächst schien ihre Vorlesung ein voller Erfolg zu werden. Der Rat war begeistert von ihren gelehrten Ausführungen zu den Werken der beiden bedeutenden Philosophen. Als der Applaus und Jubel des Auditoriums verebbt waren, meldete sich Bischof Johannes Nikkiu zu Wort. Ein zynisches Lächeln umspielte die Lippen des feisten Greises.

»Wir bedanken uns für Eure gelehrsamen Explikationen, weise Hypatia. Insbesondere Eure Interpretationen der Lehren des genialen Aristoteles klingen mir noch mit Vergnügen in den Ohren. Aber wie deutet Ihr folgende Worte des unvergleichlichen Philosophen: Die Frau ist von Natur minderbegabt und dem Manne unterlegen?«

Ein Raunen ging durch das Auditorium. Hypatias Gesicht wurde blass. Verärgert runzelte sie die Stirn. Offensichtlich war sie im Begriff, zu einer heftigen

Antwort auf die offensichtliche Provokation des Kirchenmannes anzusetzen. Nach einer kurzen Pause erwiderte sie aber nur mit erhobener und fester Stimme:

»Dies beweist in meinen Augen, dass jeder Mensch auf Erden fehlbar ist und irren kann. Dabei spielt es keine Rolle, wie alt oder hochwohlgeboren er ist.« Damit verließ sie eiligen Schrittes den Versammlungssaal. Ihre Zuhörer dagegen blieben noch lange aufgeregt diskutierend zurück.

... und ich sah, wie sich die Menschen immer mehr vermehrten, während Tiere und Pflanzen starben. Die Reichen wurden immer reicher, die Armen immer ärmer. Die Herrscher und Fürsten sahen zu, wie ihre Länder ins Chaos stürzten, denn ihnen fehlten der Mut, der Wille und auch die Mittel. Einstmals wohlhabende Völker versanken über Nacht in Elend und Verzweiflung. Menschen verloren ihre Arbeit, ihr Heim, ihren Besitz. Die Macht besaßen ab sofort die Geldverleiher und Wucherer. Die Schwachen wurden von den Starken verdrängt. In der Gesellschaft zählten nicht mehr Fleiß und Geschick sondern nur noch die Täuschung und die Lüge. Der Rücksichtslose siegte über den Ehrbaren und Gerechten. Der Schein galt mehr als das Sein ...

Hypatia arbeitete bis tief in der Nacht an ihrem Platz in der großen Bibliothek an einem neuen Kommentar zu Euklids Elementen. Irgendwann nach Mitternacht ging sie zu Bett und fiel in einen tiefen Schlaf. Im Traum stand sie auf einem Hügel, von dem aus sie auf eine unbekannte riesige Stadt herabsah, deren fremdartigen Gebäude sich bis an den Horizont und darüber hinaus erstreckten. Neugierig näherte sie sich der

Stadt – vielmehr war es nicht ihr Körper sondern ihr Geist, der sich bewegte und durch die fremden Straßen der gewaltigen Metropole schwebte.

Die Häuser sahen alle gleich aus. Ihre Wände bestanden aus Metall und erhoben sich hunderte von Metern in den Himmel. Die Fenster bestanden aus schwarzem Quarz, durch die man nicht erkennen konnte, was sich dahinter verbarg. Auch der Belag der Straßen war aus diesem eigenartigen grünlich schimmernden Metall gemacht. Nirgendwo konnte Hypatia Bäume, Sträucher oder Gräser erkennen. Alles um sie herum wirkte kalt und tot. Hin und wieder begegnete sie Menschen, die sich wie Schatten zwischen den Häuserschluchten fortbewegten. Sie alle waren hochgewachsen, maßen mindestens zwei Meter und steckten in schwarzen Gewändern, die auch den Kopf mit einer eng anliegenden Kapuze bedeckten. Nur das bleiche Gesicht der Leute war zu sehen, die Augen verborgen hinter schwarzen Brillen, als müssten sie sie vor dem Sonnenlicht verbergen.

Ihre Füße berührten den Boden nicht. Sie schwebten mindestens zwei handbreit über der Straßenoberfläche, getragen von einer unsichtbaren geheimnisvollen Kraft. Staunend folgte Hypatia einer Person auf ihrem Weg – sie konnte nicht sagen, ob es sich um einen Mann oder eine Frau handelte. Ihre Gestalt wirkte seltsam androgyn und kalt.

Sie betraten eines der Häuser, die für Hypatia alle gleich aussahen. Im Innern war es erstaunlicherweise von einem hellen Licht durchflutet, obwohl nirgends die Sonne hineinschien und nirgendwo Kerzen brannten.

Der Raum, in dem sie sich befanden, war vollkommen leer. Die Person im dunklen Gewand und dem blassen Gesicht blieb in der Mitte des Raumes stehen und schloss ihre Augen. Nach einer Zeitspanne von etwa zehn Minuten, die ihr wie eine Ewigkeit anmuteten, bildete sich um die Person eine grün schimmernde Aureole, die zunächst völlig durchsichtig war. Dann vernahm Hypatia ein Knistern und Brummen, das immer lauter wurde. Innerhalb der Aureole entstand ein wabernder Nebel, der sich mehr und mehr verdichtete, bis der Mensch im Innern der Blase nicht mehr zu erkennen war. Plötzlich erstarb jegliches Geräusch und auch der Nebel erstarrte, so wie Wasser, das zu Eis gefror. Hypatia hatte mit ratlosem Erstaunen das Geschehen verfolgt und starrte immer noch auf das kokonartige Gebilde im Zentrum des kahlen Raumes. Kurz darauf wurde um sie herum alles schwarz und sie erwachte.

Es war dunkel. Die Sonne würde erst in zwei Stunden aufgehen. Doch an Schlaf war nicht mehr zu denken. Hypatia war verwirrt. Was war das für eine sonderbare Welt, die ihr da im Traum erschienen war? Sie erinnerte sich wieder an die Worte des Engels. Auch das war bloß ein Traum gewesen. Sonderbar. Wie echt und wirklichkeitsnah ihr alles vorgekommen war. Und doch ein Trugbild, eine Halluzination. Ihr fiel der Sud aus Stechapfel-Extrakt ein, den Orestus ihr vor einiger Zeit gebracht hatte. Es hieß, man könne damit die Geister der Ahnen beschwören. Hypatia hielt das für Unsinn, dennoch hatte sie von dem widerlich schmeckenden Trank gekostet. Außer Übelkeit und Bauchkrämpfen hatte sie nichts heraufbeschwören können. Das war jetzt fast einen Monat her und sie bezweifelte, dass es sich noch um verspätete Halluzinationen des Pflanzengiftes handeln könnte.

Sie wusste nicht genau warum sie es tat. Trotzdem ging Hypatia in die Bibliothek und schrieb ihren Traum wie von dem Engel verlangt auf Pergament nieder und legte die Schriftrolle hinterher in ein Regal mit ihren eigenen Schriften und Abhandlungen.

Von nun an träumte sie Nacht für Nacht von fremden und seltsamen Welten, die ihr manchmal bizarr, manchmal erschreckend, teilweise aber auch in besonderer Weise schön und friedlich erschienen. Sie sah Szenen der Apokalypse, in denen die Wälder verbrannt und leblos, die Ozeane vergiftet oder ausgetrocknet waren. Sie beobachtete Völker, wie sie sich gegenseitig mit todbringenden Waffen aus den Arsenalen des Teufels vernichteten. Ein andermal erschienen ihr seltsame Geschöpfe mit sechs Armen und einem Zyklopen-Auge, die die Erde bevölkerten. Einmal träumte sie von einer Welt, in der nur Kinder lebten, die sorglos unter ständigem Lachen in freier Natur auf Wiesen und Waldlichtungen spielten. Dabei wurden sie von merkwürdigen Metallgeschöpfen beschützt und umsorgt. Wo waren die Erwachsenen und die Alten geblieben?

Sorgfältig schrieb sie in den darauffolgenden Morgenstunden ihre Visionen auf und sammelte sie in ihrem persönlichen und der Öffentlichkeit nicht zugänglichem Bereich der großen Bibliothek. Tagsüber war sie erschöpft und ausgezehrt. Mehr und mehr zog sie sich zurück und übertrug ihre Vorlesungen älteren Studenten unter dem Vorwand, dass sie an einer wissenschaftlichen Abhandlung über den Zyklus der Sonnenstürme arbeite. Sie ging dazu über, auch ihre Nächte in der Bibliothek zu verbringen. Sie aß und trank nur das, was ihre treuen Anhänger und Schüler ihr brachten.

Niemand wagte es, Hypatia an ihrem Platz zu stören. Nur Orestus kam eines Tages aufgeregt und vollkommen außer Atem hereingestürmt.

»Hypatia, Ihr müsst fliehen! Der Straßenpöbel ist auf dem Weg, um Euch zu töten!« Orestus erschrak, als er seine Lehrmeisterin so matt und hinfällig vor sich sitzen sah. Sie schaute ihn mit traurigen Augen an, doch ihr Blick war sonderbar abwesend.

»Was ist mit Euch, Herrin? Seid Ihr krank? Ihr müsst weg! Johannes Nikkiu klagt Euch der Ketzerei an. Er behauptet, dass Ihr öffentlich gotteslästerliche Reden haltet und Jesus der Fehlbarkeit bezichtigt. Kyrill hat daraufhin Eure Verhaftung befohlen. Eine Horde aufgewiegelter Christen muss jeden Augenblick hier sein!«

»Ich werde nirgendwo hingehen«, antwortete Hypatia leise. »Hier ist mein Platz. Niemand wird es wagen, mich an diesem Ort zu belästigen. Ich habe einflussreiche Fürsprecher, die auch Kyrill fürchtet.« Mit melancholischem Blick betrachtete sie das vor ihr liegende aufgerollte Pergament, auf das sie ihren Traum der letzten Nacht übertragen hatte. Orestus wollte gerade widersprechen, da hörten sie laute Rufe und wütendes Gebrüll, das schnell näher kam. Kurz darauf stand eine Gruppe von zwölf aufgebrachten Männern vor ihnen, mit Fackeln und Knüppeln in der Hand.

»Da ist die Hexe!«, schrie der Anführer, ein großer bärtiger Kerl, der entschlossen auf Hypatia zustürmte.

»Lasst sie in Ruhe!« Orestus stellte sich dem Hünen in den Weg, doch der versetzte ihm einen heftigen

Hieb mit dem Knüppel gegen die Stirn, sodass der Junge besinnungslos zu Boden fiel.

»Die Hure Babylons schreibt Zauberbücher und heidnisches Teufelszeug. Vernichtet diesen verderblichen Schmutz!« Seine Begleiter stimmten mit lautem Grölen und Rufen zu und hielten ihre brennenden Fackeln an die kostbaren Pergamentrollen, die augenblicklich in Flammen aufgingen.

»Was macht ihr da, ihr dummen Narren!«, schrie Hypatia entsetzt. Sie sprang auf, um die Männer von ihrem Tun abzuhalten, aber es war vergebens. Das Feuer breitete sich rasch aus und erfasste bereits die Schriften in den benachbarten Regalen. Der Anführer des Pöbels stieß sie grob zurück. Hypatia stürzte und schlug mit dem Schädel auf den Steintisch, an dem sie bis eben gesessen und gearbeitet hatte. Blut spritzte aus der Wunde an ihrer Schläfe.

Der Bärtige lachte höhnisch. »Was haben wir denn da? Noch mehr von diesen heidnischen Schmierereien!«

Als er nach dem Pergament greifen wollte, richtete sich Hypatia hastig auf und zog den Mann am Arm zurück. Mit einer Fratze des Hasses und der unbändigen Wut zog der ein Messer aus seinem Gürtel und stach es Hypatia ins Herz. Mit weit aufgerissenen Augen, in denen sich Entsetzen widerspiegelte, kippte sie nach vorne und sank mit dem Oberkörper auf die letzte Schriftrolle. Das Pergament ertrank in einem Meer dunklen Blutes, das aus Hypatias Brust strömte.

Zufrieden sah der Mörder auf die tote Frau zu seinen Füßen. Mit einem abfälligen Gesichtsausdruck spuckte er noch einmal auf den leblosen Körper. Dann flüchtete er vor den sich ausbreitenden Flammen.

... und ich sah die Welt, wie sie sich rasend schnell veränderte. Die Meere und Flüsse traten über die Ufer und verschlangen das Land, fruchtbare Äcker und Felder verdorrten zu Wüsten. Millionen von Menschen starben vor Hunger und wurden von Seuchen und Krankheiten dahingerafft. In ihrer Not flehten sie die Reichen und Mächtigen um Hilfe an, doch die verbargen sich hinter hohen Mauern in ihren Palästen und tanzten den Totentanz.

Frater Anselm

Benjamin Nemeth

Wir schreiben das Jahr 1165 nach der Geburt unseres Erlösers Jesus Christus des Barmherzigen, um dessen Gnade ich von ganzem Herzen flehe. Mein Name ist Frater Anselm und ich bin Bruder im Orden des heiligen Benedikt von Nursia. Mein irdisches Leben wird wahrscheinlich noch heute Nacht enden. Doch meine Seele wird Vergebung und Frieden finden. Gott der Allmächtige möge mir verzeihen, dass ich meine letzten Stunden nicht in demütigem Gebet verbringe, sondern diese Zeilen niederschreibe. Ich tue dies nicht aus Eitelkeit, sondern aus tiefem Pflichtbewusstsein jenen gegenüber, die nach mir kommen. Für ihre Seelen bete ich und dafür, dass sie niemals erleben müssen, was mir widerfahren ist. Ich habe in den Abgrund geblickt. Wenn Jesus Christus die strahlende Sonne ist, dann habe ich den schwärzesten aller Schatten berührt. Ich bin kein einfältiger Geist und weiß um die Schrecken, die in den fernen Ländern des Ostens hausen, um die menschenfressenden Götzendiener in den weiten Ebenen jenseits des Landes, das der große Alexander Indien nannte. Doch ich warne euch vor den Teufeln, die unter uns leben! Dankt dem Herrn für eure Unwissenheit! Haltet euch fern von den Tiefen der Erde!

Es begann vor etwa drei Wochen, als ich von meinem Heimatkloster Echternach in die hiesige Abtei reiste. Unser Skriptorium hatte mir den Auftrag erteilt, in der Klosterbibliothek, die zu den berühmtesten und größten ihrer Art zählt, nach vervielfältigungswürdigen Manuskripten zu suchen und um deren Leihgabe zu bitten. Ich war voller kindlicher Vorfreude. Schon seit meinen frühesten Novizentagen träumte ich von einem Besuch: Es gebe keine umfangreichere Bibliothek nördlich der Alpen, heißt es, und viele Bücher seien

Einzelstücke. Die Hallen der Klosterbibliothek sollen zu dem Monumentalsten gehören, was menschliche Hände je erschaffen haben.

Meine Reise konnte also gar nicht schnell genug gehen und oft lief ich bis zur Erschöpfung, um auch nur ein wenig früher an mein Ziel zu kommen. Nach fünfzehn Tagen erreichte ich die Abtei am späten Vormittag und war überwältigt von ihrer Erhabenheit. Die ehrwürdigen Gebäude thronen auf einem Hügel, über den bei meiner Ankunft der Morgennebel kroch. Wie eine uneinnehmbare Feste und Christus würdig schälte sich das Kloster aus dem Dunst. Hätte ich in diesem sonnenfernen Moment doch das Bedrohliche im Inneren erahnt!

Der Empfang war freundlich, aber zurückhaltend; offenbar hatte man mit meinem Kommen erst später im Jahr gerechnet. Dennoch durfte ich als Ehrengast neben dem Abt persönlich speisen. Wir unterhielten uns angeregt über die politischen Turbulenzen der vergangenen Jahre und prangerten in frommer Einigkeit den fortwährenden Verfall unserer Ordensregel an. Abt Fulbert präsentierte sich mir als belesener Mann, der die Texte der Alten ebenso kannte wie jene modernen Traktate, die so viel Streit in unserer Mutter Kirche hervorgerufen haben. Während unseres Gesprächs war trotz aller Zurückhaltung des Abts ein großer Stolz auf seine Bibliothek zu spüren. Das gesammelte Wissen vieler Jahrhunderte sei in ihren Beständen enthalten und erlaube den Wissbegierigen, die Erinnerungen und Gedankenwelten der Größten unter den Menschen zu betreten. Abt Fulbert versicherte mir, dass ich in aller Ruhe die unzähligen Bücherregale durchforsten dürfte, um von einigen ausgewählten Exemplaren Kopien für unser eigenes Kloster anfertigen zu lassen. Wenn ich wollte, könnte ich schon morgen mit der Arbeit beginnen. Und wie ich wollte!

In der Nacht war ich so aufgeregt, dass ich mich lange unruhig hin und her wälzte. Im Nachhinein betrachtet zeichnete sich in dieser ersten Nacht bereits der Schrecken ab, der mich an diesem Ort erwartete, doch ich war zu diesem Zeitpunkt unfähig zu sehen, was nun offensichtlich scheint. Während ich in meiner Kammer lag und in die Dunkelheit über mir starrte, hörte ich unbekannte Geräusche. Etwas scharrte in den Wänden, es schlurfte und schmatze darin. Ich dachte an Ratten und andere Nagetiere, die hier Zuflucht gesucht hatten und gab mir Mühe, die Laute zu ignorieren.

Gleich nach der Laudes am nächsten Morgen wurde mir Frater Ingmar vorgestellt, ein mürrischer Bruder, der im Schwedischen beheimatet ist und seinen heidnischen Landsleuten den Rücken zugekehrt hatte. Er sollte zunächst mein Führer und später mein Ansprechpartner sein und mir bei allen Belangen bezüglich meiner Arbeit in der Bibliothek zur Seite stehen.

Die Bibliothek selbst ist überwältigender, als ich es in meinen kühnsten Träumen erwartet habe. In einem eigens dafür errichteten Gebäude untergebracht und größer als die meisten Kathedralen, die ich zu Gesicht bekommen habe, strahlt sie unvergleichliche Erhabenheit und Würde aus. Schon beim Betreten der Hallen schlägt dem Besucher der weiche Kerzengeruch entgegen und aus dem Skriptorium, in das Ingmar mich zunächst führte, erklingt das beständige Kratzen der ewig fleißigen Schreibfedern. Über ein Dutzend Brüder sind hier mit dem Verfassen von Abschriften beschäftigt.

Die Buchbestände selbst erstrecken sich über zwei Stockwerke und sind außergewöhnlich gut sortiert.

Ingmar lotste mich eine reich verzierte Holzwendeltreppe hinauf, während er mir von den anstrengenden und oft vergeblichen Bemühungen berichtete, die Bibliothek frei von Ungeziefer zu halten. Er lachte, als ich erwähnte, dass ich das Fiepen und Rascheln der Ratten bereits in der Nacht vernommen hatte.

Anschließend zeigte er mir die verschiedenen Bereiche des Gebäudes. Neben den zwei großen Haupthallen, eine in jedem Stockwerk, gibt es eine Vielzahl kleinerer Räume, die Manuskripte zu besonderen Themen enthalten und zudem als Studienräume dienen. Und über allem hängt der Geruch alten Pergaments.

Ich könnte noch viele Worte über die Bibliothek verlieren, über ihre Wandteppiche, die historische und biblische Szenen darstellen, über die unzähligen Kerzen, die Tag und Nacht brennen (was für ein Vermögen müssen sie verschlingen!) und das fein geschmückte Mobiliar, das fast schon verschwenderisch zur Schau gestellt wird. Doch die Gefahr ist zu groß, dass ich mich im Erzählen verliere und meine Warnung nicht zu Ende führen kann. Lasst euch nicht von der äußeren Erscheinung dieses Gebäudes blenden! Das wahre Herz der Bibliothek schlägt unterirdisch! Flieht es, sage ich, flieht es! Die Bücher enthalten das Wissen von tausend mal tausend Seelen, doch es gibt Gründe, warum der Heilige Vater manches Wissen verboten hat.

Die ersten beiden Wochen verbrachte ich in treuer und freudiger Pflichterfüllung. Die Bestände schienen unerschöpflich und mir war kein Buch bekannt, das sich nicht an diesem Ort gefunden hätte. Ich arbeitete mit solchen Eifer, dass ich mich zum Schlafen und Essen zwingen musste. Die Nächte waren wenig erholsam. Oft brütete ich bis tief in die Nacht über ausgeliehenen Werken oder lauschte dem Trappeln kleiner Ratten im Gemäuer der Abtei.

Häufig suchte ich auch das Gespräch mit den anderen Brüdern in der Bibliothek, die zwar zurückhaltend, aber freundlich meine umfangreichen Fragen beantworteten. Zu den Skriptoren zählte ein dicker Bruder aus dem Rheinland, der das Schweigegelübde abgelegt hatte und sich voll und ganz dem Schreibpult widmete. Da der Mann auch nicht an den gemeinsamen Speisungen teilnahm, hätte ich wohl keine Notiz von ihm genommen, wäre ich ihm nicht zu Beginn meiner dritten Woche begegnet.

Kurz vor der Vesper betrat ich einen der bereits erwähnten Nebenräume und blickte geradewegs in das aufgescheuchte Gesicht des rheinischen Bruders, der offenbar nicht mit einer Störung gerechnet hatte. Hastig ließ er einen größeren Gegenstand unter seinem Skapulier verschwinden. Er rang sich ein Lächeln ab, schüttelte dann den Kopf und wies mit der Hand, die nicht unter seinem Gewand verborgen war, auf den Ausgang. Obwohl ich diese Geste als sehr unhöflich empfand, wollte ich ein fügsamer Gast sein. Beim Hinausgehen bemerkte ich – und wünsche, ich hätte es nie getan, denn dadurch erst wurde meine Neugierde geweckt –, dass eines der kleineren Regale leicht von der Wand vorgerückt worden war. Zu diesem Zeitpunkt dachte ich noch an ein persönliches Geheimversteck des stummen Bruders und sah in der Verletzung der Ordensregel die größte Gefahr. Als im Grunde Fremder hüllte ich mich diesbezüglich in Schweigen, stellte jedoch meinen Brüdern Fragen über Aufgabe und Charakter des Mannes. Keiner der Angesprochenen konnte oder – wie ich mittlerweile glaube – wollte genauere Informationen geben. Der Rheinländer sei bereits als Schweigender zu ihnen gestoßen und habe davor als Missionar bei den heidnischen Litauern der Sache des Herrn gedient. Seine Aufgabe sei direkt vom Abt selbst angeordnet worden und bestünde im Abfassen einer umfangreichen Chronik, die das gesammelte Wissen der Bibliothek enthalten und von der Schöpfung bis zum heutigen Tage reichen sollte. Auch auf meine Frage, weshalb er nicht an den gemeinsamen Speisungen teilnahm, erhielt ich keine rechte Antwort. Es sei schon immer so gewesen, hieß es.

Jedenfalls fasste ich mir bereits am folgenden Tag ein Herz und suchte erneut besagten Raum auf. Froh, ihn leer vorzufinden, stellte ich fest, dass das Regal wieder dicht an der Wand lehnte. Mit einiger Kraftanstrengung konnte ich es ein wenig verrücken, fand jedoch nichts außer Staub und Rattendreck. Ich fühlte mich wie ein schäbiger Dieb und wollte mich schon zum Gehen wenden, als ein kurzes Funkeln unter dem Arbeitstisch in der Mitte des Raumes meine Aufmerksamkeit weckte. Zunächst hielt es für ein Stück Bronze, doch es lag unerwartet schwer in der Hand und war von gänzlich merkwürdiger Farbe, die am ehesten als mattgrünes Gold bezeichnet werden könnte. In der Form glich es einem stilisierten Kamm mit drei Zacken und war etwa so lang wie ein Daumen. Ich verstaute es in fester Absicht, mich später eingängiger damit zu befassen.

Vermutlich wäre die Erinnerung an den Gegenstand rasch aus meinem Gedächtnis verschwunden, schließlich arbeitete ich ständig unter größter Konzentration, wäre ich nicht einige Tage später erneut mit dem Rheinländer konfrontiert worden. Mein Geist war unruhig und aufgebracht und obwohl die Nacht bereits hereingebrochen war und die meisten Brüder sich in ihre Zellen zurückgezogen hatten, saß ich an meinem kleinen Schreibpult. Ich blätterte in den Schriften des Angelsachsen Beda, die immer wieder Verweise auf die Werke des Dionysius Exiguus enthielten. Da ich mich nicht auf die Worte Bedas verlassen wollte, brach ich zu dieser späten Stunde zu einem kurzen Besuch in die Bibliothek auf, um die zitierten Originale einzusehen. Zwar wurde das Gebäude nach der Vesper versperrt, doch Bruder Fulbert hatte mir einen eigenen Schlüssel zugestanden.

Gerade hatte ich die gesuchten Werke gefunden, als ich Schritte vernahm. Wer immer dort unterwegs war, schien in Eile, denn seine Füße trippelten hastig über den Boden. Als am Ende des Ganges eine beleibte Gestalt mit hochgezogener Kapuze vorbeihuschte, ahnte ich, dass es sich um den stillen Rheinländer handelte – wenngleich ich verblüfft war, wie schnell er sich bewegte. Verflucht sei meine Neugierde, die durch sein Auftauchen wieder geweckt wurde! Leise folgte ich dem Mönch und tatsächlich schien er mich nicht zu bemerken. Bald schon hielt er auf die kleineren Kammern zu, die als Arbeitsräume dienten. Es überraschte mich kaum, dass der stumme Bruder letztlich genau jenen Raum betrat, in dem ich ihm zuvor begegnet war und bei irgendeiner geheimen Tätigkeit gestört hatte. Nach kurzer Zeit hörte ich merkwürdige Geräusche aus der Kammer, ein Rattern und Scharren, ein schwaches Quietschen dazwischen, und dann einen dumpfen

Schlag. Stille folgte. Ich verbrachte einige Zeit lauschend an der Tür, doch konnte kein Lebenszeichen auf der anderen Seite ausmachen. All meinen Mut musste ich zusammennehmen, um die schwere Eichentür aufzuschieben, hatte mir schon Worte zurechtgelegt, die meinen späten Besuch rechtfertigen konnten. Doch auf das, was ich vorfinden sollte, war ich nicht gefasst: Der Rheinländer war verschwunden! Es musste einen zweiten Ausgang aus dem Raum geben! Auch wenn sich im Rückblick die Ereignisse klar und strukturiert darstellen, so war ich in jener Situation doch vollkommen verblüfft und habe durchaus eine gewisse Zeit ratlos in der Kammer gestanden und nach einer Erklärung gesucht. Dann fiel mein Blick auf jenes Regal, das bereits beim letzten Mal leicht von der Wand entfernt stand und jetzt noch weiter vorgerückt war. Ich weiß, dass verborgene Gänge in großen Gebäudekomplexen keine Seltenheit sind, bieten sie doch meist Schutz und Fluchtmöglichkeiten bei Plünderungen, an denen unsere Zeit so reichhaltig ist. Mein Herz wurde also eher von prickelnder Neugier als Furcht vereinnahmt. Fast wollte ich den Rheinländer für seine Nachlässigkeit im Verbergen dieses Zugangs schelten. Doch ich muss mich hier kurz fassen, denn gerade habe ich diese grauenvollen Geräusche wieder vernommen und es kann nur eine Erklärung dafür geben.

Wie bereits angedeutet, fand ich an der Rückseite des Regals befestigt einen feinen Mechanismus, der eine als Wandschrank getarnte Tür öffnete und damit den Verwendungszweck des dreizackigen Gegenstandes klärte. Es handelte sich um eine Art Schlüssel. Ich werde nicht weiter auf die genaue Beschaffenheit dieses Mechanismus eingehen oder auch nur andeuten, um welchen Raum es sich handelt. Ich weiß nicht, was am Ende dieser Nacht geschehen wird, aber ich kann es mit meinem Gewissen nicht vereinbaren, Aufzeichnungen zu hinterlassen, die zur Auffindung dieser Tunnel dienen könnten.

Der hinabführende Gang hinter der Geheimtür war schwach erleuchtet und unterschied sich in seiner Bauart bereits nach wenigen Schritten stark von der restlichen Bibliothek. Hastig schien man den Tunnel hier in den groben Fels gehauen zu haben. Ich folgte ihm für einige Meter, als ich zum ersten Mal diese schrecklichen, unnatürlichen Laute vernahm, die wie scharfe Klauen in meine Brust schlugen. Sie glichen am ehesten dem Schreien einer Eule, doch bestanden nur aus einem monotonen Laut, der unter die Haut kroch und das Blut gefrieren ließ. Ich hätte zu gerne auf der Stelle kehrt gemacht und mich in der behaglichen Wärme meiner Decken verkrochen, aber ich wusste, dass mich in den folgenden Tagen die Neugier schier um den Verstand bringen würde. Also setzte ich behutsam einen Schritt vor den anderen, möglichst leise, nur keinen Laut wollte ich erzeugen. Der Tunnel wand sich wie eine Schlange durch den Fels und bereits nach wenigen Minuten konnte ich nicht mehr sagen, in welche Richtung ich eigentlich lief. Nur hinab ging es stetig. Irgendwann erreichte ich eine Art Schwelle, einen Übergang in einen anderen Abschnitt des Gewölbes, der mich außerordentlich überraschte. Schlagartig wichen die unbearbeiteten Felswände ansehnlichen Mauern, deren Oberfläche im dünnen Fackellicht schimmerte. Das Mauerwerk war mit einer Präzision gefertigt worden, die der Handwerkskunst des alten Roms in nichts nachstand, wenngleich sie sich gänzlich von jenen Ruinen unterschied, die mir etwa aus Trier oder Reims bekannt sind. An manchen Stellen waren nicht einmal mehr die einzelnen Steine zu erkennen, sondern verschmolzen zu einer einzigen großen Fläche, die, fuhr man mit dem Finger darüber, gänzlich eben war. Ich weiß nicht, wer oder was diese Gänge erbaut hat, doch es muss sich um wahre Meister des Bergbaus gehandelt haben. Und dennoch glaube ich, dass ich nur einen Bruchteil jener Hallen gesehen habe, die durch die Tunnel miteinander verbunden sind.

Ich stand unter großer Anspannung. Ein Teil von mir wollte fliehen, doch ein anderer, hartnäckiger Teil pochte darauf, den Gang weiter zu erkunden. Genau kann ich nicht sagen, wie lange ich diesem Pfad gefolgt war, doch nach einiger Zeit nahm die Ausleuchtung zu und ich glaubte, in der Ferne erkennen zu können, wie der Gang in einen größeren Raum mündete. Und doch war ich nicht bereit für das, was ich dort vorfand, hätte es gar nicht sein können, denn es widerspricht dem Geist der Schöpfung durch Gott den Allmächtigen. Wie, habe ich mich in diesem Moment gefragt und tue es jetzt noch, kann Jesus Christus selbst auf der Erde gewandelt sein, wenn solche Abscheulichkeiten existieren und mitten unter uns hausen? Nur mit zitternder Hand kann ich niederschreiben, was ich in den Gewölben unter der Bibliothek gesehen habe.

Wie vermutet öffnete sich der Tunnel in eine Halle solcher Größe, dass ich ihre Existenz unter der Erde niemals für möglich gehalten hätte. Ich blickte von einer kleinen Empore hinab in diese Höhle, die in oranges Fackellicht getaucht war. Schmale Treppen, mit ähnlichem Geschick gefertigt wie das Mauerwerk selbst, führten hinunter zum Boden der Halle. Ringsum zweigten vielfach weitere Tunnel ab. Gott allein weiß, wohin sie führen. Ich will es nicht wagen, mir vorzustellen, was dort in der Dunkelheit kauert. Das Grauenvollste aber war die Quelle des schmatzenden und saugenden Geräuschs, das von den Höhlenwänden tausendfach zurückgeworfen wurde. Versammelt um einen großen Steinblock, den ein Blasphemiker als Altar bezeichnen könnte, drängten sich widerwärtigste Scheusale, deren Schrecken das Maß menschlicher Vorstellungskraft bei weitem übertraf. Es müssen wahrhaft Kreaturen der Hölle gewesen sein! Groß und dürr waren sie, manche von ihnen in schmutzige Lumpen gehüllt, andere nackt und mit kupferfarbener Haut. Ihre Köpfe waren beinahe menschlich, doch ohne Haar und mit klumpigen Augen, die unter einer kräftigen Stirn lauerten. Mit langgliedrigen Fingern, die aus dünnen, sehnigen Armen sprossen, rissen sie an einem Körper, der auf dem Steinblock aufgebahrt war und schlugen ihre Zähne in das tote Fleisch. Und inmitten dieser lästerlichen Szenerie, dieser Perversion des Abendmahls, stand fanatisch kauend der stille Rheinländer, als gehöre er zu diesen grauenvollen Teufeln.

Ich konnte mich vor Angst und Abscheu kaum auf den Beinen halten. Stumm flehte ich um den Schutz des Erzengels Michael und des heiligen Georg, flehte, dass sie kommen mochten, um das Böse zu vertreiben. Ich wollte die Augen schließen, flehte um Blindheit und Taubheit, um den Schrecken dieser Gewölbe zu entkommen. Möge der Herr mir das Vergessen dieses Anblicks gewähren!

Es traf mich wie ein Blitzschlag, als sich eines der Wesen umdrehte und zur Empore heraufsah. Ich konnte seine Augen erkennen und blickte in die Abgründe der Hölle. Das Geschöpf kreischte und es war der gleiche langgezogene, monotone Schrei, den ich bereits am Eingang vernommen hatte.

Ich habe das Ende meines Berichts beinahe erreicht. Zurzeit ist es still und ich höre nichts von dem Schlurfen und Scharren hinter den Wänden. Vielleicht sind mir noch einige Stunden vergönnt. Mittlerweile glaube ich, dass es weitere Zugänge in das Gewölbe unter der Bibliothek geben muss, möglicherweise auch verwinkelte Gänge, die durch die Mauern selbst führen. Ich frage mich: Waren diese Teufel die Quelle der nächtlichen Geräusche in meiner Kammer? Ich wage kaum daran zu denken, wie sie mich in der Nacht heimlich beobachteten.

Ich floh aus den Katakomben, rannte, so schnell mich meine alten Beine trugen, nur um die Tür, die das kleine Studierzimmer von der Bibliothek trennt, verschlossen vorzufinden. Ich hämmerte dagegen und rief um Hilfe, doch offenbar blieb ich ungehört.

Den Zugang zu den dunklen Gängen unter der Bibliothek habe ich versperrt und hoffe, dass er niemals wieder geöffnet wird, wenngleich ich fürchte, dass es sich um eine vergebliche Hoffnung handelt. Auch der dicke Rheinländer wird mich gesehen haben und wissen, dass ich nicht entkommen darf. Ist er allein, frage ich mich? Ahnen die anderen Brüder etwas? Wer hat die Tür von außen versperrt? Selbst wenn ich diesen Raum verlassen könnte, wüsste ich nicht, an wen ich mich wende sollte. Ich muss mich Gott anvertrauen und auf seine Gnade hoffen. Diese Zeilen werde ich in einem der Bücher verstecken, auf dass sie einen anderen Neugierigen vor meinem Schicksal bewahren mögen.

Der Herr sei mir gütig, ich höre sie, ihr Scharren und Schnauben hinter den Wänden.

Die Bibliothek von Bärbel

Olaf Lahayne

Zur letzten »Wetten dass«-Sendung mit Thomas G.

»Herzlich willkommen, liebe Zuschauer. Da bin ich also das erste Mal bei ›Wetten dass‹ dabei, und dann darf ich nicht mal auf dem Sofa neben all den Stars sitzen, nein, man überträgt mir die Moderation der Außenwette! Aber, ich kann Ihnen versichern – Ihnen dort in der Halle und allen daheim an den Bildschirmen: Dies dürfte heute eine der außergewöhnlichsten Wetten werden, die Sie jemals gesehen haben. Die Umgebung könnte freilich etwas ungewohnt sein: Keine Rennstrecke, kein Stadion, kein Zirkuszelt, sondern eine Bibliothek – eine ganz normale Stadtbibliothek, um genau ...«

»Normal? Alles andere als normal!«

Diese Unterbrechung kommt unerwartet für den Mann mit dem Mikro. Er schnellt herum – und stolpert sogleich einen Schritt zurück, denn direkt hinter ihm steht eine auffallend zierliche Dame. Noch mehr allerdings als ihr unerwartetes Auftauchen irritiert den Mann ihr Gesichtsausdruck: Die Frau lächelt ihn an, scheint aber gleichzeitig knapp an ihm vorbei zu blicken. Kurz bevor es peinlich wird, fällt ihm aber noch der Grund dafür ein: »Frau Burg! Hätten Sie mir doch Bescheid gesagt, dann hätte ich Ihnen geholfen, damit Sie ... Ich meine ...«

Damit hat er die Peinlichkeitsgrenze doch noch überschritten, und prompt nimmt das Lächeln der Frau einen spöttischen Zug an: »Seit dreißig Jahren arbeite ich in dieser Bibliothek. Ich kenne jedes Möbel, jede Teppichkante, jede Stufe. Glauben Sie, ich brauche Hilfe von jemandem, der heute zum ersten Mal hier ist?«

»Nein, ich meinte nur ... Wegen all der Kabel, der Kameras und so. Das könnte für Sie doch eher ungewohnt sein, oder?«

»Netter Versuch. Aber offenbar verwenden die Herren kabellose Kameras. Besser gesagt, der Mann und die Frau, wenn mich Rasierwasser- und Parfum-Duft nicht täuschen. Stimmt's? Ich höre jedenfalls keine Kabel über den Boden schleifen.«

Der Mann nimmt dankbar das Stichwort auf: »Ich gesteh's, da haben Sie mich erwischt. Es dürfte also wirklich so sein, dass Blinde die fehlenden optischen Eindrücke durch die anderen Sinne ausgleichen?«

»Soweit das eben möglich ist. Aber bleiben wir beim Thema: Dies ist weiß Gott keine Bibliothek wie jede andere. Sie ...«

»Welche Bibliothek dürfte auch sonst schon eine blinde Bibliothekarin haben?«

»So was kommt vor – wenn auch kaum bei Frauen, stimmt schon. Aber das meine ich nicht. Kommen Sie mit – und unterbrechen Sie mich nicht!«

Gehorsam folgt der Mann der Frau, und er muss sich tatsächlich beherrschen. Andernfalls hätte er seine Bewunderung darüber in Worte gefasst, mit welcher Zielstrebigkeit die Bibliothekarin ihr Reich durchschreitet. Darüber vergisst er fast, ihr zuzuhören: »Ihnen fiel sicher der Grundriss unserer Bibliothek auf, nicht wahr? Sie nimmt ein fast perfektes Quadrat ein, dessen eine Ecke in einem Winkel von fünfundvierzig Grad abgeschnitten ist. Der Architekt hat diese charakteristische fünfeckige Form auch im Inneren verwandt, wie Sie gleich sehen werden. Der Bereich hier mit meinem Schalter, der Buchaus- und -rückgabe sowie den Katalogen ist zwar quadratisch, er besteht aber im

Grunde aus den abgeschnittenen Ecken vier kleinerer Quadrate. Das erste Quadrat bildet den Eingangsbereich, die anderen drei den eigentlichen Bibliotheksbereich. Vorsicht bitte: Stufe!«

Tatsächlich kann der Mann gerade noch einen Sturz vermeiden. Wie dann er, die Bibliothekarin sowie Kameramann und -frau im nächsten Raum stehen, sehen sich die Neuankömmlinge erst einmal überrascht um. Ihre Führerin hört ihr Schweigen und lächelt zufrieden. »Erstaunlich, nicht wahr?«

»In der Tat. Also, man könnte wirklich meinen, man steht hier in der Bibliothek aus Ecos *Der Name der Rose*.«

Sogleich steigt der Mann in der Achtung der Bibliothekarin, und der spöttische Unterton weicht aus ihrer Stimme: »Wegen der acht Ecken, nicht wahr? Aber auf den zweiten Blick sehen Sie sicher, dass diese Illusion von den verspiegelten Wänden hervorgerufen wird. Ich glaube, der Architekt griff deswegen zu dieser Lösung, um das Licht aus dem Oberlicht möglichst effektiv zu nutzen und eine Illusion von Weite zu schaffen. Das ist offenbar gelungen, auch dank der hellen Hölzer und dem weißen Anstrich. Jedenfalls sagen mir das die Besucher immer wieder ...«

Während der Mann nur nickt, versuchen die zwei Kameras, die Umgebung einzufangen, ohne einander ins Bild zu bekommen. Vergeblich freilich: Denn die Spiegel bedecken die beiden Wände gegenüber des Einganges zur Gänze. Wo sie sich im rechten Winkel treffen, wird der Übergang von einem Eckregal getarnt, das durch Mehrfach-Spiegelung zur Büchersäule in der Mitte des Achtecks wird. Die halbhohen Bücherregale an diesen Wänden mutieren in der Reflexion zu Raumteilern, die das Achteck vierteln. Die Wände zur Linken und Rechten des Zuganges nehmen deckenhohe Bücherregale ein; daneben führen jeweils Durchgänge zu zwei weiteren Räumen. Wie die Kameras diese erkunden, erkennt man, dass diese fast ebenso eingerichtet sind wie das erste Fünfeck, und dank der dortigen Spiegel scheint sich die Bibliothek ins Unendliche zu erstrecken. Verstärkt wird dieser Eindruck noch dadurch, dass das Kellergeschoss und der erste Stock offenbar ebenso eingerichtet sind. Öffnungen in Boden und Decke gestatten den Durchblick.

Noch mehr als die Architektur beeindruckt den Mann aber etwas anderes: »Und all diese Bücher hier, die könnten Sie also gewissermaßen, ich meine ...«

Die Bibliothekarin hilft nach: »Ich erkenne sie blind. Das meinen Sie doch, nicht wahr?«

»Nun ja, irgendwie schon. Das dürften doch einige tausend Bücher sein? Eher über zehntausend?«

»Gut zweiundzwanzigtausend. Wir sind eine eher bescheidene Bibliothek. Aber, ja, das ist meine Wette: Ich erkenne jedes davon allein am Geräusch beim Blättern der Seiten.«

»Und ohne sie zu berühren?«

»Ich bitte Sie, das könnte doch jeder.«

Der Mann mit dem Mikro widerspricht lieber nicht, stattdessen hakt er weiter nach: »Aber ... Wie ist das möglich?«

Die Frau lächelt hintergründig. »Die Bücher sprechen zu mir.«

»Sie meinen, das Blättergeräusch dürfte bei jedem Buch anders sein, je nachdem, wie dick es ist, welche Qualität das Papier hat, wie abgegriffen die Seiten sind und so. Oder?«

›Würde er mir die Wahrheit glauben? Würde er etwas verstehen, was ich selber bis heute nicht verstehe?‹, denkt sich die Frau. Da sie die Antwort darauf eh kennt, bejaht sie die Frage des Mannes: »So in etwa.«

»Erstaunlich. Wirklich unglaublich.«

»Fangen wir dann bitte an? Wir sollten jedenfalls nicht länger überziehen als nötig.«

»Natürlich, Sie haben Recht. Also geben wir kurz zurück, damit die Wetten platziert werden können. Wir melden uns gleich wieder!«

Mit dem Erlöschen des roten Lichtes an den Kameras erlischt auch das Lächeln im Gesicht des Mannes. Der ungläubige Unterton weicht vorerst allerdings nicht aus seiner Stimme: »So, wo wir jetzt unter uns sind: Wie machen Sie das wirklich? Zweiundzwanzigtausend Bücher am Geräusch des Blätterns zu unterscheiden ... Sorry, aber da würde doch wohl jeder spontan sagen: Unmöglich!«

»Bitte nicht rauchen hier drinnen!«, ruft die Frau zuerst Kamerafrau und -mann zu: Denn kaum, dass diese ihre Kameras gesenkt hatten, hat das Duo die Feuerzeuge gezückt und betätigt. »Vor die Tür steht ein Aschenbecher!«

Die Kameraleute zögern etwas, leisten dann aber dieser Aufforderung Folge. Als sie außer Hörweite sind, dreht sich die Bibliothekarin wieder in die Richtung um, aus der sie ihren Gast atmen hört. ›Das würde ich sicher auch sagen‹, würde sie gerne antworten, stattdessen aber greift sie auf eine schon mehrfach strapazierte Erklärung zurück: »Nun, als Bibliothekarin gehen halt alle Bücher durch meine Hände. Die Identifizierung erledigt der Scanner am Abfertigungsschalter. Der liest den aufgeklebten Strichcode ein und liefert mir alle Angaben über den Braille-Schrift-Generator. Aber um wegen eines jeden Buches, das mir hier im Haus in die Hände kommt, zum Schalter zu laufen, dazu fehlt mir die Lust. Außerdem überprüfe ich die Bücher nach der Rückgabe sowieso auf ihren Zustand. Da habe ich es mir eben angewöhnt, rasch mit dem Daumen an der Ecke durch die Seiten durchzublättern.«

»Wie bei einem Daumenkino. Oder?«

»So ist es. Auf die Art kann ich Eselsohren erkennen, fehlende oder zerknickte Seiten, all das halt. Und da ich das bei den meisten Büchern schon mehrfach gemacht habe und bei vielen dutzend- oder hundertfach ...«

Ihr Gegenüber nickt, und erst nach einigen Sekunden fällt ihm ein, dass die Frau dies nicht sehen kann. »Ich verstehe. Also dürfte gewissermaßen wirklich jedes Buch seine eigene Ausdrucksweise, seine eigene Sprache haben.«

»Das haben Sie schön gesagt.«

»Danke. Nun, letztendlich müssen Sie ja von den zweiundzwanzigtausend Bänden nur die fünf identifizieren, die ich nachher aussuchen werde. Genauer gesagt: Nur vier von fünf, ein Fehler wird den Kandidaten bei solchen Wetten zugestanden. Und ich könnte die Bücher wirklich von überall holen? Von ganz oben und ganz hinten in den Regalen, aus dem Keller und vom ersten Stock?«

»Solange Sie's nicht mit den Telefonbüchern versuchen, die am Eingang liegen ...«

»Wie Sie meinen.«

»Top, die Wette gilt!«

»Also gut, zwei Minuten von nun an – sobald ich den Ton hier abgedreht habe, heißt das. Jede ungewohnte Geräuschquelle könnte ja störend sein.«

Eben noch tönte das Startsignal aus dem in Reichweite stehenden Monitor, nun schaltet ihn der Mann stumm. Dann greift er nach dem obersten von fünf Büchern, die daneben warten. Einige Sekunden hält er den Band vor die Optik des Kameramannes, dessen Kollegin verfolgt unterdessen, wie sich die Bibliothekarin mit verschränkten Armen auf der anderen Schalterseite in ihrem Sessel zurücklehnt. »Kann losgehen!«

»Also gut. Wenn Sie sich bitte vorbeugen würden?«

Die Bibliothekarin setzt sich aufrecht hin, beugt sich aber nur minimal vor. So streckt sich der Mann mit dem Buch in der Linken gefährlich weit über den Schalter. Das entgeht der Frau nicht: »Blättern Sie einfach ganz normal im Stehen, als würden Sie in einer Buchhandlung stöbern.«

»Also gut. Es geht los ...«

Und er beginnt, mit dem rechten Daumen durch die knapp sechshundert Seiten zu blättern.

Gewähren ... endet ... scheiden ... Land ... befahl ... Nein ...nie ... gelebt ... Ton ... Parzival ...Leben ... Lob ...

»Halt, das reicht!«

Auf diesen Ruf der Frau hin klappt der Mann vor Schreck das Buch gleich zu. »Aber das dürften höchstens fünfzig Blatt gewesen sein. Weniger!«

»Egal, das war ... Nun, es ist halt ein sehr charakteristisches Dünndruck-Papier.«

Der Mann befühlt etwas ratlos eine Seite in dem Buch: »Wenn Sie meinen. Also, um welches Buch könnte es sich handeln?«

»Wolfram von Eschenbachs *Parsifal*, die Weltbild-Ausgabe von 2000.«

Der Mann starrt ungläubig auf den Band in seiner Hand; erst auf ein Räuspern des Kameramannes hin hält er den Band erneut in die Kamera: »Richtig! Ich darf Ihnen wohl verraten, dass ich auf dem Monitor die Zuschauer in der Halle begeistert applaudieren sehe?«

Das macht die Frau doch ein wenig verlegen. »Keine große Sache. Weiter, bitte, die Zeit läuft!«

»Sie haben Recht. Also gut ...«

Der Mann legt das erste Buch zur Seite, greift nach dem zweiten und beginnt auf die gleiche Weise in diesem zu blättern.

Ganymed ... geschickt ... dort ... der ... Beginn ... Brüh ... Geschmack ... vermöcht ... nicht ... damit ... ihm ... sofort ... Milch ... Gott ... dämpft ... vielleicht ... mir ... grün ...

Die Frau hat sich diesmal etwas weiter vorgebeugt, und nun unterbricht sie den Blätterer: »Wieder ein Klassiker, scheint mir?«

»So könnte man sagen.«

»Aber sicher bin ich mir noch nicht. Fangen Sie doch bitte mal in der Mitte an, und wenn Sie vielleicht etwas langsamer blättern könnten ...?«

»Ich werd's versuchen.«

Auch noch Haare ... die es nicht ist ... Saat, die gestreut ... Hyblas Quendelhonig ... gewöhnlich ein Phönix ... niemals-

»Halt, jetzt ist es klar. Das sind die *Epigramme* von Martial, die Artemis-Ausgabe von 1957.«

Wieder schüttelt der Mann staunend den Kopf, wieder hält er den schon etwas angegilbten Band in die

Kamera: »Wirklich erstaunlich! Lassen Sie mich raten: Spielt das Alter des Papiers eine Rolle?«

»In gewisser Weise. Genaueres kann ich gerne nachher erklären.«

»Natürlich. Also dann, der dritte Band, es geht los. Könnte diesmal etwas kniffelig sein ...«

240 m ... 40 Sekunden ... 43 Mio. Euro ... beiden Ebenen ... 245 m ... 10.300 km/h ... 458,45 m ... gebaut ... 10.385 km/h ...

»Einerseits einfach, andererseits tatsächlich kniffelig«, befindet darauf die Bibliothekarin, und nun schüttelt sie den Kopf. »Eines der Guinness-Bücher der Rekorde, das –«

»Und wieder richtig! Also –«

»Nein, nein. Bleibt ja noch die Frage, welche Ausgabe. Wir haben mehrere da. Fangen Sie bitte mal ganz hinten mit dem Blättern an!«

»Gerne.«

Gewährleistet ist ... 19. März 2005 statt ... Copyright 2005 Lucasfilm Ltd. ... Simbabwe ...

»Halt; nun ist es klar: Die Ausgabe von 2006.«

Diesmal hält der Mann den Band gleich in die Kamera: »Wieder richtig! Die Bindung ist etwas eigen; das war es, oder?«

»Ja, ja ...«

»Aber gut; noch 45 Sekunden. Achtung; der vierte Band: Wenn Sie den erkennen, haben Sie gewonnen.«

Help ... on ... said ... place ... ned ... mes ... him ... you ... ring ... res ... ist ... full ... body ... had ... airs ...

»Ah, jetzt haben Sie sich in der fremdsprachigen Abteilung bedient, nicht wahr? Und sicher wieder ein recht dickes Buch? Aber blättern Sie bitte etwas langsamer!«

»Woher wissen – also gut; schon dabei.«

Let's sit ... and ... Hogwarts ... was eating ... even ... however ...

»Ah ja! Eine der Bloomsbury-Originalausgaben von Harry Potter, daher schon recht abgegriffen. Aber welcher Band? Blättern Sie bitte mal etwas weiter vorne!«

»Schon dabei.«

Dark Mark ... herself ... to say ... dark trees ... head a ... etched ... of Krum ... quieter ... wood ...

»Noch zehn Sekunden.«, flüstert der Mann. »Wenn –«

»Schon gut, ich hab's: Das ist ... äh, der Band mit der Quidditch-WM. Welcher war – ach ja: *The Goblet of Fire*.«

Umgehend schaltet der Mann wieder den Ton am Monitor ein. »Hören Sie sich den Applaus an! Ich habe über die Jahre ja einige phantastische, unglaubliche Wetten in dieser Sendung gesehen, aber das hier ... Meinen Glückwunsch: Sie haben es geschafft!«

»Respekt! Echt unglaublich!«, meldet sich nun auch der Moderator aus dem Monitor. »Ich meine, ich will ja niemanden beeinflussen, aber wenn das nicht unsere Wettkönigin wird ... Und Glückwunsch zur gewonnenen Wette, Bärbel. Ich darf Sie doch Bärbel nennen?«

Wieder wird die Kandidaten ein wenig verlegen: »Nenn mich ruhig Bärbel, Thomas – wenn du mir versprichst, mich nicht danach zu fragen, wie ich das hier mache.«

»Ist mir recht, wir sind sowieso schon recht spät dran – selbst für meine Verhältnisse, meine ich. Bis nachher, bis zur Kür des Wettkönigs – oder der Wettkönigin!«

»... aber so was, das ist mir in hundertfünfzig Sendungen echt noch nie passiert!«

Etwas ratlos blickt der Moderator auf die Anzeigetafel: Über dem Bild der Bibliothekarin sowie dem eines jungen Mannes sind zwei gelbe Balken eingeblendet, beide gleich hoch, und über beiden steht ›33 %‹.

»Könnte mir die Regie mal bitte sagen ... Und exakt die gleiche Zahl an Stimmen? Da sagt man uns Deutschen immer einen Hang zur Gründlichkeit nach, aber ich bin sicher, dieser Fall, der war nirgends eingeplant. Und wenn's nach mir geht, okay, dann haben wir halt zwei Wettkönige – oder eben ein Königspaar; was soll's denn. Aber da hinten, auf der anderen Seite der Kulisse, da wartet leider nur ein Wagen ...«

»Darf ich einen Vorschlag machen?«

Der Moderator dreht sich überrascht zu jenem Monitor um, von dem aus sich die Bibliothekarin zu Wort gemeldet hat. »Und wie! Ich bin für jeden Vorschlag dankbar.«

»Bitte um Entschuldigung für die Nachfrage, aber wenn ich das recht gehört habe, so sind folgende Wetten bereits ausgeschieden: Das Erkennen der deutschen Flüsse am Wassergeschmack, das Entzünden der Kerzen aus der Distanz sowie die Stillsteh-Wette?«

»Stimmt genau; damit sind noch die beiden einzigen Wetten übrig, die heute gewonnen wurden: Erstens Ihre Bücherwette, Bärbel, und zweitens die Wette von Kevin hier, der alle Neuwagen am Geruch des Innenraumes erkennt.«

»Und ich nehme mal an, man hat nicht sicherheitshalber einen zweiten Wagen vor meiner Bibliothek geparkt?«

»Leider nein. Wir haben dem Außenteam nur ein Exemplar der Bedienungsanleitung mitgegeben. Tut mir leid, aber wir dachten, das würde reichen, falls, na ja –«

»Schon klar; aber das passt doch bestens. Vorschlag: Sie lassen Kevin an dem Wagen riechen und mich in der Anleitung blättern – wir beide blind, versteht sich. Wer dann den Wagentyp errät – oder wenigstens die Marke – der ist Wettkönig.«

Für einen Augenblick fehlen dem Moderator tatsächlich die Worte. »Das ist ... aber ... und ... ja, habt ihr denn auch Auto-Handbücher in eurer Bibliothek?«

Jetzt kommt die Bibliothekarin ein wenig ins Stammeln: »Handbücher von ... nein, das nicht, aber ... da hat doch jeder Hersteller, jede Firma seinen eigenen Stil, seine Corporate Identity, oder wie das heißt.«

»Nun, von meiner Seite aus ... und Kevin signalisiert uns gerade, dass er einverstanden ist. Okay, was soll's denn: machen wir's. Was für ein Showdown!«

»Okay, Bärbel, so wird's gemacht: Du bekommst gleich das Handbuch in die Hand gedrückt, und gleichzeitig führe ich Kevin zum Wagen. Und wer uns dann zuerst die Marke nennt, der hat gewonnen, ganz einfach. Also ein allerletztes Mal: Top, die Wette gilt!«

›Bieten wir den Leuten halt bis zum Schluss eine gute Show‹, denkt sich Bärbel, als ihr der Tontechniker das Handbuch in die Hand drückt. ›Was soll ich auch mit einem Auto? Am besten, ich tippe knapp daneben – wenn das mit dem Handbuch hier überhaupt funktioniert, mal sehen ...‹ »Lasst bitte diesmal den Ton am Monitor an!«

›Meine Güte, ist das ein Wälzer. So was liest sich doch sicher niemand durch, ehe er sich ins Auto setzt ...‹

Nicht fest ... betätigen ... Toilettenschüssel ... werden ... vermeiden ... einschalten ... Abwassertank ...

›Toilette? Abwasser? Was für ein Auto ist das?‹

»Und wenn du jetzt zuhörst, Bärbel: Kevin riecht gerade durch die offene Tür am Fahrzeuginnenraum. Schon ein erster Eindruck?«

»Das riecht ... seltsam! Ganz anders als alle anderen Wagen, in die ich bisher reingeschnuppert habe ...«

»Reingeschnuppert. Nie hat das Wort so gut gepasst wie hier!«

»Der riecht irgendwie ... ja, einfach größer. Geräumiger.«

»Massiger«, ergänzt die Bibliothekarin. »Jetzt bin ich direkt neugierig ...«

Wasserhähne schließen ... des Boilers ... Winterbetrieb ... Ablasshähne ... Kühlbetrieb an ...

›Natürlich: Das ist ein Wohnmobil! Und sicher keins von der kleinen Sorte. Na, so was kann ich erst recht nicht gebrauchen!‹

Wohnraum erwärmen ... zugeschaltet ... eingebaut ... Backofen ... Leitungsverlegung ... Regale ... Kontroll-Leuchte ...

›Moment mal: Regale?‹

»Irgendwas scheint nicht hierher zu passen ...«

»Hast du was Anrüchiges entdeckt, Kevin?«

»Na ja ... Wenn ich's nicht besser wüsste, würde ich sagen: Hier riecht's nach Möbelpolitur.«

»Und woher meinst du's denn besser zu wissen, Kevin!?«

»Dann ist das ... Ja, klar: Ein Wohnmobil!«

›Blitzmerker! Und zwar eines mit Platz für eine Großfamilie, ein halbes Haus, oder für ... Ja, genau! Ich will dieses Teil haben! Aber-‹
»Und was für eine Marke? Na? Kevin? Bärbel?«
›Gute Frage! Schauen wir mal weiter vorne nach ...‹
Stütze ... Ablassventil ... Hymer AG ... Anleitung ... Garantie ...
»Ich hab's: Ein Wohnmobil von Hymer!«
»Genau! Echt unglaublich, Bärbel. Und wenn du mir noch die Typenbezeichnung nennen kannst ...«
»Das nicht, fürchte ich.«
»Und du, Kevin?«
»Sorry, beim besten Willen nicht. Kenne mich eigentlich auch nur mit PKW aus ...«
»Dann haben wir unsere Wettkönigin für heute! Meinen Glückwunsch, Bärbel: Dir gehört dieses Hymermobil der S-Klasse. Und was für ein Riesenteil: Fast neun Meter lang, vier Schlafplätze, über vier Tonnen Leergewicht, Küche, Dusche, alles da. Der ultimative Preis für meine ultimative Sendung, Danke an den Sponsor! Aber, nimm's mir nicht übel, Bärbel: Was wirst du damit machen?«

Davon hat Bärbel schon eine recht genaue Vorstellung: »Das wird unser neuer Bücherbus. Wir bauen ein paar Regale zusätzlich ein, bestücken sie mit Büchern und fahren damit übers Land – als mobile Bibliothek. Wir sind eine ziemlich ländliche Gegend hier, musst du ...«

Aber der Rest geht unter im Applaus.

Die siebte Bibliothek

Cornelia Röser

»Es ist an diesem Ort nicht alles, wie es scheint.«

Ich blickte den Bibliothekar stirnrunzelnd an. Warum behelligte er mich mit solchen Binsenweisheiten? Natürlich war hier nicht alles, wie es schien. Das war es schließlich nie. Und was fiel ihm ein, mich zu warnen? Hielt er mich etwa für einen jener Touristen, die den Besuch der Bibliotheka Erratika völlig unvorbereitet antraten? Was für eine Beleidigung.

Natürlich wusste ich, was mich erwartete. Soweit das möglich war, jedenfalls. Wie schon so mancher Literaturliebhaber vor mir hatte ich in den ersten Semestern meines Studiums zum ersten Mal vom Kreis der Sieben Bibliotheken gehört, und damit auch von dieser geheimnisvollsten aller Büchersammlungen. Sie liegt versteckt in den labyrinthischen Gassen einer Altstadt, deren Namen ich zu Ihrer eigenen Sicherheit verschweige. Wenn Sie es darauf anlegen, sie zu finden, werde ich Sie nicht daran hindern können, aber ich möchte mir nicht vorwerfen müssen, jemanden leichtfertig in Versuchung geführt zu haben.

Ich erinnere mich an jenen Tag, als wäre er vorige Woche gewesen und läge nicht schon Jahrzehnte zurück. Es war am Ende einer langen, trockenen Vorlesung über Bücherkunde, die selbst für einen bibliophilen Geist wie den meinen nicht bei wachem Verstand zu ertragen gewesen war, und ich befand mich in einem nebelverhangenen Dämmerzustand. Die routinemäßigen Abläufe geschahen wie von alleine. Die Augen registrierten, dass sich die Zeiger der Uhr dem Vorlesungsende näherten, die Hände griffen nach den Büchern, um sie in meine damals schon abgetragene Tasche zu stopfen. Der Stift und der vollgekritzelte Zettel wanderten hinterher, die Finger machten sich an der Schnalle der Tasche zu schaffen. Und in dem Augenblick, bevor sie klickend einrastete, hörte ich den Dozenten sagen: »... nur den wenigsten ist es vergönnt, den Kreis der Sieben Bibliotheken mit seinem Höhepunkt, der Bibliotheka Erratika, zu vollenden.« Mit diesen Worten schloss er seinen Vortrag und verließ den Saal. Ich war außerstande, den Zusammenhang dieses Halbsatzes zu rekonstruieren, und auch keiner der Kommilitonen konnte mir weiterhelfen.

Ich dachte, ich würde es wieder vergessen. Aber mit dem Klicken der Messingschnalle an meiner Tasche war dieser Name offenbar in meinem Bewusstsein eingerastet – und ebenso wie die Tasche hat auch er mich bis heute begleitet. Es war nur eine Randbemerkung in einer Vorlesung gewesen, aber der Name geisterte durch meine Gedanken, bis ich schließlich anfing zu recherchieren. Es dauerte viele Stunden und viele dicke, staubige Wälzer, bis ich einen ersten Hinweis fand, und als ich endlich auf eine Abbildung stieß, war das merkwürdige Verlangen nicht etwa gestillt, sondern zu einer fixen Idee geworden.

In dem Augenblick, in dem ich das Bild sah, wusste ich, dass ich diese Bibliothek besuchen musste, koste es, was es wolle. Nun, in gewisser Hinsicht hat es mich mein Leben gekostet. Mich befiel ein Fieber, das mich über Jahre nicht mehr loslassen sollte. Wie in Trance brachte ich mein Studium zu Ende und schlug mich danach mit Übersetzungen und Schreibarbeiten durch, jeden Pfennig, später jeden Cent, den ich erübrigen konnte, legte ich für den Besuch der Sieben Bibliotheken zurück.

Das mag für die meisten normalen Menschen nur schwer zu verstehen sein. Aber wenn einen die Bibliophilie in vollem Ausmaß erfasst hat ... nun, man kann Bücher auf unterschiedliche Arten lieben. Es gibt Menschen, die gern lesen. Dann gibt es solche, die Bücher als Ganzes lieben, vom Geruch und der Haptik des Papiers über die Art, wie Text und Absätze die Seiten strukturieren, bis hin zu dem unvergleichlichen Sog, den eine gut erzählte Geschichte entfaltet. Und dann gibt es eine dritte Gruppe von Menschen. Sie ist sehr klein und umfasst diejenigen, die in einer solchen Vorlesung nur die Erwähnung einer geheimen Bibliothek brauchen, um ihr ganzes Leben deren Erkundung zu verschreiben.

So etwas ist keine bewusste Entscheidung. Es geschieht in einem drin, ohne dass man etwas dagegen tun könnte. Hätte ich die Wahl gehabt, mit meinem Leben etwas Sinnvolleres anzufangen, als alle Zeit und Energie in die Besuche eines Rings von Bibliotheken zu stecken – was glauben Sie, was ich getan hätte? Aber die Liebe ... die Liebe zwingt uns zu den erstaunlichsten Dingen. Und dass Außenstehende das nicht verstehen, scheint ein wesentlicher Bestandteil davon zu sein. Mehrere Jahrzehnte hatte es gedauert, bis ich nun endlich die siebte und letzte von ihnen aufsuchen konnte. Die Bibliotheka Erratika war eine exklusive Angelegenheit, daran sollte kein Zweifel aufkommen.

Ich sammelte sämtliche Informationen, derer ich habhaft werden konnte, eine langwierige Aufgabe, die meine Geduld und meinen Forschergeist auf eine harte Probe stellte. Die Hinweise waren vereinzelt und versteckt eingeflochten in trockene Sachbücher, als sollten sie nur demjenigen zugänglich sein, der sich mit völliger Hingabe auf die Suche begab. Mühsam erarbeitete ich mir eine Vorstellung davon, was mich in den Sieben Bibliotheken erwartete, und glich diese im Laufe der Jahre mit der Wirklichkeit ab. Jede war auf ihre Weise einzigartig und behandelte in ausgesuchten Werken ein spezifisches Thema, wie etwa Hexerei, das Jenseits, die Alchemie oder die erotischen Künste. Einzig über das Thema der Bibliotheka Erratika war nichts, aber auch gar nichts zu finden gewesen. Nur auf den einen Hinweis war ich gestoßen: Ihr Geheimnis läge in ihrer Dimension. Doch diese Aussage war mir so abstrakt erschienen, dass ich ihr keine Bedeutung zuordnen konnte. Dennoch glaubte ich nun, so gut es irgend ging vorbereitet zu sein. Die Vorfreude setzte meinen Körper unter solche Anspannung, dass er zu vibrieren schien.

Und dann kam dieser Bibliothekar und verdarb mir mit seiner geheimniskrämerhaften und dabei furchtbar banalen Warnung die Stimmung. Man könnte jetzt anführen, dass eine solche, jahrelang genährte Freude mehr aushalten können sollte als einen einzigen falsch adressierten Satz. Doch manchmal sind es gerade die kostbarsten Hochstimmungen, die am zerbrechlichsten sind.

Ich drängte die unerwünschte Störung an den Rand meiner Gedanken und wollte mich voll auf das konzentrieren, was mir bevorstand: Ich sollte meinen Fuß in diese Hallen setzen, sollte mit meinen Händen durch die Seiten der Folianten blättern und dürfte sogar, da ich mein ganzes Erspartes für einen unlimitierten Zutritt geopfert hatte, so viel davon lesen, wie ich wollte. Ich versuchte, mich ganz auf das freudige Kribbeln einzulassen, dennoch war ich nicht ganz bei der Sache.

Daher wagte ich es nicht, meinen Blick direkt auf die Bücherregale zu richten, sondern zwang mich, zunächst die Architektur und die Atmosphäre dieses Ortes zu würdigen – um wieder in mein Gleichgewicht zu finden und das straff gespannte Band der Erwartung bis kurz vor dem Bersten zu strapazieren. Über mir wölbte sich die Glaskuppel mit ihren grazil verschlungenen Verstrebungen. Ihre schiere Größe war ehrfurchtgebietend. Bei den übrigen sechs Bibliotheken hatte es sich um kleine, erlesene Sammlungen gehandelt, die sich schrullige Bibliophile in dämmrigen Jugendstil-Villen auf der ganzen Welt eingerichtet hatten. Das hier war etwas ganz anderes. Der erste Anblick vermittelte mir eine flaue Ahnung davon, was es heißen mochte, das Geheimnis der Bibliotheka Erratika liege in ihrer Dimension. Farne und Kletterpflanzen besiedelten die oberen Etagen, in denen Kaskaden aus kristallklarem Wasser plätscherten. Das blasse Nachmittagslicht fiel durch die Scheiben, doch das Blätterdach fing den größten Teil der Strahlung ab, und so war das Licht hier unten, wo es auf die Bücher traf, mild und gedämpft.

Hier unten, wo es auf die Bücher traf ... Wieder versuchte ich mich zu sammeln, rief mir noch einmal ins Gedächtnis, was es für mich bedeutete, jetzt hier zu sein. Dann, endlich, richtete ich den Blick auf ... die Bibliotheka Erratika selbst. Auf die filigran gearbeiteten Kirschholzregale, die sich bis in die Unendlichkeit erstreckten.

Und schon schlich sich der Bibliothekar wieder in meinen Kopf. Natürlich war es nicht wirklich die Unendlichkeit, es schien nur so. Schon klar, raunzte ich den Mann in Gedanken an und ärgerte mich gleichzeitig, dass ich ihm wieder Zutritt zu meinem Bewusstsein gewährt hatte. Die Kontrolle über deine Gedanken obliegt alleine dir, meditierte ich und gewann die Oberhand. Wieder Konzentration, wieder die Bücherregale.

Ich war durch einen langen, dunklen Gang hereingekommen und stand nun unter dem Mittelpunkt der Kuppel. Sternförmig verliefen die Regale in alle Richtungen. Das rotbraune Holz, auf dem sich die kostbaren Bände aneinanderschmiegten, war in Abschnitte von jeweils etwa einem Meter unterteilt und mit Schnitzereien verziert, von denen, wie mir beim näheren Hinsehen auffiel, keine der anderen glich. Nach einiger Zeit erkannte ich, dass die geschnitzten Bilder selbst ebenfalls eine Geschichte erzählten. Ich kam nicht umhin, ihr ein Stück zu folgen.

Offenbar hatte ich auf Anhieb den Anfang gefunden. Ein unerklärlicher Zufall oder ein ausgeklügeltes System – es kümmerte mich nicht. Die Geschichte hatte mich in ihren Bann gezogen und schaffte es, meine Aufmerksamkeit von den unzähligen Büchern, wegen derer ich die lange Reise angetreten hatte, abzuziehen. Sie drängten sich mir auf eine Weise auf, gegen die ich machtlos war. Ein klassisches Idyll. Eine kleine Personengruppe sitzt im Schatten eines Baumes bei einem Mahl aus Früchten und Käse. Die Szene war meisterhaft geschnitzt, sie vermittelte die Art von Zufriedenheit, die zu perfekt ist, um von langer Dauer zu sein, und den Blick wie unter Zwang zum nächsten Bild zieht. Beunruhigung. Die Menschen lassen die Hand vom Mund sinken und heben die Köpfe, um auf einen bestimmten Punkt in der Ferne zu blicken. Etwas kommt auf sie zu. Ein ... Ich zwang mich aus der geschnitzten Geschichte zurück ins Hier und Jetzt. Schließlich war ich nicht wegen Holz hier, in das jemand mit einem Messer – wenn auch äußerst kunstvoll – etwas eingeritzt hatte. Ich war wegen Holz hier, das in einem komplexen Prozess zu Papier verarbeitet und danach mit Worten versehen und gebunden worden war. Erstaunt schüttelte ich den Kopf. Vertieft in die Kirschholzschnitzereien hatte ich vorübergehend vergessen, wo ich war und warum. Wie viel Zeit vergangen war, ging mir auf, als ich den Blick hob und feststellte, dass die Sonne ein gutes Stück in Richtung Horizont gewandert war. Hier unten schien sich das Licht allerdings nicht zu verändern – und wieder musste ich an den Bibliothekar denken.

Mir blieb keine Zeit, mich zu ärgern, zu erschrocken war ich darüber, dass in den wenigen Momenten, die ich die Schnitzereien betrachtet zu haben glaubte, der Lichtveränderung zufolge etwa zwei Stunden vergangen sein mussten. Ich hatte meine gesamten Ersparnisse in vierundzwanzig Stunden zwischen diesen Regalen investiert, und zwei davon waren inzwischen verstrichen, ohne dass ich auch nur ein einziges Buch in Händen gehalten hatte. Mit Gewalt riss ich meine Gedanken von der Bildgeschichte los. Gegen alle inneren Widerstände zwang ich meinen Körper, den Arm zu heben und einen in dickes, milchkaffeefarbenes Leder gebundenen Band aus dem Regal zu ziehen. Ohne System, ohne Absicht, einfach nur mit dem Ziel, meine Aufmerksamkeit endlich, endlich den Büchern zu widmen.

Plötzlich ergriff etwas von mir Besitz, mit dem ich nicht gerechnet hatte. Etwas, das mir in all den Jahren nie in den Sinn gekommen war, und dabei hatte ich mir meinen Besuch in der Bibliotheka Erratika in allen, wirklich allen denkbaren Versionen ausgemalt. Wie es schien, fügte ich in gereiztem Tonfall und in Gedanken hinzu. Noch etwas, das mir den unsäglichen Bibliothekar ins Gedächtnis rief. Ich wollte ihn mit einer gedanklichen Bewegung vertreiben, doch er verschränkte die Arme vor der Brust, neigte den Kopf zur Seite und persiflierte ein schiefes Lächeln. *Aber damit hatten Sie nicht gerechnet, nicht wahr?*, schnarrte er in meinem Kopf. Was hatte der verdammte Kerl da drin zu suchen? Ich war der Herr über meine Gedanken ... Hektisch versuchte ich zu meditieren, was natürlich nur scheitern konnte. Unwillig schüttelte ich den Kopf, und mit einem süffisanten Lächeln tat mir der Mann den Gefallen und verschwand. Zu gern hätte ich ihm einen Tritt mit meinem staubigen Stiefel hinterhergesandt. Aber mentale Tritte sind über die Maßen unbefriedigend.

Mir fiel der Raum in der Nähe des Eingangs ein, an dem mich der Bibliothekar vorbeigeführt hatte. Ich hatte nur einen flüchtigen Blick hineingeworfen. Natürlich wusste ich, was sich hinter der Tür befand, hinter der Schreie und Jammern und Wimmern zu hören gewesen waren. Menschen wiegten sich hin und her, schlugen ihre Köpfe gegen Wände, rissen sich die Haare aus. So war es in jeder der Sieben Bibliotheken. Immer gab es Leute, die die Gefahren einer solchen Sammlung unterschätzten, die glaubten, es seien doch nur Bücher, was konnten die ihnen schon anhaben? Ich hatte kein Mitleid mit jenen törichten Wesen. In alle Bibliotheken auf der Welt sollten sie gehen und ihre alltäglichen Schmöker lesen, aber warum mussten sie sich in den Kreis der Sieben wagen, jene Büchersammlungen, denen besondere Kräfte innewohnten? Ein wenig mulmig wurde mir indes doch, als ich, in Gedanken noch bei den armen Irren, den Gang entlang blickte. Natürlich wusste ich, dass diese Bibliothek Gefahren barg, und ich hatte mich gewappnet. Nur, worin genau die Gefahr bestand, hatte ich nicht herausfinden können. Ich hatte mich auf alles Vorstellbare vorbereitet, aber wie ich jetzt hier stand, das erstbeste Buch in den Händen hielt, fand ich es nicht wichtig genug, um meine kostbare Zeit damit zu vergeuden. Zugleich merkte ich, wie mir ebenjene Zeit durch die Finger rann wie allzu feiner Sand, und da keimte in mir die Ahnung, dass ich vielleicht doch nicht so viel schlauer war als diese armen Seelen und dass es gerade das bis dahin Unvorstellbare war, das einen in diesen Wänden heimsuchen würde.

Ich hatte geglaubt, ich würde die Zeit genießen. Ganze vierundzwanzig Stunden lang einen Wälzer nach dem anderen durchblättern, die schweren Einbände auf meiner Handfläche spüren, die raschelnden Seiten durch meine Finger gleiten lassen, die Worte in meinen Geist aufnehmen und dem siebten und letzten Geheimnis der bibliophilen Welt auf die Spur kommen. Doch mit einem Mal war ich ratlos: Welche der Bücher sollte ich lesen? In vierundzwanzig Stunden würde ich maximal drei oder vier schaffen, sollten es mehr werden, konnte ich dem einzelnen Werk schon nicht mehr gerecht werden. Oder sollte ich nur Auszüge lesen? Schweiß bildete sich auf meiner Stirn.

Ich hatte bei meinen Recherchen nicht herausgefunden, nach welchen Kriterien die Bücher der Bibliotheka Erratika ausgewählt worden waren. Und auch jetzt wurde es für mich nicht ersichtlich. Da standen Klassiker der Weltliteratur neben Groschenheften, Horrorromane neben Liebesgeschichten, Abhandlungen über die Bahnen der Planeten neben expressionistischer Lyrik. Und doch hatte ich das Gefühl, während ich meinen Blick über die Buchrücken schweifen ließ, dass alles einen Sinn ergab, sich zu einem organischen Ganzen formte.

Ich wendete das Buch in den Händen, dann stellte ich es ins Regal zurück. Es musste ein ganz besonderes Buch sein, das ich an diesem Ort als Erstes lesen würde. Ich wollte kurz in mich gehen, um herauszufinden, wonach ich eigentlich suchte. Doch mein Puls beschleunigte sich, der Schweiß auf meiner Stirn begann Perlen zu bilden, mir zitterten die Finger. Also griff ich blindlings nach dem nächsten Buch. Meine Hände hinterließen feuchte Spuren auf dem Einband. Es war Charles Dickens. Große Erwartungen. Wie treffend. Eigentlich das perfekte Buch für eine solche Gelegenheit, doch jetzt kam es mir irgendwie unzureichend vor.

Ich stellte es zurück und versuchte, mir meinen Standort einzuprägen, bevor ich weiterging. Mit größeren Schritten. Obwohl ich schon ein gutes Stück zurückgelegt hatte, konnte ich noch immer kein Ende des Ganges erkennen. Ich drehte mich um und plötzlich wurde mir kalt. Auch auf der anderen Seite war kein Ende mehr zu sehen. Das sternförmige Zentrum mit seinem freundlichen Licht und den Farnen war verschwunden, und mit ihm ein großer Teil meiner Entscheidungsfreiheit. Da die einzelnen Gänge nicht miteinander verbunden waren, hätte ich wieder zur Mitte gemusst, um in einen anderen zu gelangen. Ich drehte mich hin und her, fahrig - und dumm, wie ich bald feststellen sollte, denn nun hatte ich sogar den Sinn dafür verloren, aus welcher Richtung ich gekommen war. Ich versuchte, mich am Fortgang der geschnitzten Bildgeschichte zu orientieren, doch sie zog mich nur wieder in ihren Bann. Und als ich den Blick hob, stellte ich entsetzt fest, dass sich das Licht wieder merklich verändert hatte. Statt des milchigen Spätnachmittags hing nun der feuerfarbene Abend über der Kuppel, dahinter lauerte die Nacht. Erschöpfung befiel mich, drohte mich zu Boden zu drücken. Ich wollte mich mit dem Rücken am Regal hinuntergleiten lassen, den Kopf in den Händen verbergen und ... Abstand gewinnen. Wieder zu mir finden, zu dem, weswegen ich hier war. Aber dafür war die Zeit zu kostbar. Ich musste das richtige Buch finden, das war meine einzige Chance, wenn nicht alles vergebens gewesen sein sollte.

Ich fiel in einen leichten Trab, dann fing ich an zu rennen. Als nach einigen Atemzügen noch kein Ende der Regalreihe in Sicht und mir auch noch kein Titel ins Auge gesprungen war, der mich überzeugt hätte, wendete ich und trabte in die andere Richtung. Nicht einmal zwischen den beiden Möglichkeiten, die mir noch zur Verfügung standen, konnte ich mich entscheiden. Vielleicht war es noch gnädig, dass ich den Mittelpunkt nicht mehr fand. Diese Auswahl hätte mich sicher überfordert. Plötzlich drängte sich ein Bild in meinen Geist. Ein Mann mit aschgrauem Gesicht in farb- und formloser Kleidung, der an einer Wand auf dem Boden sitzt und sich hin und her wiegt. Schweiß steht auf seiner Stirn. Er wiegt sich schneller und schneller, doch er findet keinen Rhythmus, der ihn beruhigt. Seine Augen fliegen fiebernd mal hierhin, mal dorthin. Suchen Hilfe und finden sie nicht. Suchen Halt und wissen, dass es ihn nicht gibt. Ich kannte das Gesicht dieses Mannes, doch bevor ich es mir näher ansehen konnte, bevor ich erkannte, wer es war, hatte sich das Bild in die tiefen Labyrinthe meines Unterbewusstseins zurückgezogen. Keuchend blieb ich stehen, die Hände auf die Oberschenkel gestützt. Schweißtropfen fielen herab.

Und dann kamen sie. Das Erste, was ich von ihnen wahrnahm, war das knarzende Geräusch ihrer Flügel. Ich wusste, dass es Flügel sein mussten, auch wenn es mir widerstrebte, mich umzudrehen und es mit eigenen Augen zu sehen. Denn es war der Klang von sehr zähem Leder, das nur durch eine immense Kraft in eine so schnelle, mannigfache Bewegung versetzt werden konnte, eine Kraft, die mir Angst und Bange machte. Und doch drehte ich mich um und sah sie. Oder besser gesagt: Ich sah ihre Augen. Rot glühende Augen in der Dunkelheit, die mich fixierten. Als sie näherkamen, erkannte ich, dass die Wesen entfernt an Fledermäuse erinnerten, nur dass sie so groß wie fette Ratten waren und viel mehr Flügel pro Kopf hatten. Genaue Zahlen konnte ich nicht ausmachen, dazu bewegten sich die Schwingen viel zu schnell. Noch waren sie ein ganzes Stück entfernt. Sie schienen vom Ende des Ganges zu kommen, der in unergründlichem Dunkel lag. Aber sie kamen auf mich zu, daran gab es keinen Zweifel. Ich ertappte mich dabei, dass ich noch immer wie angewurzelt dastand und mit unbewegtem Blick auf dieses Geschwader starrte, das geradewegs der Hölle entsprungen zu sein schien. Die rubinroten Augen der Tiere leuchteten flackernd in der Dunkelheit, als hätte jemand eine Kerze dahinter angezündet. Ihr geistloser Blick verstärkte diese Vorstellung noch, und eiskalt kroch mir die Angst in die Oberschenkel. Mit Intelligenz geschlagene Wesen ließen sich womöglich überreden oder überzeugen. Aber diese tumben, blicklosen Soldaten würde nichts als bloße, übermächtige Gewalt von ihrem Ziel abbringen können.

Was wollte diese Horde Flughunde von mir, die wie ein biblischer Fluch über mich hereinbrach? Ich wollte nicht darüber nachdenken, denn ich hatte die spitzen Reißzähne registriert, die wie Vampirzähne aussahen. Aber diese Kreaturen, das spürte ich tief in meinen Knochen, waren nicht auf Blut aus. Weiteren Überlegungen verweigerte sich mein Verstand endgültig.

Seufzend zog ich meine Beretta – wie gesagt, ich war auf eine Menge vorbereitet – und jagte, immer noch aus einiger Entfernung, das eine oder andere Magazin in das Geschwader. Es tat mir um die Bücher leid, die im Blutregen Spritzer abbekamen, aber in diesem Fall musste die Bibliophilie, ein einziges Mal nur, hintenanstehen. Schade nur, dass sich die Viecher von dem Kugelhagel nicht im Mindesten beeindrucken ließen. Voller Löcher, aber um nichts weniger entschlossen hielten sie auf mich zu.

Das war der Augenblick, in dem ich tat, wofür ich mich den Rest meines Lebens schämen sollte. Wahllos zerrte ich ein Buch aus dem Regal neben mir, schlug es mit fieberhaften Bewegungen irgendwo auf und riss es mir vors Gesicht.

Sich hinter Büchern zu verstecken, dafür hatte ich schon so viele Menschen auf das Bitterste verachtet. Und jetzt tat ich es selbst. Natürlich war das eine im übertragenen Sinne gemeint und das andere ziemlich materiell. Aber wenn etwas im metaphorischen Sinne schon verwerflich ist, kann es dann buchstäblich irgendwie besser sein? Ich habe mich hinter einem wehrlosen Buch versteckt, als blutrünstige – oder eher zeitrünstige, wie ich annehme – Kreaturen sich auf mich stürzen wollten. Daran ist nicht zu rütteln. Und es ist nicht mehr zu ändern.

Ich hielt mir also das aufgeschlagene Buch vors Gesicht und zog überdies den Kopf zwischen die Schultern, während mit ledrig knarzendem Flügelschlag, aber sonst vollkommen lautlos diese Bestien aus der Hölle näherkamen. Sie flogen den Gang entlang auf mich zu, doch ebenso wenig, wie ich dessen Ende ausmachen konnte, hätte ich mit Gewissheit sagen können, wie weit die Monster noch entfernt waren.

Vorsichtig ließ ich das Buch ein Stückchen sinken, um über den oberen Rand zu linsen. Panisch riss ich es wieder hoch. Sie waren noch da. Und sie waren näher gekommen. So nah, dass ich sie riechen konnte. Mit ihren unerklärlich schnellen Flügelschlägen peitschten sie den Pesthauch von moderndem, feuchtem Papier vor sich her. Das Ende jeder Geschichte. Ich keuchte. Schwitzte. Schwarze Punkte schoben sich von der Seite in mein Gesichtsfeld. Was sollte ich tun? Mich umdrehen und davonlaufen? Mich flach auf den Boden legen? Nichts davon überzeugte meine Glieder, in denen bleiern die Angst hockte, sich in Bewegung zu setzen. Ich wusste nicht, was diese Kreaturen von mir wollten, aber tief in meinen Eingeweiden saß etwas, das es zumindest zu ahnen schien. Meine Entscheidung war nicht rational, ich ließ mich ganz von diesem Etwas steuern.

Also tat ich nichts, als den Blick starr in das aufgeschlagene Buch zu richten. Es handelte sich um einen Klassiker der Literatur, dessen Namen ich hier nicht erwähnen möchte, da ich fürchte, mancher Leser könnte falsche Schlüsse daraus ziehen. Der gebohnerte Geruch des alten Holzfußbodens stieg mir in die Nase, vermischte sich mit dem von Leder und altem Papier in meinen Händen. Und mein Blick fiel auf einen Satz. Und auf den nächsten. Und ich hatte das Gefühl zu fallen. Das Geräusch der Flügel entfernte sich plötzlich, bis es nur noch gedämpft an meine Ohren drang. Ich fiel immer tiefer – oder vielleicht stieg ich auch in die Höhe oder schwebte vollkommen schwerelos.

Es war die Geschichte, die mich auffing. Ich tauchte in sie ein, war mit dem dritten Satz schon jener gefährlichen, grausamen Welt entrückt, in der ledergeflügelte Monster auf mich zustürmten, um meinem Leben ein Ende zu machen. Und dennoch drang jene Welt wieder in mein Bewusstsein, denn das Ausbleiben des Sterbens weckte schließlich doch mein Interesse. Also ließ ich vorsichtig, ganz vorsichtig, Zentimeter für Zentimeter das Buch vor meinen Augen sinken, riss meinen Geist von der Geschichte los und spähte ins Hier und Jetzt.

Sofort setzte das Knattern wieder ein, das Knarzen und Flattern. Die Tiere waren noch da, natürlich. Aber sie waren nicht so viel näher gekommen, wie ich erwartet hatte. Noch trennten uns einige Meter voneinander. Und ich hatte das Gefühl, wenn ich las, ganz konzentriert las, ohne ihnen Beachtung zu schenken, konnte ich ihren Flug verlangsamen.

Das zu denken jedoch kostete mich wertvolle Sekunden. Endlich kam ich zur Besinnung und riss das Buch wieder in die Höhe. Diesmal nicht mehr, um es statt meiner dem Angriff der teuflischen Tiere auszusetzen, sondern, um sie lesend aufzuhalten.

Der erste Satz. Das Flattern und Knattern drang in voller Lautstärke an meine Ohren. Der zweite Satz. Es schien schon leiser zu werden. Der dritte Satz. Es funktionierte nicht. Anstatt mich auf den Satz einzulassen, lauschte ich auf die Flügel, um sicherzugehen, dass ihre Geräusche gedämpft wurden. Und nichts geschah. Ich flog aus der Geschichte raus.

Tief durchatmen. Ein neuer Versuch. Der erste Satz. Eine idyllische Szenerie. Der zweite Satz. Ein Element wird herausgegriffen. Der dritte Satz. Die Handlung setzt ein. Und ich war drin, eingetaucht in die Geschichte, aufgefangen und gerettet. Die Flügel verstummten. Für immer.

Vor dem Fenster geht ein Mann vorbei. Sein überheblicher Blick weckt schmerzhafte Erinnerungen, wenngleich ich nicht mit Sicherheit sagen kann, woran. Er geht vorüber. Fühl dich nicht zu sicher, denke ich. Dann sehe ich nur noch das Glas Wasser, das mir der Bibliothekar hinhält, und trinke gierig, bevor ich fortfahre, mir einzeln die Haare auszuzupfen. Erster Satz. Ein Idyll. Zweiter Satz. Ein Element. Der Bibliothekar streicht mir beruhigend über den Kopf. »Kaum jemand kommt damit zurecht, wenn er wirklich damit konfrontiert wird, was er alles lesen könnte.« Ich höre die Worte, aber ich verstehe sie nicht. Erster Satz. Ein Idyll. Zweiter Satz. Ein Element. Die Geschichte fängt mich nicht mehr auf. Die Flügel kommen immer näher.

Bestandserhaltung

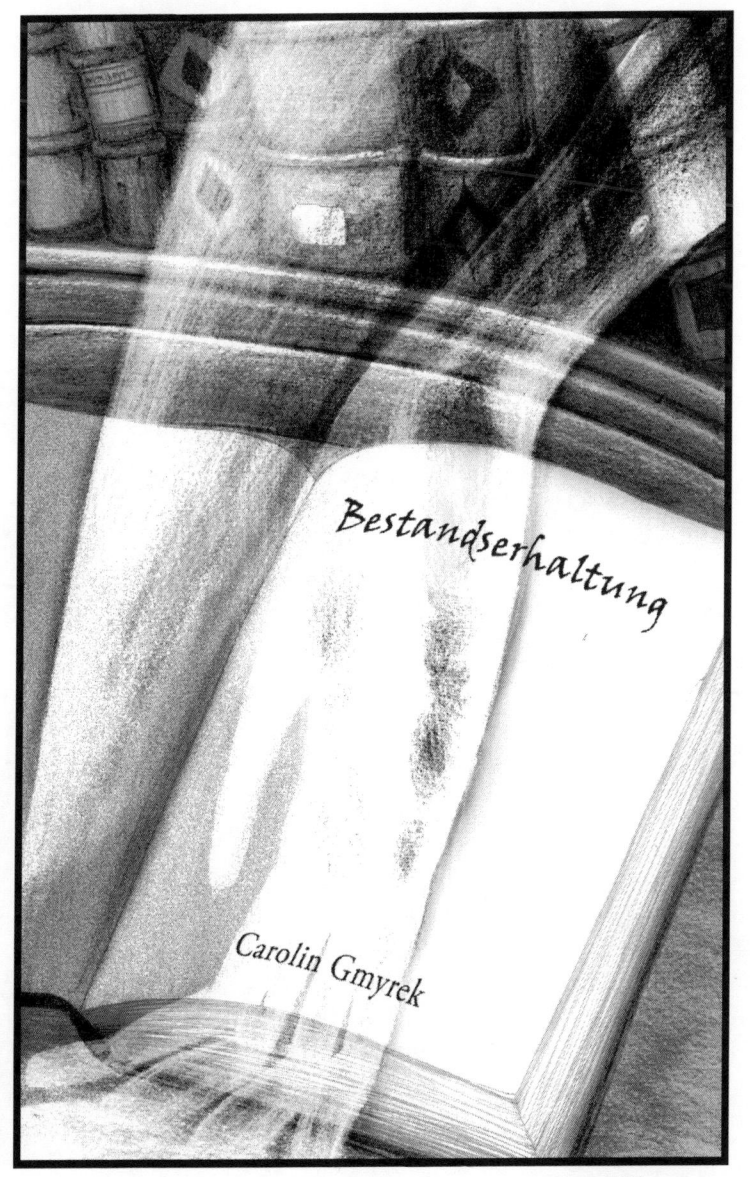

Carolin Gmyrek

»Ich wünsche Ihnen viel Spaß beim Lesen!«

Die Menschen lächelten noch immer, wenn ich ihnen diese Worte sagte, während sie die alten, dicken Schmöker vom Tresen nahmen und zum Ausgang gingen. Dabei würde man doch denken, dass nach so vielen Jahren sie dieser Worte überdrüssig geworden wären. Wahrscheinlich liegt es daran, dass es die Bibliothekarin auch noch nach all der Zeit ernst meinte. »Viel Spaß beim Lesen!«

»1856 war Wilhelm Johann Plath mit seiner jungen Frau in unseren bescheidenen Ort gezogen. Er war damals schon ein bibliophiler Mensch, der leidenschaftlich Bücher sammelte, weshalb er dieses schöne Gebäude für seine private Bibliothek erworben hatte. Doch schon nach wenigen ...«

Schon wieder eine Führung. Ich fand sie nur noch überflüssig, zumal die drei Rentner, die aus Langeweile daran teilnahmen, die Worte meiner Angestellten bereits auswendig kennen mussten.

Es war ja auch immer die gleiche, öde Geschichte, die sich schon seit Jahren wie ein Parasit im Dorf ausbreitete und wegen der wahrscheinlich besonders Autoren für Schauerliteratur und vom Alltag gelangweilte Freaks diese Bibliothek aufsuchten und darin lasen. Es war die Geschichte vom alten Plath und seiner Besessenheit für das geschriebene Wort. Seine Liebe zu Büchern soll ihn erst berühmt gemacht, dann wahnsinnig werden und später Selbstmord begehen lassen. Also eigentlich eine Geschichte, die in einem Satz abgehandelt wäre, doch Louise zog diese gekonnt auf ganze zwei Stunden hinaus.

»... Nachdem er über dreißig Jahre allein gelebt hatte, brachten ihn die Einsamkeit und seine Gier schier um den Verstand. In einer Vollmondnacht zündete er dieses Haus an, während er selbst sich darin befand. Die Dorfbewohner behaupten ihn in seinem Lehnstuhl sitzen gesehen zu haben, wie er las und wahnsinnig lachte, umzingelt von lodernden Flammen. Nur durch kostspielige Restaurierungen, welche die Nachfahren von Plath finanzierten, konnte ein Großteil des Gebäudes gerettet werden. Leider verlor durch diesen Brand nicht nur Wilhelm Johann Plath sein Leben, sondern die Bibliothek auch viele bedeutende Schätze. Einige der zerstörten Bücher waren Unikate, die sonst keine Bibliothek ihr eigen nennen konnte. Da Herr Plath immer eisern über die Herkunft der Bücher geschwiegen hat, konnte nach seinem Tod keins der Werke wiederbeschafft werden, weshalb sie hier nur einen winzigen Teil der einstigen Sammlung betrachten können. Dennoch wünsche ich Ihnen viel Spaß beim stöbern und lesen. Doch geben Sie acht. Angeblich soll auf diesen Büchern ein Fluch liegen, der diejenigen bestraft, die den Büchern mit nicht genügend Respekt entgegentreten!«
Applaus. Die Führung war beendet. Ich beobachtete den kleinen Trupp Menschen, der sich nun heuchlerisch interessiert den alten Schwarten zuwandte. Ich kannte die meisten von ihnen aus dem Dorf und sicherlich würde heute keiner der hier Anwesenden ein Buch entleihen. Sie waren alle nur wegen diesem Fluch hier. Eine Tatsache, die mir mehr und mehr Sorgen bereitete. Eine Bibliothek, und besonders diese Bibliothek, konnte nicht ohne ihre Nutzer überleben.

Louise blieb nur noch kurz, um eventuelle Fragen zu beantworten, dann tippelte sie schon an mir vorbei in ihren wohlverdienten Feierabend, nicht ohne mir noch einmal lächelnd zuzunicken. Ich nickte zurück und senkte dann meinen Blick wieder in meine Lektüre. Leider konnte ich nicht einmal einen einzigen Satz verinnerlichen.

»Guten Abend«, hörte ich eine fremde Stimme. Ich schaute auf und blickte in das Gesicht eines jungen, blonden Mannes, der sich an den Tresen lehnte und mich musterte. Er war mir vorher gar nicht aufgefallen, lies mich jetzt jedoch stutzen. Er wirkte nicht wie einer der typischen Nutzer unserer Bibliothek, auch wenn ich stark vermutete, dass er im schriftstellerischen Bereich tätig war. Aus anderen Gründen kam man sonst nicht an diesen Ort.

»Ich muss mich vielmals für die wunderbare Führung bedanken, die Sie mir ermöglicht haben, doch würde ich Sie gerne noch um ein paar Informationen bitten, wenn es Ihnen keine Umstände bereitet, so kurz vor dem Feierabend!«

»Sie sind in einer Bibliothek!«, antwortete ich schnippisch. »Diese Räume explodieren fast vor Informationen!«

»Ich dachte, dies wäre nur eins dieser unerfüllten Klischees, genauso wie auch das Gerücht, dass Bibliothekarinnen den ganzen Tag nur lesen würden!«

Ich blickte ihm kurz in das junge Gesicht, seufzte missmutig und klappte dann mein Buch resigniert zu. »Und ich dachte, es sei nur ein Klischee, dass Journalisten dumme Fragen stellen!«

»Touché«, sagte er lächelnd, während er aus seinem Mantel einen Notizblock und einen Stift zog. »Ich habe nicht erwartet, dass Sie mich so schnell erkennen würden, aber da Sie nun wissen, wer ich bin und auch Sie sich wohl kaum mehr vorstellen müssen, Frau Plath, können wir ja gleich zu einem kleinen Interview kommen!«

Es war nicht schwer, den Mann vor mir zu erkennen. Sein Bild war in vielen mehr oder weniger renommierten Zeitschriften über schlecht recherchierten und hübsch ausgeschmückten Artikeln abgebildet. Ich wusste, zu welcher Sorte Reporter er gehörte und warum er vermutlich hier war. Um über die stetig ansteigende Bücherwurmpopulation zu berichten sicherlich nicht, so schnell wie er auf meinen Familiennamen zu sprechen gekommen war. Er ging mit wenigen Schritten einmal durch den Lesesaal und kehrte dann, als auch der letzte Nutzer den Raum verlassen hatte, zum Tresen zurück.

»Es ist ja nicht sonderlich viel los hier«, stellte er unnötigerweise fest. Ungefragt ließ er sich auf einen Stuhl vor dem Tresen nieder. »Das war früher nicht so, oder?«

»Das war schon immer so!«, gab ich kühl zurück. »Was erwarten Sie. Das hier ist eine private Bibliothek, die einem ausgewählten Nutzerkreis offen steht. Glauben Sie wirklich, dass die abergläubischen Dorfbewohner hier je eins der Bücher zur Hand nehmen würden?«

»Sicherlich nicht, aber wer sind dann die Nutzer dieser geheimnisvollen Bibliothek?«

Ich hob ein wenig die Augenbrauen und blickte skeptisch den Journalisten an, der so süffisant lächeln konnte. Sicherlich erwartete er hier eine Topstory.

»Geister und Gespenster!«, antwortete ich. Der Sarkasmus war deutlich meinen Worten zu entnehmen, doch sein Grinsen wollte einfach nicht gefrieren.

»Es ist nur verständlich, dass Sie so von mir denken, Frau Plath«, entschuldigte er sich, während er eine Karte aus einer Tasche seines Mantels zog. Er reichte sie mir und ich warf einen kurzen Blick darauf.

»Ich jedoch schreibe diesen Artikel für eine renommierte Fachzeitschrift und Sie brauchen keine Sorgen haben, dass ich irgendwelche Unwahrheiten über etwaige Geisterlesungen in diesem Haus verfasse! Ich weiß, dass Sie viele meiner Artikel kennen und sich deshalb meines guten Rufs durchaus bewusst sind, dennoch will ich ihnen noch einmal versichern, dass meine Recherchearbeit nur von wenigen übertroffen wird.«

Ich glaubte ihm natürlich nicht und dennoch blickte ich kurz auf seine Karte, die ich anschließend in eine überfüllte Schublade warf, um sie im gleichen Moment zu vergessen.

»Also ... wer sind die Nutzer Ihrer Bibliothek?«, fragte er nun etwas aufdringlicher.

»Unterschiedlich«, antwortete ich. »Autoren, Studenten, Professoren. Jeder der noch gewillt ist, diese veralteten Bücher zu lesen.«

»Aha«, machte der Journalist gleichgültig. Anscheinend hatte er doch etwas Aufregenderes erwartet, als die spröde Wahrheit und dieses Aufregende wollte er mir vermutlich nun entlocken, denn er beugte sich zu mir vor, schaute mir in die Augen und senkte die Stimme zu einem verschwörerischen Flüsterton.

»Und Allen Parklet? War er auch einer Ihres ausgewählten Nutzerkreises?«

Meine Augenbrauen hoben sich und ich zögerte, bevor auch ich mich ein wenig zu ihm vorbeugte, sodass sich unsere Nasenspitzen fast berührten.

»Was wollen Sie wirklich?«, fragte ich ihn. »Sind Sie auch einer dieser Spinner, die an diesen Fluch glauben? An den bösen Geist meines Urgroßvaters, der an jedem Rache nimmt, der seine Bücher nur einmal komisch anblickt? Das ist Unsinn!«

»Unsinn?« Er lehnte sich wieder ein wenig zurück und musterte überheblich seine Fingernägel, während sich das Lächeln in seinem Gesicht weiter ausbreitete.

»Ja, Unsinn! Sie sind nicht der Erste, der wegen dieser dummen Geschichte zu mir kommt. Und alle mussten sie ohne eine tolle Story von dannen ziehen. Sie werden da keine Ausnahme sein. Was erwarten Sie eigentlich? Dass jetzt die Bücher aus den Regalen fallen und ein Gespenst aus den Wänden schwebt?«

Ich sah ihn erwartungsvoll an die Decke blicken, wo er vermutlich tatsächlich auf einen Geist oder mindestens auf eine gute Inszenierung zu warten schien. Sein enttäuschtes Gesicht erfüllte mich zugegebenermaßen ein wenig mit Genugtuung. Er glaubte mir und er verstand. Aber gleichzeitig sah ich in seinen Augen, dass er so einfach nicht ohne eine gewinnbringende Geschichte verschwinden würde. Dieser Mann hatte eindeutig zu viel Ehrgeiz. Er machte einfach weiter, als sei nichts gewesen. Schade!

»Kommen Sie schon. Sie wissen doch, was ich hören will! Das können doch keine Zufälle sein. Erst Sara Morie, die beim Tätowieren einen anaphylaktischen Schock erlitten hat, dann Heinz Allmart, dessen Herz beim Kaffeetrinken ausgesetzt hat und nun Allen Parklet, der von der Leiter fiel und sich das Rückgrat brach. Alle drei waren Nutzer ihrer Bibliothek und alle drei sind nun tot.«

»Zufall«, meinte ich schulterzuckend. Langsam war ich diese Spinner leid, die glaubten Todesfälle aus dem Hut zaubern und diese in Verbindung mit der Bibliothek bringen zu können. Aber man konnte diese haarsträubenden Anklagen dementieren, wie man wollte, diese ›Journalisten‹ gaben niemals Ruhe.

»Zufall? Wohl kaum!«, rief der Journalist. »Die Beweise liegen doch klar auf der Hand. Wie ich aus zuverlässigen Quellen erfahren konnte, hatten diese Personen zuvor je ein Buch aus ihrer Bibliothek entliehen und es beschädigt zurückgebracht. Sara Morie zum Beispiel nahm Anstreichungen vor und Herr Allmart schüttete unbeabsichtigt Kaffee über eins der wertvollen Bücher.«

Ich seufzte. Mit Louise würde ich wohl noch ein ernstes Wörtchen reden müssen, doch nun war erst einmal meine ganze Konzentration auf diesen Herrn gerichtet. Leider konnte ich nicht einmal zu einer Antwort ausholen, denn der Journalist fuhr in seinen Ausführungen unbekümmert fort.

»Und Allen brach beim Kopieren den Rücken eines ...«

»Genug«, knurrte ich ihn an und unterbrach endlich seinen Redeschwall. »Ich habe schon verstanden, worauf das hier hinaus laufen wird. Dennoch sehe ich noch immer nicht den Zusammenhang. Das sind alles nur dumme Zufälle. Sie sehen ein paar Tote, einen geheimnisvollen Ort, einen angeblichen alten Fluch und ziehen daraus falsche Schlüsse.«

»Ach wirklich? Also kein Fluch?«

»Kein Fluch«, sagte ich noch einmal nachdrücklich.

»Es ist nur verständlich, dass Sie die Ehre Ihrer Familie verteidigen, Frau Plath. Aber schauen Sie doch der Wahrheit ins Gesicht. Die Fakten sprechen für sich und an Zufälle glaub ich schon lange nicht mehr!«

»Fakten?«, fragte ich lachend. »Was denn für Fakten? Sie haben nur ein paar Spekulationen angestellt, um für Ihr Schmierblatt eine Schlagzeile zu finden, die Ihre Verkaufszahlen wieder in die Höhe schießen lässt. Ein Fluch in einer kleinen Stadt bietet sich da einfach nur an. Dass Sie aber damit eine ehrenvolle Familie in den Dreck ziehen und einen toten Mann damit verleumden interessiert Sie gar nicht!«

Er zuckte mit den Schultern und lehnte sich ein wenig auf dem unbequemen Holzstuhl zurück. Dabei machte er nicht einmal Anstalten so zu tun, als würde er sich ertappt fühlen. Es war ihm schlichtweg egal und irgendwie kam ich nicht darum herum, ihm diese Ehrlichkeit hoch anzurechnen. Zumindest versuchte er nicht, wie all die anderen, mir in den Allerwertesten zu kriechen, um nur ein Fünkchen mehr über meine Familie herauszufinden. Das nannten sie ehrlichen, alten Journalismus. Also ehrlich über Leichen gehen.

»Da wir das nun geklärt haben, können wir ja endlich wieder zu meinen Fragen zurückkommen.« Sicherlich glaubte er selbst nicht an diesen Fluch, doch solche Geschichten ließen sich nun einmal sehr gut verkaufen. Ich konnte es ihm nicht verübeln.

Ich betrachtete ihn ohne jegliche Regung. Er schien dieses Schweigen wohl als Zustimmung zu deuten, denn er fuhr ungerührt fort.

»Bei meinen Recherchen über Herrn Plath stieß ich nämlich auf eine interessante Information, deren Wahrheitsgehalt ich nun gerne bestätigt wüsste. Ich hoffe, Sie können mir helfen.«

Ich nickte kurz und auf seinem Gesicht breitete sich ein zufriedenes Lächeln aus, während er aus seiner großen, schwarzen Aktentasche einen Ordner langte und ihn vor mir aufklappte. Einige Seiten wurden von ihm überblättert, bis er endlich das gefunden hatte, was er suchte. Ich blickte nun auf eine alte, vergilbte Urkunde. Auf die Sterbeurkunde von Johann Plath, Johann Plath jr. um genau zu sein.

Ich schloss einen Moment betroffen die Augen, bevor ich den Journalisten anschrie.

»Wieso müssen Sie alte Wunden aufreißen? Was haben Sie davon? Ein paar Käufer mehr, die sich am Leid anderer ergötzen? Ihnen ist wohl jedes Mittel recht!«

»Das ist die Sterbeurkunde von Johann Plath«, sprach er in einem ruhigen Ton weiter, der mich beinahe an den Rand meiner Beherrschung brachte. Innerlich zählte ich bis Zehn. Alles andere hätte wohl dafür gesorgt, dass ich eine Dummheit begehen würde. Einen Moment lang war ich versucht, die Urkunde mit meinen zitternden Fingern zu berühren.

»Was Sie nicht sagen!«, knurrte ich zwischen meinen Zähnen hervor. Noch immer war mein Blick auf die Urkunde gerichtet.

»Ich habe lange nach dieser Urkunde gesucht, Frau Plath. Ich hatte es lange geahnt, doch niemand konnte es mir auch bestätigen. Nirgendwo ist jemals erwähnt worden, dass Johann Wilhelm Plath einen Sohn hatte, der so früh verstorben ist. Mit gerade einmal sieben Jahren. Ein Jahr, bevor Plath mit seiner Frau hier her kam und die Bibliothek gründete.«

»Und weiter?«, fragte ich trotzig. »Glauben sie, das wüsste ich nicht? Sie sprechen da gerade über meine

Familie. Jede dieser Geschichten ist mir bestens bekannt!«

»Eben! Deshalb bin ich hier. Als ich das herausgefunden hatte, forschte ich weiter. Ich suchte nach den vollständigsten Bibliographien zu dieser Bibliothek, sprach mit Lesern und Autoren, mit anderen Journalisten und dabei habe ich etwas Interessantes entdeckt.«

»Und das wäre?«

»Bei mehr als der Hälfte der Bücher waren die Autoren unbekannt. Nicht unbekannt im eigentlichen Sinne. Es gab einfach keine. Diese Bücher waren von niemand geschrieben worden. Keiner wusste, woher diese Bücher stammen. Auf dem freien Markt waren sie nicht erhältlich. Sie schienen wie aus dem Nichts zu kommen. Sie waren auf einmal da und standen in den Regalen dieser Bibliothek. Leider sind alle diese mysteriösen Bücher beim damaligen Brand verloren gegangen!«

»Na und?«

»Ich bin noch nicht fertig«, sagte er. Seine Stimme strotzte vor Selbstvertrauen und schien sich bald zu überschlagen. In seinen Augen war ein merkwürdiger Glanz. »Sie haben gesagt, dass dieser klägliche Rest, der hier in den Regalen steht, alles ist, was von der einstigen, riesigen Bibliothek übrig sei. In Wahrheit sind keine zwanzig Prozent für die Öffentlichkeit einsehbar. Irgendwo hier im Haus müssen also noch enorme Mengen an verschollenen Büchern stehen.« Der Journalist beugte sich ein wenig vor und blätterte eine Seite um. Er zeigte mir ein altes, mattes Foto, auf dem Johann Wilhelm Plath vor einem großen, prallgefüllten Bücherregal stand. Ich runzelte ein wenig die Stirn.

»Schauen Sie genauer hin. Schauen Sie auf die Titel. Alle Bücher, die Sie dort sehen, sind alte, verschollene oder gar verbotene Werke über das ewige Leben. Bücher über den Jungbrunnen. Bücher über Ambrosia. Bücher über das Wirken vom Blut der Drachen. Dieser Herr sammelte nicht ohne Grund Bücher. Dieser Mann suchte nach einem Rezept. Nach einem Rezept um seinen Sohn von den Toten wieder auferstehen zu lassen und diese verrückte Suche brachte ihn nicht nur um den Verstand, sondern sogar um sein eigenes, krankes und kaputtes Leben.«

»Weil ewiges Leben einem Toten auch so viel von Nutzen ist.«

»Im ewigen Leben verbirgt sich sicherlich auch eine Methode, um Tote zurück zu holen. Brachte er deshalb vor hundertfünfzig Jahren die Menschen im Dorf um? Weil er glaubte, er könnte mit ihren Seelen seinen Sohn retten?«

»Raus«, zischte ich leise. Der Journalist stockte, runzelte die Stirn und blickte mich verwirrt an.

»Bitte was?«

»Raus! Verlassen sie auf der Stelle meine Bibliothek. Verschwinden sie von diesem Ort, sofort. Raus!«, schrie ich den verdutzten Mann an, der im ersten Moment nicht begriff, was gerade geschah. Ich war bereits aufgesprungen und meine Hände waren lautstark auf die Tischplatte vor mir geknallt. Sicherlich war die Wut meinem Gesicht deutlich anzusehen. Er zögerte keine weitere Sekunde, sprang von seinem Stuhl auf, der krachend zu Boden fiel, ergriff den Hefter und verschwand mit einem gezischten »Ich komme wieder!« aus der Bibliothek.

Eine Weile blieb ich noch so stehen und erst, als der Wind die Bibliothekstür ins Schloss fallen ließ und ich mir absolut sicher war, alleine zu sein, atmete ich erleichtert aus. Mein Herz raste noch, als ich den Schlüssel zur Hand nahm und die Tür absperrte. Draußen herrschte schon völlige Dunkelheit und meine Armbanduhr zeigte mir eine späte Stunde. Ich hatte gar nicht mitbekommen, wie lange ich mit diesem penetranten Journalisten gesprochen hatte. Viel zu lange. Die Erinnerungen an dieses Gespräch wollte ich schnellst möglich vergessen, weshalb ich die wenigen herumliegenden Bücher zurück ins Regal stellte und dann das Licht im Lesesaal ausschaltete, um selbst durch eine kleine Tür in die hinteren Räume der Bibliothek zu gehen. Eins musste ich dem Journalisten lassen. Er hatte wahrhaft gut recherchiert. Es stimmte, dass nur ein kleiner Teil der enormen Büchersammlung für die Öffentlichkeit bereit stand und dass der riesige Rest in den hinteren Räumen des Hauses bei besten Temperaturen und Luftfeuchte lagerte. Diese kleinen Privatbibliotheken nahmen ganze zwei Stockwerke dieser Villa ein und erst in der dritten Etage befand sich die Wohnung meiner Familie. Ich muss gestehen, dass ich nur selten den beschwerlichen Weg nach oben nahm und oft die Nacht in einer der vielen Bibliotheken zwischen tausenden geliebter Bücher verbrachte. Besonders an diesem Abend, wo der Journalist mich schier um den Verstand gebracht hatte, verspürte ich den Drang, den Seelen zwischen Papier und Tinte ganz nahe zu sein. So folgte ich dem Gang bis zu einer großen, schwere Holztür, die ich behutsam aufschob, um hindurch zu treten. Im gleichen Augenblick umwehte der geliebte süßliche Geruch von altem

Staub meine Nase. Bücher in den Regalen, Bücher auf den Tischen, auf dem Boden, in Kisten, selbst auf dem Fensterbrett und auf den Stühlen. Überall Bücher. In den vielen Jahren, in denen ich schon hier lebte, hatte sich einiges angesammelt. Eine Übermacht an geschriebenem Werk, die in dieser Bibliothek wuchs und quoll, sich gar vermehrte, wie Ratten in der Kanalisation.

Von weiten hörte ich die Turmuhr schlagen und dann herrschte Stille. Vollkommene Stille. Es schien, als wäre die Zeit stehen geblieben. Ein Moment, in dem man nur seinen eigenen Atem vernehmen konnte und die Gedanken laut kreischten, bis einem das Trommelfell zerplatze. Ein Moment, in dem eine undefinierbare Kälte durch die Gänge wehte, obwohl alle Fenster verschlossen waren und man glaubte, dass hunderte Augenpaare einen beobachteten.

Es raschelte. Mein Kopf schnellte in die Richtung, aus der das Geräusch gekommen war, doch durch die Dunkelheit konnte ich kaum etwas erkennen. Ich kniff die Augen zusammen. Hatte sich dort etwas bewegt? Schwarz und verschwommen kroch es die Wände hinauf. Schwarze, schemenhafte Schatten mit langen Gliedmaßen, die dürr an ihren Körpern bis zum Boden reichten. Grotesk und Angst einflößend und dennoch: Nur Schatten.

Etwas streifte meinen Nacken und ich fuhr wieder herum. Die Sinne spielten mir Streiche und die Müdigkeit trug ihren Teil dazu bei. Anders konnte ich mir das nicht erklären. Bewegten die Schatten sich? Das konnte unmöglich sein, war ich denn nicht allein in diesen Räumen? Hier war nichts. Nichts, außer mir und …

... Büchern. Was eben noch leblos in meinen Augen schien, begann nun mein Herz zu wärmen und meinen Puls höher schlagen zu lassen. Was eben noch verschlossen war, öffnete sich in einem weißen Licht und was eben noch tot, das schlich nun auf mich zu. Wesen, deren Körper bis hinauf zur weiten Decke reichten und deren Arme auf dem Boden schliffen. Seelen, die aus den Büchern stiegen und durch die Räume wandelten. Sich herauszogen und drückten. Mit gesenkten Köpfen begaben sie sich auf die Suche nach einer Antwort, die sie nicht finden würden. Warum waren sie hier? Was war mit ihnen geschehen? Waren sie nicht noch eben aus Fleisch und Blut gewesen? Nun waren sie nur noch schwarze Tinte auf vergilbtem Papier, gefangen zwischen Leder und Holz. Gefangene Seelen, geraubtes Leben. Doch zu welchen Zweck? Auch ohne vorhandene Gesichter konnte ich ihr Unverständnis spüren.

Ein Laut des Glücks entrang sich meiner Kehle. »Sie sind erwacht!« Ich rannte zu einem der kleinen Tische hinüber, auf dem vier Bücher lagen. »Nach so langer Zeit sind sie endlich wieder erwacht!« Mit einem glückseligen Lächeln erkannte ich, dass auch aus diesen Werken sich langsam schemenhafte Gestalten zogen. Sie schienen fest zu hängen, noch nicht ganz ihren Körper loslassen zu können. Die Seele aus dem Buch mit den Kaffeeflecken war anscheinend bereits auf Wanderschaft, während eine weiße Gestalt mit blauen und schwarzen Zeichen auf dem Körper bis auf ein letztes Bein hinausgestiegen war. Der dritte Geist schien mehr Schwierigkeiten zu haben, sich aus seinem Gefängnis zu befreien. Er hing bis zur Hüfte fest, während seine langen Arme nach Halt suchten um seinen gebrochenen Körper aus dem Bücherleib zu zerren.

Ich konnte es noch immer nicht glauben. Es war so weit. Bald ... Bald ... Ich rannte los. Ich ignorierte jeglichen Geist und jeden kalten Schauer, der über meinen Rücken glitt, wenn ich durch sie hindurch jagte. Ich stoppte erst vor einer dunklen Vitrine, in deren Inneren ich die zwei wertvollsten Bücher meiner Sammlung wusste. Freudige Erwartung brannte in meinen Gliedern, als wäre ich eine Braut, die jeden Augenblick zum Altar geführt würde. Doch mein Lächeln erstarb, bevor es richtig geboren war.

Wie angewurzelt blieb ich vor der Vitrine stehen. Der Schock saß tief und mein Körper zitterte, während ich auf die Knie sank.

»Warum nicht? Warum seid nicht auch ihr ...!« Mit zittrigen Händen öffnete ich die Glastür und strich dabei sanft über den verbrannten Bücherrücken und danach über die ledrige Haut des kleinen Kinderbuches. »Warum nicht? Sind es noch nicht genug? Hab ich euch noch nicht genug Seelen gebracht?«

Wilhelm hatte damals gesagt, es müsse aufhören. Es würde ihn kaputtmachen. Meine Liebe zu den Büchern, meine unaufhörliche Suche nach einem Weg, unseren Sohn wieder zum Leben zu erwecken. »Das ewige Leben!«, hatte ich gesagt. »Ich habe den Weg zum ewigen Leben gefunden, dafür müssen wir nur diese Bibliothek nähren. Verstehst du? Sie schenkt uns Unsterblichkeit!«

Er hat mich für verrückt gehalten. Ich würde unser Leben mit meinem Wahn zerstören und er könnte die Schuld nicht länger ertragen. Es müsste aufhören. Aber es funktionierte doch. Niemals würde ich aufgeben. Alles wäre umsonst gewesen. Mein geliebter Wilhelm, mein geliebter Sohn. Ich werde euch bald wieder an meiner Seite wissen und dann für immer. Schaut doch, schaut! Seit hundert Jahren altere ich nicht mehr und die Seelen sind erwacht. Nur noch wenige, meine Geliebten, waren wir doch schon einmal so nah gewesen, doch du musstest ja alles zerstören!

Oh Wilhelm. Ich verzeihe dir! Ich verzeihe, dass du versucht hast mein Werk niederzubrennen. Aus Angst, und weil du es nicht besser wusstest. Du hast gesagt, dass du nur meine Seele retten wolltest, denn es grauste dir vor den weißen Gestalten, die Nachts aus den Büchern kamen, die aus Schatten und vergangenen Leben bestanden. Es grauste dir davor, dass die Dorfbewohner hinter mein ... unser Geheimnis kommen könnten. Wer hätte gedacht, dass sie dir die Verrücktheit andichten würden und dass sie mich längst vergessen hatten. All die Jahre, die ich verborgen in den Räumen der riesigen Bibliothek gelebt habe, um das Geheimnis der Bücher zu wahren. Nun ist es bald soweit. Geduldet euch nur ein wenig. Bald ...

Ich schloss die Vitrine wieder und erhob mich. Meine Finger glitten noch einmal über das kalte Glas. Ich spürte Wärme. Bald ...

Der Journalist war uns schon gefährlich nahe gekommen, meine geliebte Familie. Aber wer würde ihm glauben? Der Verstand des Menschen reicht nicht weit genug um das hier alles zu erfassen. Ein Leben reicht dazu nicht, auch wenn es in die Bücher gebannt wäre. Man braucht dazu Millionen und nun nur noch wenige.

Mein Herz zog sich unter Schmerzen zusammen, als ich mich von meiner Familie losriss und zurück zum

Tisch ging, von dem auch gerade die gebrochene Gestalt davon waberte. Das letzte, der dort liegenden Bücher war noch immer eine leere Hülle, gerade erst dabei, seine Seiten mit lebenslangen Geschichten zu füllen. Ich nahm das Buch zur Hand und musterte es genau. Es hatte bösen Schaden genommen. Ein paar Jugendliche hatten eins meiner Bücher aus der Bibliothek gestohlen und es als Fußball benutzt und dafür war eigens von den Geistern der Bibliothek ein neues Buch erschaffen worden. Mein Lächeln wurde zu einem breiten Grinsen. Wundervoll. Gleich fünf Seelen auf einmal. Langsam nahm ich in dem Sessel Platz und öffnete das Buch. Schon im gleichen Augenblick fielen mir die losen Seiten entgegen, die nach Vergeltung schrien.

SCHWEIGEND

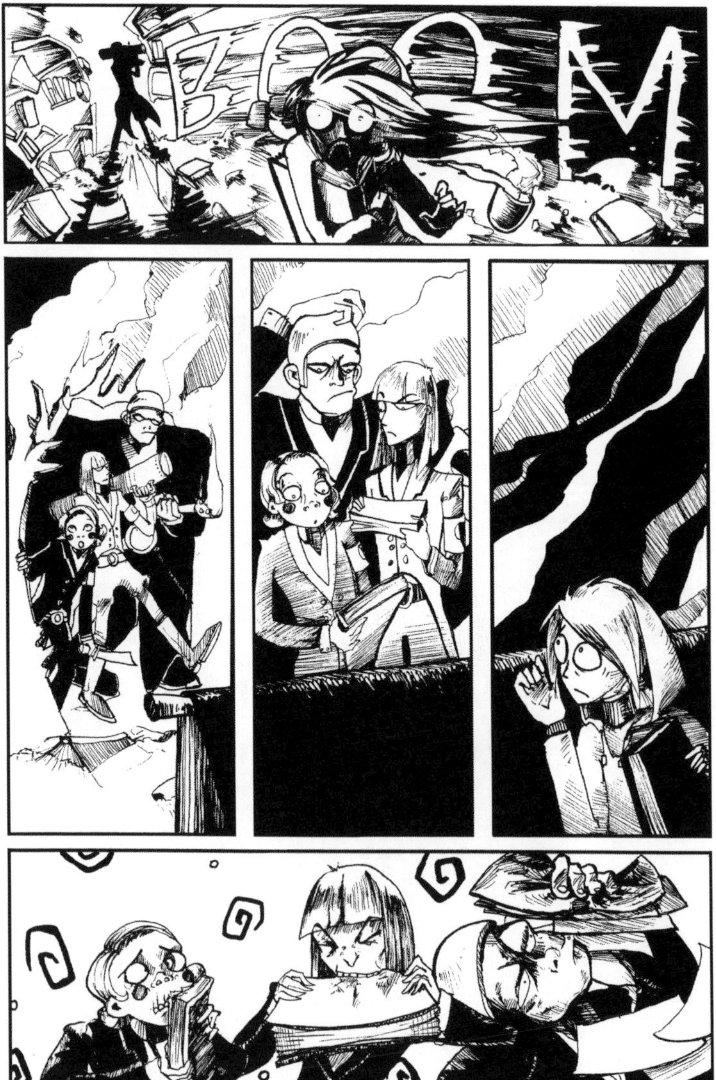
BOOOM

395

396

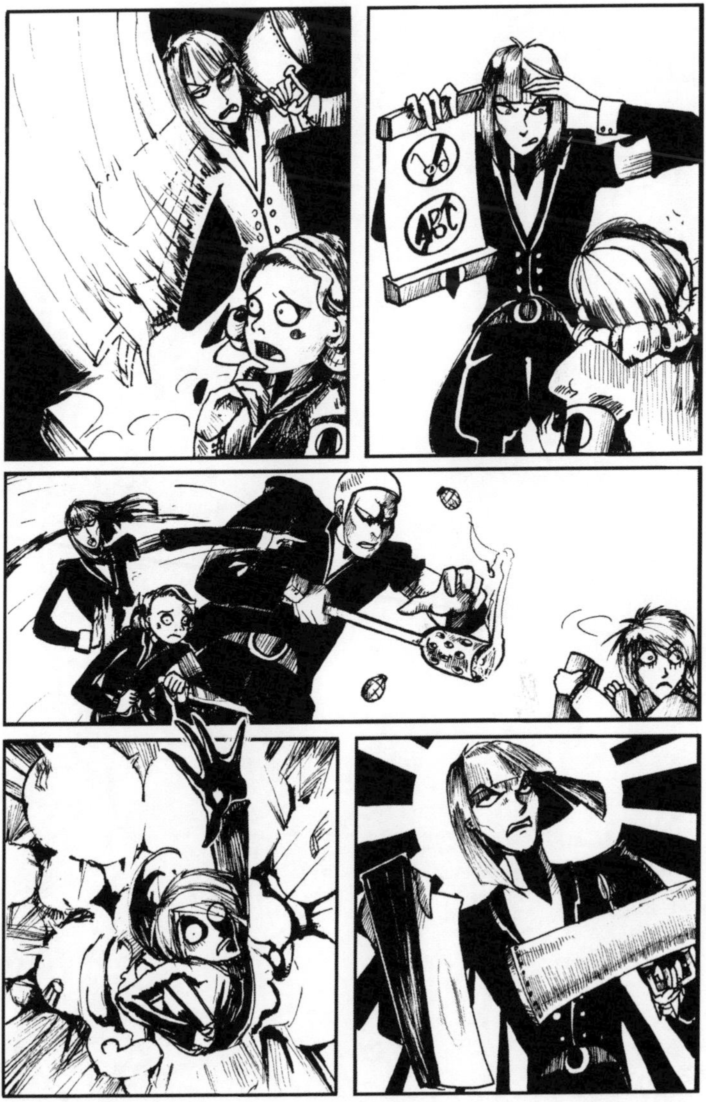
ABC

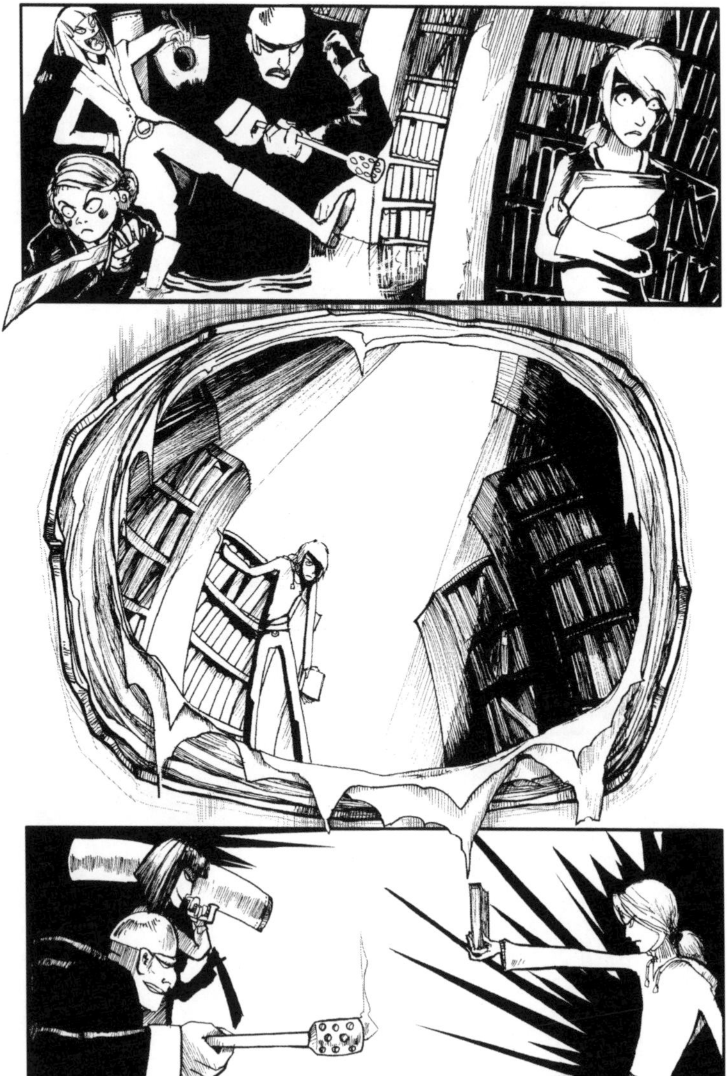

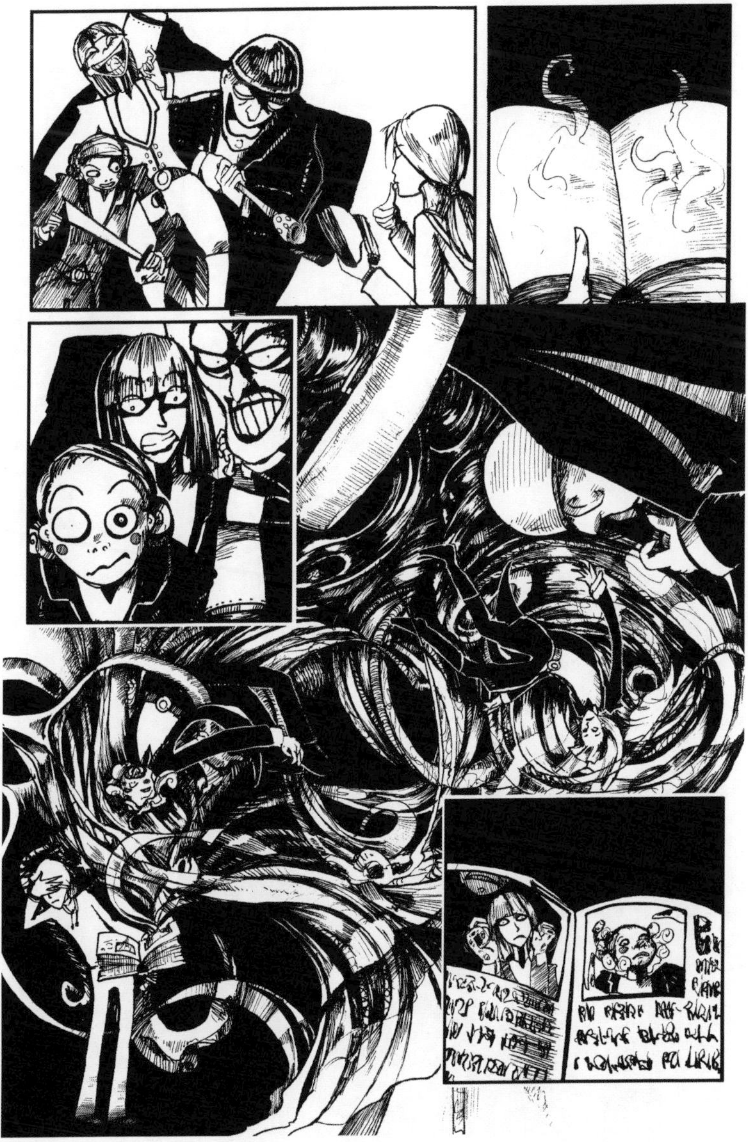

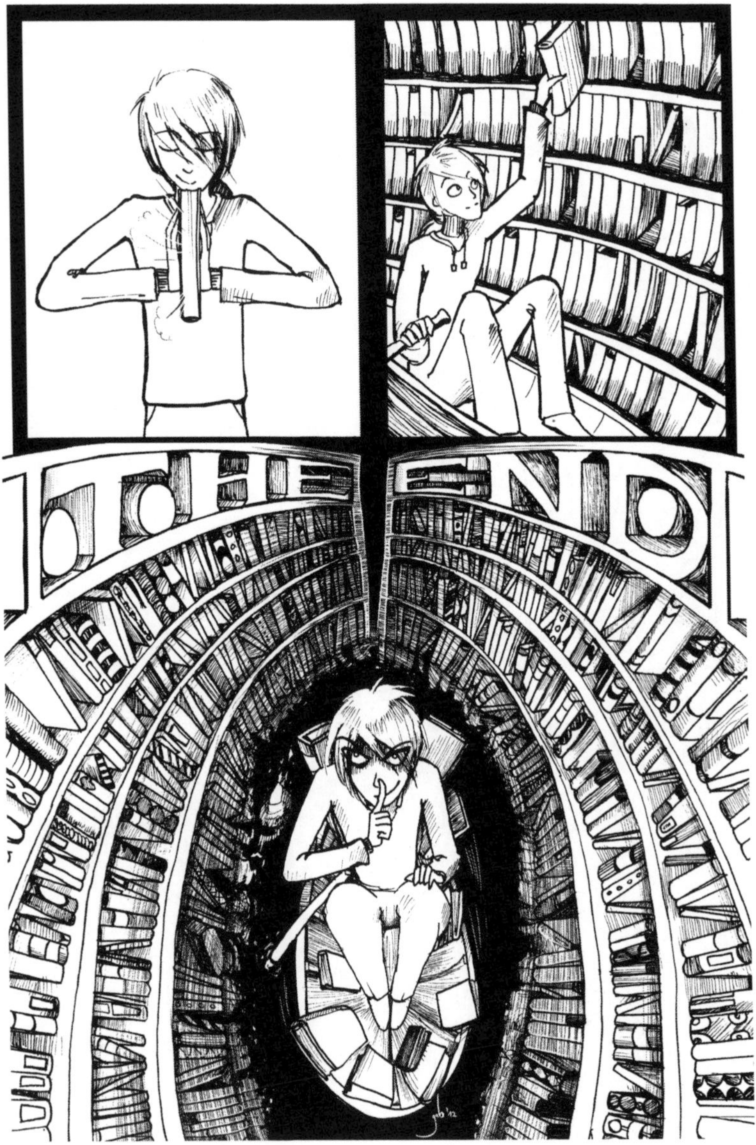
THE END

Phantastik vom Feinsten

Verlag Torsten Low

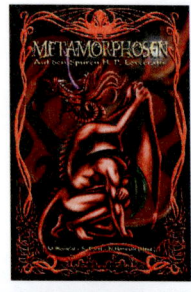

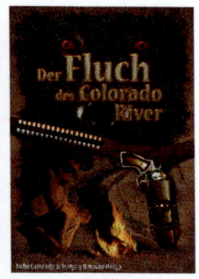

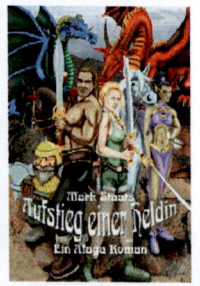

Informationen über unser Verlagsprogramm unter www.verlag-torsten-low.de oder auf den folgenden Seiten.

Auf den Spuren H. P. Lovecrafts

Die Klabauterkatze

und andere Fundstücke des Grauens

von Thomas Backus, Manuel Bianchi und Sabrina Eberl (Hrsg.)

Mit *Metamorphosen* ist es den Geschichtenwebern gelungen, den Lovecraftschen Kosmos um einige Facetten zu bereichern. Dennoch lauern noch viele Geheimnisse der Großen Alten verborgen in der Vergessenheit und warten darauf, erweckt zu werden.
15 Autoren haben sich diesmal gefunden, um erneut *Auf den Spuren H.P. Lovecrafts* zu wandeln.

Auf dem Weg zu einem abgelegenen Dorf leistet einem Heiler eine Katze Gesellschaft. Kann ein so liebes Tier Tod und Verderben über die Menschen bringen?
Archäologen graben sich durch uralte Ruinen und finden einen bizarren Spiegel. Zu welchen blutigen Ritualen diente er einst den Maya?
Ein Student entdeckt im Schreibtisch seines Professors ein blasphemisches Buch. Sind tatsächlich mordende Monster auf der Suche danach?

412 Seiten Taschenbuch

ISBN 978-3-940036-09-4
Preis 14,70 €

Das Grauen ist nicht von dieser Welt. Aber es lauert hier ... und es will gefunden werden!

1. Platz beim Deutschen Phantastik Preis 2011

*19 phantastische Geschichten
in einer Anthologie des Fantasy-Forum*

Geschichten unter dem
Weltenbaum

von Lothar Mischke (Hrsg.)

Er ist das Zentrum der Welt. Seine Äste stützen das Himmelsgewölbe, tragen die Heimat der Götter und Lichtelfen. Seine Wurzeln umarmen das Reich des Todes und behüten die Geschöpfe der Nacht. Sein Stamm durchzieht die Welt der Menschen, Riesen und Zwerge, nährt sie und gibt ihnen Lebenskraft.
Er ist nicht einfach nur ein Baum. Er ist der Weltenbaum.

300 Seiten Taschenbuch
Jedes Exemplar ist nummeriert.

ISBN 978-3-940036-04-9
Preis 12,90 €

Mit einem Vorwort versehen von Bestsellerautor
Christoph Hardebusch
(http://www.christophhardebusch.de/).

*Mit Geschichten von Peter S. Beagle, Ralf Isau,
Christoph Marzi, Linda Budinger u.a.*

Die Einhörner

von Fabienne Siegmund (Hrsg.)

Seine Tränen sollen Versteinerungen lösen können. Sein gewundenes, spitz zulaufendes Horn kann zugleich Waffe sein, Heilung bringen und sogar, so der Mythos, die Rückkehr aus dem Reich des Todes verheißen. Nur selten zeigt es sich und in den Wäldern, in denen es lebt, soll ewig Frühling sein.
Das Einhorn.
Meist dargestellt als pferdeähnliches Geschöpf mit zweigeteilten Hufen und jenem Horn auf der Stirn, das ihm seinen Namen gab.
17 Autoren haben sich auf die Suche nach jenem geheimnisvollen Geschöpf gemacht. Sie fanden es in Straßenbahnen und an Bushaltestellen, begegneten ihm als Schuhputzer oder Jäger. Manchmal war es eine schöne Frau und ein andermal ein schwarzes Schattenwesen. In Träumen fanden es sich ebenso wie in den Elementen, und dann waren da auch noch immer die Wälder, wo an tiefen Seen Erinnerungen ruhen.

326 Seiten Taschenbuch

ISBN 978-3-940036-12-4
Preis 13,90 €

Von jedem verkauften Exemplar geht eine Spende von 50 Cent an die Waldritter e.V.

*14 phantastische Westernkurzgeschichten
in einer Anthologie der Edition Geschichtenweber*

Der Fluch des Colorado River

von Stefan Cernohuby und Wolfgang Schroeder (Hrsg.)

Als Angus McGlenn einen ersten Spatenstich in den trockenen Boden eines Berghangs setzt, ahnt er nicht, dass er die Geschichte des amerikanischen Westens für immer verändern wird. Auf der Suche nach Gold entdeckt er ein natürliches, im Fels verborgenes Wasserbassin. Schon seit Jahrhunderten ist dieser heilige See der Ute-Indianer das Gefängnis böser Geister. Doch davon ahnt der Goldschürfer nichts, als er das Wasser ins Freie leitet. Durch das Rinnsal entfliehen die einstigen Gefangenen in die Fluten des Colorado River ...

312 Seiten Taschenbuch

ISBN 978-3-940036-11-7
Preis 13,90 €

Mit Geschichten von Western-Autor Alfred Wallon, von Autor und Comedian Andre Wiesler und vielen anderen.